Georg Sigismund Otto Lasius

Beobachtungen über die Harzgebirge nebst einer petrographischen Karte

Erster Band

Georg Sigismund Otto Lasius

Beobachtungen über die Harzgebirge nebst einer petrographischen Karte
Erster Band

ISBN/EAN: 9783743478275

Hergestellt in Europa, USA, Kanada, Australien, Japan

Cover: Foto ©Andreas Hilbeck / pixelio.de

Weitere Bücher finden Sie auf **www.hansebooks.com**

Beobachtungen

über die

Harzgebirge,

nebst einer

petrographischen Charte

und einem

Profilrisse,

als ein Beytrag

zur mineralogischen Naturkunde.

Von

Georg Sigismund Otto Lasius,

Königl. Großbrittanisch. und Churfürstl. Braunschw. Lüneburgischer Ingenieur-Lieutenant bey der Mineur-Compagnie; Außerordentliches Mitglied der Societät der Bergbaukunde, imgleichen der Gesellschaft Naturforschender Freunde in Berlin; auch der Landwirthschafts-Gesellschaft zu Celle ordentliches Mitglied.

Erster Theil.

Hannover,

in der Helwingischen Hofbuchhandlung,

1789.

Der Systematiker (und Chemiker) dessen Endzweck ein ganz anderer ist, als die Ordnung zu verfolgen, so die Natur bey der Erzeugung und Entstehung der Gebirgarten hatte; kann dem physicalischen Geographen nur in so fern vorarbeiten, als er ihn durch seine, nach sichern Kennzeichen bestimte Eintheilung, jede vorkommende Gebirgart finden läßt, aber seine Eintheilung selbst wird nimmermehr mit jener, der Natur genau übereinkommen, da die Natur in sehr verschiedenen Zeiten und unter ganz andern Umständen, eben dieselben Körper hervorzubringen vermag, die aber für die physicalische Geographie himmelweit von einander abstehn: wie z. B. der Kalchstein, der die Appenninen ausmacht, von dem Bodensatz der Bagni di St. Filippo (auch Carlsbader Sprudelstein) ingleichen der reine Thonschiefer der Ganggebirge, von dem Thonschiefer, der sich noch täglich in stehenden Gewässern erzeugt.

Haidinger.

Denen

Königlich-Großbritannischen

zur

Churfürstlich-Braunschweig-Lüneburgischen

hohen Landes-Regierung

in Hannover

hochverordneten Herren

Cammerpräsident

und

Geheimten Räthen

Seinen

gnädigen und Hochgebietenden

Herren

widmet unterthänigst

dieses lithologische Werk,

welches durch die

von

Jhro Königlichen Majestät

von Großbritannien

allergnädigst befohlene allgemeine

topographische Landes-Vermessung

der sämtlichen

Chur-Braunschweig-Lüneburgischen Lande

veranlasset,

und, aus

gelegentlich neben der Dienst-Arbeit

an dem Vermessungs-Geschäfte

angestelleten Beobachtungen

entstanden,

mit

mit unterthänigster Bitte,

daß

Euer Excellences

geruhen mögen,

dies geringe Merkmahl

der tiefsten und innigsten Verehrung

gnädigst anzunehmen.

Der Verfasser.

Vorrede.

Endlich erscheint das Werk, welches seit zwey Jahren von meinen Herren Pränumeranten und Subscribenten erwartet ist, und es thut mir äußerst leid, daß ich mich von diesen gütigen Beförderern meines Werks so oft und so lange mußte erinnern lassen. Manche Hindernisse haben sich in den Weg gelegt, und besonders hat der mühsame und langweilige Stich der Charte einen beträchtlichen Aufenthalt verursacht. Dafür aber bin ich auch weit über meinen ersten Plan hinausgegangen, und die Charte liefert durch gnädige Unterstützungen, die ich dankbarlichst rühmen muß, ein beträchtliches mehr, als ich nach meiner ersten Anlage zu liefern im Stande gewesen wäre.

In der Zwischenzeit, daß mir der Stich der Charte Musse genug gab, habe ich auch den Inhalt des gegenwärtigen Buchs weiter aus-

ausführen können, so, daß es mir unter der Feder so stark angewachsen ist, daß ich bey genauer Oeconomie des Drucks, dennoch statt der 12 versprochenen Bogen, deren weit mehrere und noch ein Profilkupfer dazu liefere, ohne deswegen den Preis zu erhöhen. Nur denenjenigen, die in der Folge das Buch kaufen werden, wird es etwas theurer zu stehen kommen.

Zuvörderst statte ich denen sämtlichen hohen Gönnern und Freunden, welche die Ausführung dieses Werks mit ihrer gütigen Beförderung unterstützt haben, meinen gehorsamsten und verbindlichsten Dank ab. Ich wünsche nichts mehr, als daß ihre Erwartungen einigermaaßen mögen befriedigt seyn, und daß sie einige geneigte Nachsicht gegen die bey diesem meinen ersten Versuche mit eingeschlichenen Unvollkommenheiten haben mögen. Jede gefällige Belehrung wird mir zu mehrerer Vervollkommenung meiner Kenntnisse gereichen, und mit Danke von mir erkannt werden.

Ueber den Plan des Buches habe ich in der Vorrede nichts besonderes zu sagen; er wird beym Lesen hinlänglich von selbst erhellen. Man wird hier freylich verschiedenes

nes finden, was schon von andern Schriftstellern, die über den Harz geschrieben haben, gesagt ist; Allein wie ists möglich über eine und eben dieselbe Sache etwas vollständiges im Zusammenhange zu liefern, ohne zuweilen das nemliche zu wiederholen, was schon von andern über diese Materie gesagt ist. Ich habe zwar verschiedene Excerpte aus andern Schriften genutzt, dahingegen aber habe ich auch nichts aufgenommen als das, wovon ich mich selbst an Ort und Stelle überzeugt habe. Man wird mich also, von dieser Seite betrachtet, keines Plagii beschuldigen können, sondern einsehen, daß es unvermeidlich war über manchen Gegenstand, indem er weiter ausgeführt wird, das nemliche mit zu sagen, was schon ein anderer Schriftsteller darüber ganz richtig, obgleich kürzer, und nur zu seinem Zwecke dienlich angemerkt hatte. Bey den Schriften die über den Harz vorhanden sind, wovon man in Herrn Professor Gatterers zweytem Theile seiner Anleitung, den Harz und andere Bergwerke mit Nutzen zu bereisen Göttingen 1786 ein ziemlich vollständiges Verzeichniß findet; fehlte es doch immer noch an einem Werke, was die Gebirgslehre des Harzes lediglich allein zum Gegenstande hatte, und in seinem ganzen Um-

fan-

fange abhandelte. Ich habe dieses Bedürfniß gefühlt, und meine geneigten Leser mögen es beurtheilen, in wie fern ich solches befriedigt habe. Ich habe mich blos an solche Gegenstände gehalten, welche die Natur dem Auge des Beobachters darbieten. Alles was Kunst auf dem Harze gethan, und zur Gewinnung und Aufbereitung der Mineralien u. d. gl. gehöret, war außer meinem Gesichtspuncte.

In der Beschreibung der Gebirgarten habe ich so viel möglich gesucht die Ordnung zu beobachten, nach der immer eine derselben jünger als die andere ist. Ich habe bey dem ältesten, nemlich dem Granitgebirge angefangen, und bin so zu den jüngeren Gebirgarten fortgegangen. Ein jeder wird aber leicht einsehen, wie viel Schwierigkeiten man zuerst in der Bestimmung, und besonders hernach in der schriftlichen Darstellung derselben zu überwinden hat. Ohne mehrere genau aufgenommene Profile ist es fast unmöglich, ein ganz vollkommenes Bild davon zu entwerfen, was die Illuminirung der petrographischen Charte zwar ziemlich deutlich, dennoch aber nur noch unvollkommen aufstellen kann.

Leichter, und mit einer vollkommenern Genauigkeit, ist dieses verschiedne Alter der Gebirgarten bey den Flötzgebirge zu bestimmen: allein ich muß hier bemerken, daß ich in gegenwärtigem Buche das Flötzgebirge nach einer, von der Ordnung, die ich bey dem Ganggebirge beobachtet, ganz verschiedenen Stuffenfolge beschrieben habe. Denn, so wie ich bey dem Ganggebirge von der ältesten Gebirgart zu den jüngeren übergieng, so mußte ich bey den Flötzgebirgen von den jüngeren anfangen, und so zu den älteren übergehen. Gern hätte ich die Ordnung, die ich bey dem Ganggebirge beobachtete, hier ebenfalls verfolgt, allein ich fand in dem Laufe der Beschreibung so mannichfaltige Schwierigkeiten, daß ich mich genöthiget sahe, in umgekehrter Ordnung zu gehn. Ich weiß nicht ob es die Gewohnheit macht, daß man alle in verschiedenen Schriften beschriebene Flötzgebirge nach dieser beobachteten Folge abgehandelt findet, oder woher es kommen mogte, daß mir in der Beschreibung derselben der Uebergang von den ältern Flötzlagen zu den jüngeren nicht gefallen wolte? Ich habe darum alles nach dieser jetzt beobachteten Folge, wieder umgearbeitet.

Man

Man wird im Buche zuweilen einige wenige Wiederholungen finden, die aber jeder Leser bey gegenwärtiger Eintheilung des Buches für unvermeidlich erkennen, und also entschuldigen wird.

Wegen der Charte muß ich noch die Ursachen angeben, warum sie nicht wie gewöhnlich so gelegt ist, daß die Meridiane und Paralellkreise mit den Rahmenlinien paralell gehn? Es könnte dieses für manchen auffallend seyn, aber es war nicht zu ändern: denn die Länge der Walzen an der Kupferpresse und auch das Format des Papiers, was ich von dieser Güte aus England nicht höher erhalten konnte, schränketen mich durchaus auf diese Höhe ein. Den ohnehin schon sehr kleinen Maaßstab der Charte konnte ich unmöglich noch kleiner machen, also war eine Schwenkung der Charte, das einzige Mittel, sie für Walzen und Papier passend zu machen: denn ich konnte mich nicht entschliessen die Charte in zweyen Blättern zu liefern.

Nur eine kleine Unbequemlichkeit wird man beym Aufsuchen der geographischen Lage eines jeden beliebigen Punctes dadurch finden, daß ich in dem Rahmen um die Charte eine doppelte Scale für die geographischen

Län-

Längen und Breiten habe angeben müssen. Die inwendige Scala ist für die Breiten, und die äußere für die Längen: beyde sind in Minuten, und diese wieder von 10 zu 10 Secunden abgetheilt.

Auf der Charte habe ich die Gruben so noch wirklich im Betriebe stehn, mit einem pyramidalischen Grubengebäude bezeichnet, auf dessen Spitzen man das chemische Zeichen des darauf bebaueten Metalls findet. Die verlassenen und eingestellten Gruben aber, sind bloß mit dieser Signatur des ehemals am meisten darauf gewonnenen Metalls angedeutet.

In Rücksicht der Maaßen habe ich zuweilen das Harzische Lachter gebraucht, welches sich zur Pariser Toise wie 31 zu 30 verhält. Ich habe aber auf der Charte vier Maaßstäbe angebracht, nemlich den Geographischen Meilen Maaßstab, die Pariser Toisen, das Harzische Lachter — jeden eine Geographische Meile, deren 15 auf einen Grad des Aequators gehen, lang, und diesem noch den 4ten, als den Calenberger Ruthen-Maasstab von der Länge einer bey uns gewöhnlichen Landmeile von 2000 Ruthen beygefügt. So wird man sich

nach

nach jedem beliebigen Maaße auf der Charte orientiren können.

In gegenwärtigem Buche habe ich einen genauen Unterschied zwischen Schicht und Lager gemacht: da wo nemlich verschiedene Gebirgarten ohngefehr auf die Art hinter einander stehn, wie man z. B. auf den Spiegelhütten die Glastafeln schichtweise hinter einander stellt, nenne ich jede daselbst vorkommende Gebirgart, eine **Gebirgsschicht.** Würde aber eine Gebirgart entweder ganz, oder doch beynahe horizontal über oder unter einer andern liegen (wie z. B. bey den Flötzgebirgen) so habe ich dieses eine **Gebirgslage** oder ein **Gebirgslager** genannt.

Wenn ich in gegenwärtiger Beschreibung von dem Bruche der Gebirgarten rede, so ist dabey noch besonders zu bemerken, daß es manchesmal sehr auf die Richtung ankömt die der Bruch in Ansehung der Lage des Gesteins hat. Bey den Gebirgarten nemlich, die von einem blättrigen Gewebe sind, wie z. B. der Schiefer und alle die so in ihrem Gewebe damit eine Aehnlichkeit haben, muß ich eine zwiefache Bedeutung des Wortes Bruch annehmen. Denn es giebt einen Bruch der mit den Blättern des Schiefers, oder gleich-

sam

sam seinem Spiegeln paralell läuft, und einen anderen, dessen Richtungslinie queer durch die Blätter geht: beyde sind aber sehr von einander unterschieden.

Die erstere Art des Bruchs verdient eigentlich nicht ein Bruch genannt zu werden, indessen könnte es doch zu Irrungen Anlaß geben. Ich mögte also diesen den Spiegelbruch und den andern zum Unterschiede, den Queerbruch nennen. Denn es giebt Gebirgarten, die mit dem Gewebe des Schiefers nur wenig ähnliches haben, und hier sind leicht Irrungen möglich. So würde man z. B. an dem Gestein Nr. 49. des Cabinetts, die kleinen Kalchspathkügelchen nicht im Spiegelbruche, wol aber im Queerbruche deutlich bemerken können. Die kleinen Specksteinkügelchen in Nr. 66. sind ebenfalls nur im Queerbruche in die Augen fallend; auf dem Spiegelbruche sieht man wenig oder gar nichts davon, und so ist es bey mehreren Gebirgarten der Fall. Wenn umgekehrt einem Schiefrigen Gesteine nur ein sehr kleiner Theil Glimmer, den man allenfalls den Spath des Thons nennen könnte, eingemengt ist, so ist dieser nur allein im Spiegelbruche, niemals aber im Queerbruche bemerkbar.

Die Gebirgarten in den Kisten, sind nach einer ganz anderen Ordnung als nach der im Buche beobachteten, nummerirt; und sind daselbst einigermaaßen nach ihren Geschlechtern geordnet: Ich hielt die Ordnung in der Kiste, für ziemlich willkührlich, da doch fast jeder Sammler eine eigene Ordnung beobachtet, in der er diese Gebirgarten seiner Sammlung einverleiben wird. Vielleicht könnte diese Ordnung nach der Reihe der Nummern für manchen brauchbar seyn, der ohne auf Gebirgslehre Rücksicht zu nehmen, bloß als Systematiker sammlet.

Ich habe einen hinlänglichen Vorrath von Gebirgarten gesammlet, und kann jedem Liebhaber, der in der Folge das Harzische Gebirgarten-Cabinett zu haben wünscht, damit aufwarten. Der Preis eines solchen Cabinetts ohne Buch und Charte, bleibt allezeit auf 12 Rthlr. den alten Louisd'or zu 5 Rthlr gerechnet, wie bisher fest gesetzt, und kann man zu allen Zeiten bey mir Bestellung darauf machen. Auch bin ich erbötig einzelne Stücke dieser Gebirgarten den Liebhabern nach Belieben zu überlassen. Das Stück nebst Emballagekosten, zu $\frac{1}{6}$ Rthlr.

Ver-

Verzeichniß

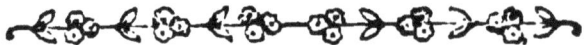

derer Herren Beförderer dieses Werks.*)

Amsterdam.

Herr Naturalienhändler Voigt, 4 Cab. 1 B. 1 Charte.

Anspach.

Se. Excell. der Hr. Cammerpräsident, Freyherr v. Seckendorf.

Herr Geheimte Hofrath Schmiedel, erster Leibmedicus und Präsident des Collegii Medici.

Arolsen.

Se. Durchl. der Prinz Georg von Waldeck, 1 B. 1 P. C.

Barntrupp.

Herr von Kerstenbrock.

Basel.

Herr Doct. und Professor d'Annone.
- Hyeronimus von Nickel.

Berlin.

Herr Cammerassessor von Bose, 1 B. 1 Ch.
- Oberconsistorialrath Büsching, 1 Ch.
- Professor Dittmar, 1 P. Ch.
- Münzguardein Fricke, bey der Königl. Hauptmünze, 1 B. 1 Ch.

Herr

*) Diejenigen Herren, bey deren Namen nichts beygeschrieben ist, haben 1 Cabinett, 1 Buch und 1 petrographische Charte erhalten; sonst bedeutet: B. Buch, P. C. petrographische Charte und T. C. topographische Charte.

*

Herr Artillerie-Hauptmann von Geelhaar, 1 B. 1 Th.
– Oberbergrath Gerhard.
– Graf von Geßler, 1 B. 1 Th.
Sr. Excell. Minister und Oberberghauptmann von Heinitz.
Herr Prediger Herbst.
– Assessor Klaproth, 1 B. 1 Th.
– Provisor Christoph Friedrich Kraatz.
– Artillerie-Hauptmann von Schönermark.
– Rendant Siegfried, 1 B. 1 Th.
– Baron von Stechow.
Das Werthersche Gymnasium.

Bern.

Herr Freyherr von Erlach von Spitz, Mitglied des Souverainen Raths der Republik.
– Doctor Höpfner.

Blankenburg.

Herr Cammerrath von Florancourt.
– Oberjägermeister von Hanstein, 1 T. Th.
– Cammerassessor und Jagdjunker von Hardenberg.

Braunschweig.

Ihro Durchl. der regierende Herzog von Braunschweig.
Die Bremersche Kunsthandlung, 1 T. Th.
Sr. Excell. der Geh. Rath von Hardenberg-Reventlow.
Herr von Hoym, der Forstwissenschaft Beflissener, 1 T. Th.
– Jagdjunker von Kalm, 1 T. Th.
– Hofmeister Knoch, am Collegio Carolino.
– Cammerrath von Schrader.
– Conrad Eberhard Wiedemann.

Bremen.

Herr Doct. C. E. Heldberg.
– Doct. Wienhold.

Breslau.

Das Königl. Preussische Oberbergamt, 1 B. 1 P. Ch.

Herr Oberbergrath Graf von Reden.

Brixen.

Herr Baron Joseph von Sternbach.

Cassel

Herr Hofrath und Leibmedicus Huber.

Sr. Excellenz Herr Geheimte Rath von Veltheim.

Celle.

Frau Oberhofmeisterin von Plessen, gebohrne Gräfin von Berkentin.

Herr Oberappellationsrath von Werkmeister, 1 B. 1 P. Ch.

Clagenfurth.

Sr. Excellenz der Herr Graf von Enzenberg.

Clausthal.

Herr Berghauptmann von Reden.

Crefeld.

Herr Land- und Stadtrichter Staagmann.

Diersfort bey Wesel.

Herr Freyherr von Wylich, Domherr zu Halberstadt.

Dijon.

Mr. Jeannin de *Chamblanc*, conseiller en Parlement de Bourgogne.

Dresden.

Herr Cammerherr, Freyherr von Racknitz.

Elberfeld.

Herr Doct. Medic. E. W. Nose.

Elze im Hildesheimischen.

Herr Hauptmann von Bock.

Erlangen.

Herr Hofrath Schreber, Professor der Medicin.

Freyberg.

Die Bergacademie.

Herr Bergrath Charpentier, 1 B. 1 Ch.

– Kunstmeister Mende, 1 B. 1 Ch.

Franckfurt am Mayn.

Herr Doct. Jur. Grambs, 2 Ex. mit Ch.

– Apotheker P. Salzwedel.

– Graf von Romanzow, Russisch Kayserl. Gesandter am Niederrheinischen Kreise.

Genf.

Herr Apotheker Colladon.

– Professor Pictet.

– von Saussure, Professor der Philosophie.

Giessen.

Herr Buchhändler Krieger, jun. 1 B. 1 Ch.

Goslar.

Herr Bergschreiber Volkmar. 1 T. Ch.

Gotha.

Se. Durchl. der regierende Herzog von Gotha.

– – – Prinz August von Gotha.

Göttingen.

Herr Hofrath Lichtenberg.

Königl. Musäum.

Herr Professor Pepin.

Haag.

Msr. *Bernard*, Commis & Secretaire de la Secretairie Stadthoudrienne.

Herr Capitain Dankerts.

Se. Durchlaucht. der Fürst Demetrius Gallizin.

Halle in Tirol.

Herr Salzamts-Registrator J. J. Weirauch.

Halberstadt.

Herr Domcapitular von Alvensleben.
- — von dem Bussche, 1 B. 1 P. Ch.
- Landrath von Hagen.
- Domcapitular von Spiegel, zum Disenberge.

Hamburg.

Herr Doct. M. Reimarus.

Hameln.

Herr Ingenieur-Major Kunze.
- Apotheker Westrumb.

Hannover.

Herr Andreae.
- Hofrath von Bülow, 1 B. 1 Ch.
- Cammerrath von Grote, 1 B. 1 P. C.
- Hauptmann von Hardenberg, des deutschen Ordens Ritter, 1 B. 1 T. C.

Die Helwingsche Hofbuchhandlung.

Herr Ingenieur-Capitain Hogrefe, 1 B. 1 Ch.
- Geh. Canzleysecretair von Hugo, 1 B. 1 T. C.
- Krumsus.
- Ingenieur-Capitain Müller.
- Pastor Oehlrichs.
- Commerzrath Patje, 1 B. 1 Ch.

Verzeichniß

Sr. Excellenz Herr Generallieutenant du Plat.

Herr Kriegsrath von Reden.

- Hof- und Canzleyrath von Rüling, 1 B. 1 Ch.
- Cammermeister Schlemm, 1 B. 1 Ch.
- Seiler.
- Artillerie-Oberster von Trew.
- Cammerrath von der Wense, 1 B. 1 Ch.

Harpke.

Herr Berghauptmann von Veltheim, 2 B. 2 P. C. 3 T. C.

Helmstedt.

Herr Professor Bruns, 1 T. C.

- Bergrath und Professor L. Crell.

Heidelberg.

Herr Professor Gatterer, 1 B. 1 Ch.

- Hofrath Succow, für das Cameral-Institut.

Hildesheim.

Herr Domcapitular Franz von Beroldingen.

- Medicinalrath Doct. Brandis.
- Ingenieur-Major du Plat, in Chur-Hannoverischen Diensten.

Jena.

Herr Major von Knebel, in Sachs-Weimarschen Diensten, 1 B. 1 Ch.

Ilefeld.

Herr Collaborator Brohme, 1 T. Ch.

– — Görges, 1 T. Ch.

Isenburg.

Herr Kaufmann Bartsch, jun. 1 B. 1 P. Ch.

Kempten.

Herr Kaufmann König.

- Apotheker Johannes Zorn.

Königs-

Königsberg.

Herr Regiments-Quartiermeister Krüger, 2 Cabin. 3. B. 3 P. Ch.

Kopenhagen.

Herr Canzleysecretair Dqu, 1 B. 1 P. Ch.

Langensalze.

Herr Lieutenant von Liebenroth.

Lausanne.

Herr Oberstlieut. von Ruvynes, in holländischen Diensten. 2 Exempl.

Leipzig.

Herr Geißler.

Die Joh. Gottfried Müllersche Buchhandlung.

London.

John *Hawkins*, Esq.

Lübeck.

Herr Doct. und Physicus H. Br. L. Lembke.

Marburg.

Herr Buchhändler Krieger, 1 T. Ch.

Maynz.

Herr Geheimte Rath Forster.

Mergentheim.

Herr Hofrath Graf v. Sauer, des deutschen Ordens Ritter.

Mietau.

Herr Professor Besecke.

Minweiler bey Maynz.

Herr Ludowig Gienanth, der Metallurgie Beflissener. 1 B. 1 P. Ch.

Mohrungen im Mansfeldischen.

Herr Baron von Eberstein, 1 Cab. 2 B. 2 Ch.

Moskau.

Herr Apotheker Bindheim.

München.

Se. Hochwürden Hr. Franciscus, Probst des Stifts Polling.

Se. Excell. der Hr. Siegismund, Reichsgraf zu Haimhausen, Churbayerscher Cammerherr und wirklicher Geheimter Rath, Obermünzmeister und Präsident des Bergwerks Collegii.

Herr Franz Anthon Pilgramm.

– Freyherr von Schütz.

Münster.

Herr Domcapitular Freyherr von Galen.

Niesky in der Oberlausitz.

Herr Joh. Heinrich Andresen, Lehrer am Pädagogio das. 1 B. 1 Ch.

Northausen.

Herr Bergcommissair Rosenthal.

Northeim.

Se. Excellenz Herr Generallieutenant und Generalquartiermeister von Estorf, 1 B. 1 P. Ch.

Nuis in Bourgogne.

Mſr. de *Bays*, Avocat en Parlement, ancien subdelegué de l'Intendance de Bourgogne.

Oldershausen.

Herr Amtmann Weppen, 7 B. 7 P. Ch.

Osna-

Osnabrück.

Herr Geheimte Rath von Monster-Beck.
- Domdechant, Landdrost und Oberstallmeister v. Vinck.
- Geheimte Rath von Voigts.
- Pastor und Garnison-Prediger A. F. L. Lasius.

Osterode.

Herr Magazinverwalter Grund.

St. Petersburg.

Die Russisch Kayserl. Academie der Wissenschaften, 2 compl. Exempl.

Herr Graf von Anhalt, für das Kayserl. Adel. Cadetten-Corps.

Das Russisch Kaiserl. Bergcadetten-Corps.

Ihro Durchlaucht. die Fürstin Daschkau, Staatsdame bey Ihro Majestät der Kayserin, Director. der Academie der Wissenschaften, und Präsident. der Kaiserl. Russischen Academie.

Herr Professor Georgi, 2 compl. Ex.
- — der Philosophie Joseph Krieger.
- Major Nikola Maximitsch von Pochodjäschin.
- Oberstlieutenant und Admiralitätsrath Strougowschikow.

Potsdam.

Herr Oberst von Geusau, 1 B. 1 Ch.
- Oberstlieutenant Baron von Golz, 1 L. Ch.

Röhrsdorf bey Friedberg am Queiß in der Lausitz.

Herr Candidat Neumann.

Rotenkirchen.

Herr Drost, Graf von Hardenberg, 1 B. 1 Ch.

Rothenburg an der Saale.

Herr Oberbergrath von Veltheim, Director des Königl. Bergbaues im Herzogthum Magdeburg, Fürstenthum Halberstadt und Grafschaft Mansfeld, 1 P. Ch. 2 T. Ch.

Rudolstadt.

Se. Durchlaucht. der regierende Fürst von Schwarzburg, 1 B. 1 P. Ch.

Herr Berghauptmann und Geh. Cammerrath C. A. G. Baron von Brockenburg, 1 B. 1 Ch.

Salzdahlen.

Herr Ludolph Adam Gropp, der Berg- und Salzwerkskunde Beflissener.

Schafhausen.

Herr Stockar von Neuform.

Schlanstedt bey Halberstadt.

Herr Cammerrath Cramer, 1 B. 1 P. Ch.

Schöningen.

Herr Bergrath Abich, 1 B. 1 P. Ch.

Schorstedt.

Herr Baron von Klopmann.

Schwerin.

Herr Doct. Med. K. C. Engel.

Solms Braunfels.

Se. Durchlauchl. der Fürst Wilhelm, 1 B. 1 P. Ch.

Stuttgard.

Herr Oberbergamtssecretair Widenmann, 1 B. 1 P. Ch.

Strasburg.

Herr Apotheker Hecht.

Töp-

Toplitz in Böhmen.

Herr Doct. Wenceslaus Ambrozi.

Wedesbüttel.

Herr Commissair Höfer, 1 T. Th.

Weende.

Herr Oberamtmann Cleve, 1 B. 1 Th.

Weferlingen.

Herr Cammerrath Caspari, 1 B. 1 P. Th.

Weffersdorf, bey Görlitz in der Oberlausitz.

Herr Adolph Traugott von Gersdorf.

Weimar.

Herr Bergsecretair Voigt.

Weissand.

Herr von Veltheim, 1 P. Th. 1 T. Th.

Wendlinghausen.

Herr Cammerjunker von Reden.

Werningerode.

Sr. Erlaucht. der regierende Herr Graf von Stollberg-Werningerode, 2 compl. Exempl.

Herr Amtscommissair Schröder, 1 B. 1 Th.

Wettern.

Herr Baron von Stein, Königl. Preussischer Cammer- und Bergdirector in Westphalen.

Wien.

Herr Rudolph des heil. Röm. Reichs Graf von Wrbna Freudenthal, Auscultant bey der Kayserl. Königl. Hofrechnungscammer im Münz- und Bergwesen.

Verzeichniß derer Hrn. Beförderer.

Winterthur.

Herr Doct. Ziegeler.

Wolfsanger, vor Cassel.

Herr von Voigt, der Forstwissenschaften Beflissener.

Wurzach.

Herr Decanus von Kolb.

Zellerfeld.

Herr Secretair Heinemann, 1 T. Ch.
- Zehntner Heinemann, 1 T. Ch.
- Vicebergha uptmann von Trebra.

Zürch.

Herr Professor Rahm.

Zeyst, bey Utrecht.

Herr Jacob Skangel.

Inhalt.

Inhalt
dieses ersten Theils.

Seite

Erster Abschnitt.

Vom Harzgebirge überhaupt.

Zwey-

Seite

Zweyter Abschnitt.

Ursprüngliches oder Uranfängliches Gebirge des Harzes.

Dritter Abschnitt.

Einfaches Thon- oder Ganggebirge des Harzes.

Vierter Abschnitt.

Einfaches Kalchgebirge des Harzes.

Zwey-

Fünfter Abschnitt.

Sechster Abschnitt.

Erster Abschnitt.
Vom Harzgebirge überhaupt.

Erstes Capitel.
Geographie des Harzes.

Das Harzgebirge nimt an der westlichen Seite seinen Anfang unter dem 27ten Grade und 50 Minuten östlicher Länge vom ersten Meridian der Insel Fer angerechnet, also 7° 50′ östlich von Paris: und erstrecket sich ohngesehr bis zum 29ten Grade und 10 Min. Ich sage ohngefähr; denn genau habe ich diesen Punct nicht angeben können, weil meine Beobachtungen und Vermessungen, sich der mannichfaltigen Territorial-Hoheiten halber, nicht weiter als auf das erstrecken durften, was die Karte bis zum 28 Grade 42 Min. der Länge liefert. Ich würde noch weit weniger, und nur gerade das, was dem Churhause Hannover einseitig, und mit dem Hause Braunschweig-Wolfenbüttel gemeinschaftlich gehöret, auf der Charte haben liefern können: wenn

nicht

nicht Seiner des regierenden Herrn Herzogs zu Braunschweig Durchlaucht, die Gnade gehabt hätten, mir Risse auch von Höchstdero einseitigen Besitzungen des Harzes communiciren zu lassen:

Auch haben Seine Erlauchten, der regierende Herr Graf von Stollberg-Werningerode, ebenfalls die Gnade gehabt, mir eine Charte von der Grafschaft Werningerode communiciren zu lassen, und das hat zu einer Vollständigkeit geleitet, die ich beym Anfange der Arbeit wohl wünschen, aber gewiß nicht hoffen konte, und die dem Publicum ohnstreitig willkommen seyn wird.

Der Breite nach erstrecket sich das Harzgebirge, vom 51sten Grade 35 Minuten bis zum 51sten Grade 57 Minuten, nördlicher Breite: nimt also 22 Minuten eines größesten Kreises unsers sphäroidischen Erdkörpers ein.

Eine Minute des Parallel-Kreises, so über Claussthal durch gehet, beträgt nach hiesigem Landesmaaße, dem Calenberger Fuße, (welcher sich zu dem Pariser, wie 1299 zu 1440 verhält) 246,3 Calenberger Ruthen, jede zu 16 Fuß gerechnet. Eine Minute des größesten Kreises beträgt aber 396,0625 Ruthen.

Die geographische Lage des Harzes ist nach einer genauen topographischen Vermessung bestimmt, die sich über sämtliche zum Churfürstenthum Hannover gehörigen Provinzen erstreckte. Bey dieser Vermessung sind die Oerter, Hannover,

ver, Stade und Osnabrück vom Herrn Hofrath G. C. Lichtenberg zu Göttingen, durch astronomische Beobachtungen festgelegt, und vereint mit der vom sel. Professor Tobias Meyer bestimmten Lage von Göttingen, als feste Puncte angenommen.

Da auf der Charte die geographischen Linien der Längen und Breiten auf dem Rande angegeben sind, so kann man darauf die Lage eines jeden beliebigen Punctes finden: und werde ich an einigen Stellen des Buchs, besonders im Register, zu geschwindern Auffinden des Orts auf der Charte, der des Mangels an Raum wegen, nicht allemal beschrieben werden konnte, nach Minuten und Secunden der Länge und Breite angeben.

Das Harzgebirge zieht sich seiner Länge nach, wie die mehrsten Hauptgebirge, von Morgen gegen Abend. Es sind also seine schmalen und spitzen Seiten gegen Morgen und Abend, seine beyden langen Seiten aber, gegen Mittag und Mitternacht gekehrt. Cäsar giebt seine Länge zu 60, und seine Breite zu neun Tagereisen an. Allein, er versteht darunter die ganze in Deutschland anfangende, und wenig unterbrochene gebirgigte Gegend, die bis in Ungarn und in die Tartarey fortläuft. Aber dieses ist nicht alles Harz. Auch dasjenige, was Tacitus sylvam Herzyniæ nennet, gehört nicht eigentlich zum Harze. Der jetzige, also nicht Cäsarische, sondern der in unsern Tagen noch bekannte Harz, der nur ein kleiner Fleck von dem Inbegriff ist, den uns Cäsar davon giebt, ist ein für sich aus flachen, ihn umgebenden Gegenden hervorstehendes, gleichsam isolirtes Gebirge, und gehört unter die minder beträchtlichen, großen und hohen Weltgebirge. Denn, wenn nach des Herrn Geheimten Bergraths Gerhard Geschichte des Mineralreichs, nur diejenigen Berge unter die hohen Weltgebirge gehören, die mit ihren Gipfeln die ewige Schneelinie erreichen, so gehört auch der Brocken nicht einmal zu den hohen Gebirgen, da an ihm schon im Junius aller Schnee zu verschwinden pflegt.

Man theilt gewöhnlich den Harz in Ober- und Unterharz ein, aber niemand weis noch die Gränzen zwischen beyden genau zu bestimmen, und es giebt dies oft zu Irrungen Anlaß. Der Natur am angemessensten würde die Abtheilung in Ober- und Unterharz wohl ausfallen, wenn man sie nach dem Abflusse des Wassers so bestimmte, daß diejenigen Berggegenden, die ihre Quellen und Gewässer nach der Weser schicken, zum Oberharze, und die von denen das Wasser nach der Elbe zu, abfließt, zum Unterharze gerechnet würden. Außerdem würde auch selbst in den Gegenden, die ihr Wasser der Weser zuschicken, also nach dieser Eintheilung zum Oberharze gehörten, noch alles dasjenige zum Unterharze zu rechnen seyn, was der natürlichen Lage nach am Fuße des Harzes liegt. So würde z. E. der Rammelsberg bey Goslar nach dieser Eintheilung schon zum Unterharze von Rechtswegen gezählet werden müssen, wenn auch nicht bereits im Bergadministrations-Departement der Rammelsberg unter das Unterharzische Communion-Bergamt gerechnet würde.

Das

Das Laubholz, was sich gemeiniglich nur am Fuße der Harzgebirge befindet, würde ebenfalls die Grenzen zwischen Ober- und Unterharz einigermaaßen bestimmen können.

Das Amt Elbingerode würde dann aber, nach dieser hydrographischen Eintheilung, zum Unterharze müssen gerechnet werden, da es bis jetzt zum Oberharze gezählt ist, weil seine Verfassung, so weit sie die Berg- und Eisenhütten-Werke angeht, vielfältig mit dem Oberharzischen Bergamte zusammen hängt. Man könnte es also von Chur-Hannoverischer Seite, den einseitigen Unterharz nennen.

Der Brocken wäre also zu dieser hydrographischen Eintheilung der schicklichste Anfang, weil er der höchste Gränzpunct zwischen der Elbe und Weser ist: Von ihm zieht sich gegen Nordost eine Bergkette über den Renneckenberg und Oehrenkopf: hernach ferner über diese Gebirgkette bis zwischen Werningerode und Darlingerode durch. Südwärts erstreckt sich diese Bergkette über den kleinen Brocken, das Brockenfeld, die Achtermannshöhe, die hohe Tracht, den Jägerskopf und Rabensberg über Steina hinaus nach Nixey. Ostwärts dieser Linie gehören alle Quellen und Gewässer der Elbe zu, und Westwärts dieser Linie, sämtlich der Weser.

Der auf der Charte vorgestellte Harz gehöret verschiedenen Landes-Herrschaften. Dem Churhause Hannover gehört erstlich, der zum Fürstenstenthume Grubenhagen gehörige privative, oder sogenannte Einseitige Harz, nemlich die Clausthäler Forst, die Altenauer Forst, die Osteroder Forst, die Herzberger Forst, die Scharzfelder Forst, die Lauterberger Forst, die St. Andreasberger Forst, und das Amt Elbingerode; welches sämtlich mit den Worten: Einseitiger Harz umfaßt wird. Hernach gehört auch noch die Grafschaft Hohnstein, die aus dem Amte Neustadt, und dem Stifte Ilefeld, besteht: so wie die darin belegene Gräfl. Werningerodische Forst, und adeliche Gericht Werna und Sülzhain, unter die Hoheit des Churhauses Hannover.

Ferner gehörte bisher dem Churhause Hannover, gemeinschaftlich mit dem Herzoglichen Hause Braunschweig=Wolfenbüttel; die Zellerfelder Forst, die Harzeburger Forst, die Stollen Forst, die Lautenthaler Forst, die Astfelder Forst, die Langersheimer Forst, die Seesensche Forst, die Staufenburger Forst, die Wildemänner Forst, und das unterharzische Bergwerk des Rammelsberges, samt den dazu gehörigen Hütten: ferner das Salzwerk Juliushall, und die Eisenhütte zu Gittelde, alles dieses zusammen genommen, hieß Communion=Harz, Jetzt aber ist zwischen dem Königlich Churfürstlichen und Fürstlichen Hause eine Theilung dieses bisherigen Communion=Territorii verabredet worden, nach welcher derjenige Territorial=District, welcher

süd=

südwärts der auf der Charte gezeichneten gelben Linie liegt, dem Königlich Churfürstlichen, der nordwärts derselben liegende, aber dem Fürstlich Braunschweigischen Hause privative zufallen wird. Jedoch ist der nordwärts dieser Linie im nunmehr einseitig Fürstlich Braunschweigischen Territorio belegene **Rammelsberg** samt den dazu gehörigen Hütten, das **Salzwerk Julius Halle**, und die **Eisenhütte zu Gittelde**, samt den für die letztern bestimmten Eisensteins-Gruben des Ibergs, Gegenthals, Schweinsrücken, Kopfs überm Gegenthal und Bergs überm Gegenthal — jedoch der dem einen oder dem andern Hause über diese Berge zufallenden Landeshoheit unbeschadet — noch ferner in Communion geblieben. In der Goslarschen Forst, haben beyde Chur- und Fürstliche Häuser, nur das jus metalli fodendi gemein: die Territorial-Hoheit, so wie die Jagd, gehört dem Fürstl. Hause Braunschweig-Wolfenbüttel, und die Forst der Kaiserlichen freyen Reichsstadt Goslar.

Dem **Fürstlichen Hause Braunschweig-Wolfenbüttel**, gehört außer dem eben benanten Antheile am bisherigen und noch jetzigen **Communion-Harze**, als privative Harz-Pertinenzen; das **Fürstenthum Blankenburg** und das **Stift Walkenried**.

Dem **Churhause Brandenburg** gehört das **Amt Benneckenstein** in der **Herrschaft Klettenberg**, welche nebst der **Herrschaft Lohra**, die Königlich Preussische sogenannte

Grafschaft Hohnstein ausmacht. Ferner das Amt Hasserode, so zum Fürstenthum Halberstadt gehört, imgleichen die ebenfalls mit zum Fürstenthum Halberstadt gehörige Grafschaft Regenstein oder Rheinstein, wovon aber nur ein sehr kleiner Theil auf der Charte vorgestellt ist.

Dem Gräflichen Hause Stollberg-Werningerode gehört die Grafschaft Werningerode, imgleichen die in der Chur-Hannoverischen Grafschaft Hohnstein belegene Hohnsteinsche Forst.

Die Theile des Harzes so auf der Charte nicht haben mit vorgestellet können werden, sind erstlich die Grafschaften Stollberg-Stollberg und Stollberg-Rosla. 2) Ein Theil der Chur-Sächsischen Grafschaft Mannsfeld. 3) Ein Theil der Chur-Brandenburgischen Grafschaft Mannsfeld, welche aber in des Herrn Bergrath Charpentier Mineralogischen Geographie der Chur-Sächsischen Lande mit berühret sind. 4) Die zum Fürstenthum Halberstadt gehörige, ehemalige Grafschaft Falkenstein. 5) Ein Theil des Fürstenthums Anhalt-Berenburg, und 6) der zur gefürsteten Reichsabtey Quedlinburg gehörige Rammberg.

Zweytes Capitel.

Einige Geologische und andere Bemerkungen über das Harzgebirge.

Das eigentliche Harzgebirge gehört mit zu den Gebirgen, welche in manchen Systemen unter die ursprünglichen Gebirge gezählt werden, die mit der Welt einerley Alter haben, und mit ihr zugleich entstanden seyn sollen. Auch zu denen Gebirgen, die von manchen die Grund- oder Ganggebirge genennt werden. Es sey mir erlaubt, zuerst einige Gedanken über diese Benennungen zu äußern.

Sowol der Name Grundgebirge, als auch der Name Uranfängliches und Ursprüngliches Gebirge, scheint mir nur allein für das ausgemachte Granit-Gebirge paßlich zu seyn, und nur in so weit als sich dieses erstreckt, kann ich das Harzgebirge für ein Uranfängliches gelten lassen: alle übrigen Gebirgarten des Harzes, sind angeschwemmte Gebirge.

Gemeiniglich hat die Natur beyderley Art Berge in einem Gebirge vereinigt, und so ist ein Gebirge ursprünglicher Art, und enthält dennoch zugleich auch nachher entstandene Berge. Wellen nachheriger Fluthen brachen sich an dem Granitgebirge, machten am festen Gestein einige

Zerrüttungen; setzten, so weit sie daran in die Höhe reichen konnten, Erdlagen die größtentheils alle zu festem Gestein geworden sind, ab; sie schlämmten neue Berge an, und über und zwischen den ursprünglichen Felsen-Gebirgen, wurden die niedrigen Gegenden dieses zuerst geschaffenen Felsen, mit neuen Bergen ausgefüllt, und gaben ihnen die jetzt bestehende Mischung von ursprünglichen und nachher aufgeschwemmten oder neu entstandenen Bergen.

Auch bey dem Harzgebirge hat die Natur diese Gesetze beobachtet, und man schließt mit einiger Wahrscheinlichkeit von der Materie seiner Berge, auf ihre Entstehung und Alter: Es steigt stuffenweise durch Berge von verschiedener Mischung und Materie, bis zum Granitgebirge und so zu seinem höchsten Gipfel dem Brocken hinauf.

Daß das Granitgebirge, das wahre uranfängliche Gebirge sey, darin stimmen jetzo die meisten Physiker überein. *) Daß man aber den uranfänglichen Granit, sehr wol von demjenigen Granit unterscheiden müsse, welcher durch die Gewässer, so die uranfänglichen Granitgebirge umgaben, verändert, in Granitsand aufgelöset, regeneriret und mit fremden Erden vermischt ist, davon werde ich in dem Capitel von dem Granitgebirgen ausführlich handeln.

Daß

*) Kirwans Mineralogie, deutsche Uebersetzung p. 416. 417. Man findet daselbst eine vortrefliche Erklärung über die Entstehung des Granits.

Daß ferner das harzische, nicht granitische einfache Ganggebirge, ebenfalls ein angeschwemmtes Gebirge, und nicht ganz frey von Spuren ehemals organisch gewesener Körper sey, die zuweilen in selbiges verwebt sind, werde ich durch genaue Beschreibung, und so viel thunlich, durch lehrreiche Exemplare von Handsteinen, beweisen, und also dadurch darthun, daß diese Gebirge vom Wasser aufgeschwemmt sind, folglich weit jünger als das uranfängliche Granitgebirge seyn müssen.

Nur demjenigen würde ich ohne Widerrede zugeben können, daß das Harzische, nicht granitische Ganggebirge unter die Classe des ursprünglichen Gebirges gehöre, welcher voraussetzt, daß unsre Mosaische Schöpfungs-Geschichte vielleicht nur die Geschichte einer großen Revolution und Umschaffung unsers Erdkörpers beschriebe, und daß selbiger vor dieser Revolution eine andere Gestalt müsse gehabt haben. Woher würden wir sonst die Erscheinungen von organisch gewesenen Körpern erklären können, die uns in dem tiefsten der Harzischen Erzgruben vorkommen? Ich habe selbst von diesen Seltenheiten etwas aufzuweisen: habe auch in Mineralien-Samlungen, als z. E. bey dem Herrn Oberbergmeister Stelzner zu Clausthal ein sehr deutliches und lehrreiches Stück versteinerten Schilfs gesehen, was tief in einer der dasigen Erzgruben gefunden worden. So viel wie möglich habe ich gesucht meinen Lesern, die Samlungen von mir erhalten haben, einige Proben davon in die Hände zu liefern, die aber freylich nicht alle nach Wunsch ausgefallen sind. Ich muß

muß hier das anführen, was der Herr Viceberg-hauptmann von Trebra pag. 74 und 75. seiner Erfahrungen vom Innern der Gebirge, in Rücksicht auf diese Abdrücke sagt:

„Sollten aber auch **die mehrsten** von die-„sen, den Kräuterabdrücken ähnlichen Figuren „zwischen der Grauenwacke und dem Schiefer, (womit er die Stücke meinet, die ich im Cabinette unter Nr. 21. geliefert,) „wirklich nur „Gestalten davon, und nicht wahre Abdrücke „von Kräutern seyn, so giebt es doch einige, „die gar zu deutlich das Ansehn von Schilf „und Pflanze an sich tragen und unläugbare Ab-„drücke von dergleichen Körpern sind. Ich be-„sitze davon zwey besonders schöne Stücke; das „eine in ziemlicher Aehnlichkeit mit einem Tann-„zapfen, so ohne Zweifel der Abdruck einer „Saamenfrucht irgend einer Schilfart ist; und „das andere ist höchst wahrscheinlich nichts „anders als die Ausfüllung eines hohlen Rohr-„stengels mit Grauerwacke: denn dies Stück „ist von der Stärke eines runden, einen halben „Zoll dicken Stabes, rundum caneliret, und „überdas noch gegliedert, welchen Abdruck auch „noch die Hülse hat, worin es liegt. Weiter „besitze ich auch noch aus dem Schiefer unserer „Gebirge, wo er mit Grauerwacke abwechselt, „einige Abrücke von Muscheln, auch Ammons-„hörner, die Kies worden sind."

Nachher sah ich in der vortreflichen und lehrreichen Mineralien-Samlung des Herrn Viceberg-haupt-

hauptmanns noch einen sehr schönen Ortoceratiten im Schiefer, der Kies worden war: — Woher sage ich würden wir alle diese Erscheinungen erklären können, wenn wir annehmen wollten, daß dieses Gebirge ein ursprüngliches Gebirge sey, was mit der Welt einerley Alter habe? Muß also nicht vorher, ehe diese Berge sich aufthürmten, eine andere Welt, voll organisirter Körper, von denen wir auf dem Harze, vorzüglich von Seethieren, See- und Sumpfspflanzen die Ueberbleibsel antreffen, da gewesen seyn, aus welcher der Stoff zu diesen Gebirgen genommen, und durch Wasser und vielleicht auch zugleich durch einiges Feuer aufgelößt, gekocht und überhaupt umgeschaffen ist? Kein Wunder, wenn bey einer solchen allgemeinen Revolution manches Geschlecht organischer Körper gänzlich aufgerieben wurde, daß wir jetzt zu so manchen in diesen Gebirgen gefundenen organisch gewesenen Körpern, die Originale in Natura nicht finden können. Ja wir finden auch sogar nicht einmal unter den organisch gewesenen Körpern, so die Flötzgebirge aufweisen, die Hysteroliten, Schraubensteine und dergleichen, die wir in dem Ganggebirge des Harzes antreffen, um desto weniger können wir also hoffen, die Originale davon jemals in Natura zu finden.

Ich glaube auch Beweise gefunden zu haben, daß das Harzische Ganggebirge noch lange nach seiner Erhärtung und Bildung, von Wasser ist bedeckt gewesen, was schon damals einige Zerstörungen in den neugeschaffenen Bergen anrichtete, hin und wieder Granitklippen von dem neuaufgesetzten

setzten Ganggebirge entblößte, und in Thälern fortführte. Wie würde es anders zugegangen seyn, daß z. E. die Spitze der Achtermannshöhe und des Wormberges aus aufgesetzten Ganggebirgs-Arten bestehen können, da doch unter ihnen der Granit ringsum nackt zu Tage aussteht. Nothwendig muß hier der schiefrige und thonartige Ueberzug des Granits durch große Revolutionen heruntergestürzt seyn, und ist durch die großen Fluthen weiter fortgeführt. Im Okerthale sieht man z. E. sehr deutlich, daß hier der Granit mit Trapp und Schiefer bedeckt ist. Nur durch die Gewalt des Wassers, dessen große Revolutionen sich hier nicht verkennen lassen, kann er an einigen Stellen davon entblößt seyn: denn man findet hier den Trapp senkrecht, wie vom Wasser abgerissen, anstehen; und nur da wo das Thal am engsten ist, den Granit davon entblößt. Das Bette der Ocker ist voll zackigter eingewurzelter Granitfelsen, zwischen welchen noch ungeheure Granitblöcke und Trappmassen los herumliegen, die von einer Zerrüttung des Gebirges zeugen.

Wenn gleich einige Gebirgarten, bald nach ihrer Entstehung schon so sehr erhärtet waren, daß ihnen das Wasser nichts mehr abhaben konte, so konten sie doch leicht in ihren Zwischenräumen noch einige Erde führen, die im Wasser noch erweicht wurde. Das Wasser schwemmete diese Erde aus, und verursachte hiedurch, daß die großen Felsenblöcke ganz lose an und auseinander, oft in einem bewundernswürdigen Gleichgewichte liegen blieben, wie wir solches an den Granitblöchen

blöchen oberhalb der Ockerhütte, auf dem Mahnberge, auch im Ockerthale: hernach auch in jüngern Gebirggegenden, z. E. am Gänseschnabel, und dem Nadelöhr bey Ilefeld, und an sehr vielen andern Orten finden. An andern Orten riß das Wasser diese großen Blöche mit sich fort, daher wir oft Steine von ungeheurer Größe in Thälern finden, wo sie parasytisch sind. Im Wasser waren diese großen Blöche nemlich sehr leicht fort zu wälzen, da ihnen das hydrostatische Gesetz zu statten kam, nach welchem die Körper um das specivische Gewicht des Wassers so sie verdrängen, leichter werden.

In wie ferne aber das einfache Kalchgebirge älter oder jünger ist als das einfache Thon- oder Ganggebirge, darüber sind zwar noch wenige Beobachtungen möglich gewesen: allein, so viel ist gewiß, daß beyde zusammen genommen, Greise sind gegen das jugendliche, das Hauptgebirge rings umgebende Flötzgebirge. Aller Wahrscheinlichkeit nach, ja woll mit ziemlicher Gewißheit, ist das einfache Kalchgebirge älter als das Ganggebirge. Ich werde in dem Capitel von dem Kalchgebirge davon ausführlicher handeln, und die Beweise angeben, welche solches höchst wahrscheinlich machen. Nur deswegen habe ich das einfache Thon- oder Ganggebirge ehender abgehandelt, als das einfache Kalchgebirge, weil ich ersteres wirklich auf Granit aufsitzend gefunden, letzteres aber nicht, sondern es nur durch Conjecturen für älter halten kann, als das einfache Thon- oder Ganggebirge.

Die

Die Flözgebirge, welche ich auf der petrographischen Charte ganz ohne Farbe gelassen, sind auch in dieser Gegend die jüngsten Gebirge; Sie zeichnen sich durch ihre, sich immermehr der Horizontallinie nähernden Flözlagen von jenen Ganggebirgen aus, deren Schichten sich der Verticallinie nähern, und führen dadurch sehr deutlich den Character eines vom Wasser aufgeschwemmten Gebirges. Auch hier unterscheiden sie sich durch größeren Gehalt an Kalcherde, von den größtentheils aus Thonerde bestehenden Ganggebirge und lassen den Beobachter nur an einigen wenigen Orten in Zweifel, wohin er sie classificiren soll. Ganze Familien und Banden von Seethieren, imgleichen viele Pflanzen und Kräuterabdrücke finden sich in ihnen, die im Vergleich mit dergleichen Körpern aus den Ganggebirgen, weit häufiger, weit frischer und weit unzerstörter, als jene ausfallen, so, daß man fast immer beym ersten Anblicke wird unterscheiden können, welches eine Versteinerung oder Abdruck aus dem Ganggebirge, und welches eine dergleichen aus dem Flözgebirge sey.

Von vulkanischen Wirkungen habe ich auf dem Harze und in dessen Nachbarschaft, bis auf sechs Meilen von ihm gegen Südwesten zu, nichts entdecken können, so sehr es auch an einigen Orten den Anschein dazu haben mögte. Gährungen in der ehemals weichen Steinmasse, die sich ohne einen gewissen Grad von Wärme nicht denken lassen, sind hier zwar an einigen Orten nicht zu verkennen: darum aber kann ich solche unmöglich zu vulcanischen Wirkungen rechnen, denn es giebt zwischen dem eiskalten und dem brennend heißen, viele Zwischenstuffen. Die Nachricht im deutschen Musäo, April 1780, daß auf dem Ziegenkopfe bey Blankenburg eine Basaltsäule einige Fuß über der Erde hervorragen solte, ist völlig ungegründet. Es ist weiter nichts als Trapp und eine Porphyrart, von der Gattung wie sie sich unter Nr. 6. in den Voigtischen Gebirgarten-Cabinetten befindet, woraus der grössete Theil des ganzen Bergs besteht. Man kann hie wirklich allenfalls unter den vielen herumliegenden Steinen einige Paralelepipeda finden; die, wenn man will, allenfalls einige Aehnlichkeit mit Basaltsäulen haben können. Der hier vorkommende Perl- oder Blatterstein, wie Nr. 50. und 51. meines Cabinetts, aus welchen die kleinen Kalchspathflecke an der Luft leicht herauswittern, und dem Gesteine ein Lavaartiges Ansehen geben, mag vielleicht Veranlassung gewesen seyn, hier etwas Vulcanisches zu vermuthen; und also auch alsdenn leicht zu finden.

Die Achtermannshöhe hat ganz die Gestalt eines vulcanischen Kegels; aber bey näherer Untersuchung findet man nicht das geringste, was für einen vulcanischen Ursprung spricht. Sie bestehet ganz aus Granit, und ihre obere Spitze ist mit dem Trapp Nr. 27. bedeckt.

Drittes Capitel.

Bestimmung einiger Puncte des Harzgebirges, in Rücksicht ihrer Höhe über der Meeresfläche; nebst Anzeige der Temperatur der Luft und ihres mittleren Gewichts.

Sämtliche Berechnungen der nachstehenden Höhen, sind theils aus des Herrn Bergcommissair Rosenthal in Nordhausen Beyträgen zur Verfertigung und Gebrauch meteorologischer Werkzeuge. Gotha bey Ettinger. Theils aber auch aus andern Beobachtungen und Markscheidermessungen bestimmt. Dem Herrn Bergcommissair habe ich nachfolgende Angaben, die er mir gütigst mitgetheilet, zu verdanken.

§. 1.

Hannover. 52° 22′ 16″ N. B. 27° 22′ 30″ long.

Nach den Beobachtungen weil. Herrn Secretarius Scherenhagen, von 1782. an, nebst der Fortsetzung durch Herrn Consistorial-Secretair Wolf, mit Herzoglich Gothaischen Instrumenten bis 1786 incl. ist zum mittlern Gewichte der Athmosphäre 5358 Scrupel, oder $\frac{1}{17}$ Linien pariser Maaßes, unter der Temperatur des Quecksilbers = 1000° nach der Rosenthalischen Scala, und zur mittleren summarischen Wärme, 959° beobachtet worden.

§. 2.

§. 2.

Nordhausen.

Nach den Beobachtungen des Herrn Pastor und Vicarius Mocks, ist von 1782. bis 1786. incl. zum mittlerem Gewicht der Athmosphäre 5298 Scrupel, und zur mittleren summarischen Wärme, 953° gefunden worden.

§. 3.

Göttingen. 51° 31′ 54″ lat. 27° 34′ 0″ long.

Nach den Beobachtungen des Herrn Professor Gatterer, so sich in den beyden letzten Bänden der Mannheimer meteorologischen Ephemeriden befinden, und nach den angegebenen Barometer-Ständen auf folgendes Gewicht der Athmosphäre gebracht worden. *)

1783. war	$B = 5304.$	$\int\delta = 959$
1784. —	$B = 5293.$	$\int\delta = 952$
Mittel	5299.	955

Gleichzeitig zu Nordhausen.

1783. war	$B = 5306.$	$\int\delta = 960$
1784. —	$B = 5293.$	$\int\delta = 951$
Mittel	5299.	955

*) B bedeutet in der Folge allezeit das mittlere Gewicht der Athmosphäre, δ das Wärmemaaß. $\int\delta$ die mittlere summarische Wärme. T die dem mittleren Gewichte der Luft entsprechenden Höhen nach der Rosenthalischen Höhenmessungs-Tafel.

Es hat also Göttingen und Nordhausen einerley Mittelgewichte der Athmosphäre und mittlere summarische Wärme, also 5298 Scrupel und 953°.

§. 4.

St. Andreasberg.

Nach den Beobachtungen des Herrn Pastor Primarius Dannenberg, vom Anfange bis zum Schluße des 1784sten Jahrs, mit übereinstimmenden Instrumenten, war in diesem Jahre das mittlere Gewicht der Athmosphäre = 5028 Scrupel, und die mittlere Wärme = 943°. Gleichzeitig zu Nordhausen 5293 und 951°.

Hieraus findet man die Höhe von St. Andreasberg über Nordhausen, also

Nordh.	5293.	T = 3180,0	δ = 951
St. Andr.	5028.	T = 2892,3	δ = 943
		287,7 × 0,947 = 273,9	

Demnach liegt St. Andreasberg über Nordhausen, 273,9 meteorologische Klafter.

Wenn 1784. das mittlere Gewicht und Temperatur der summarischen mittlern Schwere und Temperatur gleich gewesen wäre, so würden die in diesem Jahre daselbst gemachten Beobachtungen, ohne weitere Berichtigung, das Mittel von beyden enthalten, da aber dieses nicht ist, so muß solches berechnet werden.

Da für Nordh. das Mittel	5298,	und	953	ist,	
und im Jahre 1784.	—	5293,	—	951	
so ist dieses zu klein um		5	und	2	

Dieses zu den Andreasberger Beobachtungen addiret gäbe 5033 Scrupel und 945°.

Da man aber auf diese Art nicht jederzeit verfahren kann, weil nicht immer ein ganzes Jahr an einem Orte beobachtet worden, wie in der Folge überhaupt der Fall ist, so wird man hier die Rosenthalische Methode angewandt, und das zur innern Erkenntniß derselben Nöthige, beygebracht finden.

Man kann annehmen, und darüber angestellte Proben haben es bestätiget (obgleich die Lage von Andreasberg gegen Nordhausen nicht hierunter gehört; sondern nur dieselbe aufs neue bestätigt,) daß sich die Wärme für jedes meteorologische Klafter-Erhöhung, um 0,03° vermindere. Daß diese Abnahme aber nicht ihr Ende habe, sondern sich bey irgend einer Höhe müsse verkleinern, ja endlich $=0$ werden müsse, versteht sich von selbst. Bey unseren deutschen Gebirgen aber, kann man dieses als richtig annehmen.

Nun liegt Andreasberg 273,9 meteorol. Klafter über Nordhausen, deshalb wird die mittlere summarische Wärme daselbst, um $0,03 \times 273,9 = 8°$. kleiner seyn als zu Nordhausen, dieses giebt 945°, addirt man die mittlere summarische Wärme zusammen und nimt sie halb, so ist die mittlere Temperaperatur der Luftsäule zwischen beyden Orten 949°, auch 0,949, wenn man nemlich die Normal-Temperatur der Rosenthalischen Thermometer-Scale = 1 anstatt 1000 setzt.

Da nun die mittlere Wärme der Luftsäule, zwischen beyden Orten, und die Erhöhung in meteorologischen Klaftern bekannt ist, so findet man das mittlere Gewicht für St. Andreasberg, folgendergestalt:

Wenn B das mittlere Gewicht für Nordhausen, b für St. Andreasberg und in der Folge allezeit des mit B zu vergleichenden Ortes, δ die mittlere Temperatur der Luftsäule zwischen beyden Orten, und $\frac{h}{m}$ die Erhöhung in meteorol. Klaftern ist: und wenn T B und T b die dem Gewichte entsprechende Höhen der Rosenthalischen Höhenmessungs-Tafel sind; so ist nach Seite 91 des zweyten Bandes der **Beyträge zur Verfertigung und Gebrauch meteorologischer Werkzeuge**

$Tb = TB - \frac{h}{m\delta}$. Nun ist $\frac{h}{m\delta}$ hier

$\frac{273,9}{0,949} = 288,6$. $TB = 3183,3$. also

$Tb = 3185,3 - 288,6 = 2896,7$. Dieses in der Höhenmessungs-Tafel aufgeschlagen, so giebt diese das entsprechende Gewicht = 5032. Demnach ist das mittlere Gewicht der Luft zu St. Andreasberg = 5032 Scrupel, und die mittlere summarische Wärme daselbst = 945°.

Wird

Wird nun aus dem mittleren Gewichte und Wärme für beyde Oerter, die Erhöhung bestimt, so muß 273,9 meteorol. Klafter herauskommen.

Nordhausen 5298 Tδ 3185,3. ſδ 953
St. Andreasberg 5032 Tδ 2896,7. ſδ 945

288,6 × 0,949

= 273,9.

§. 5.

Clausthal.

Nach den Beobachtungen, welche der jüngere Herr Friedrich, in horizontaler Fläche mit weil. Herrn Syndicus Leysers Hause, angestellet, war 1784. vom Januar bis August incl. das mittlere Gewicht 5041 Scrupel, und die mittlere Wärme 947°, (der summarischen Wärme zu Stockholm ziemlich gleich.) Das gleichzeitige zu St. Andreasberg war, 5025 B und 945 δ, welches zur Erhöhung von St. Andreasberg über Clausthal 16,8 meteorol. Klafter giebt. Nun ist St. Andreasbergs mittleres Gewicht 5032 und ſδ 945, und der Unterschied in der Wärme 0,03 × 16,8 = 0,504 oder 1, also die mittlere summarische Wärme zu Clausthal 945 + 1 = 946° und die mittlere Temperatur der Luftsäule zwischen beyden Orten 0,9455. Demnach ist $\frac{16,8}{0,9455} = 17,7$ für St. Andreasbergs mittleres Gewicht T aber 2896,8. hiezu addirt 17,7 ist T 2914,5, welches dem Gewichte 5048 Scrupel entspricht.

§. 6.

Lasfelde.

Nach Ausmessungen des Markscheiders Herrn Länge zu Clausthal, liegt die Hängebank des alten Seegener Schachtes 1043 Par. Fuß höher als Lasfelde, diese aber 109 Pariser Fuß unter dem Beobachtungspuncte zu Clausthal, macht zusammen 1152 Fuß. Setzt man nun das met. Klafter = 4,715 Par. Fuß *), so ist $\frac{1152}{4,715} = 244,3$ meteorol. Klafter. Da nun $0,03 \times 244,3 = 7,329$ und die mittlere summarische Wärme zu Clausthal 946 ist, so ist solche zu Lasfelde $946 + 7 = 953$ und die mittlere Temperatur der Luftsäule zwischen beyden Orten ist 0,9495°. Demnach ist $\frac{244,8}{0,9495} = 257,3$. Da nun das mittlere Gewicht der Luft zu Clausthal T=2914,5 ist, so ist solches zu Lasfelde um 257,3 größer, demnach 3171,8, welches dem Gewichte 5285 Scrupel entspricht.

§. 7.

Osterode.

Diese Stadt liegt 41 Fuß höher als Lasfelde. Dies ist $\frac{41}{4,715} = 8,6$. meteorol. Klafter. Da nun 0,03.8,671, so ist die Wärme an beyden Orten

*) Man sehe darüber nach das 2te Heft der Briefe des Herrn Bergcommissair Rosenthal an den Herrn Grafen von Yorke über die wichtigsten Gegenstände der Meteorologie. Leipzig und Nordh. In der Buchhandlung der Gel. und bei dem Verf. 1784. — p. 126. 127.

Orten gleich: also $\frac{8,6}{0,953} = 9$. Dieses zum Lasfelder Werth für T = 3171,8 abgezogen, giebt 3162,8, dem das Gewicht 5277 Scrupel entspricht.

§. 8.

Der Kahlenberg.

Er liegt zwischen Zellerfeld und Goslar, und hat auf seiner größesten Höhe noch Conchylien-Lager. Nach dem Winkel den seine größeste Höhe von Clausthal aus mit dem Horizont macht, ist sein Sinus 430 Fuß, um welche 430 Fuß dieser Kahlenberg also höher als Clausthal liegen würde. Dieses sind $\frac{430}{4,715} = 91,2$ meteorol. Klafter, da nun $0,03 \cdot 91,2 = 2,736$ ist, und die mittlere summarische Wärme für Clausthal 0,946 ist, so ist solche auf der Höhe des Kahlenberges 946 – 3 = 943°, und die mittlere Temperatur der Luftsäule zwischen beyden Orten, 0,9445, deshalb $\frac{91,2}{0,9445} = 96,5$. Da nun für Clausthals mittleres Gewicht 5048 T = 2914,5 ist, so ist solches für den Kahlenberg, 2914,5 — 96,5 = 2818,0, dem das Gewicht 4962 Scrupel entspricht.

§. 9.

Ilefeld.

Nach der barometrischen Messung*) war die berichtigte Differenz der Briggischen Logarithmen der

*) Rosenthal Beyträge zur Verf. und Gebr. meteorol. Werkzeuge, 1ster Band. S. 324.

der Barometerhöhen zu Nordhausen und Ilefeld 0,0029686. Nun ist die wahre Formel, wenn man die Höhe vermittelst dieser Logarithmen finden will. Log. $\frac{B}{b}$ m . δ . 12895; da nun die berichtigte Differenz der Log. = Log. $\frac{B}{b}$. δ ist, so muß dieses mit 12895 multiplicirt werden, um die Erhöhung in meteorol. Klaftern zu haben. Nun ist 0,0029686 × 12895 = 38, 2, deshalb liegt Ilefeld 38, 2 meteorol. Klafter über Nordhausen. Da nun 0, 03 × 38, 2 = 1, 146 und Nordhausens mittlere summarische Wärme = 953° ist, so ist solche für Ilefeld 952, und die mittlere Temperatur der Luftsäule zwischen beyden Orten ist, 0,9525, deshalb $\frac{38,2}{0,9525}$ = 40, 1. Da nun für Nordhausens mittleres Gewicht 5298 T = 3185, 3 ist, so ist solches für Ilefeld 3185, 3 − 40, 1 = 3145, 2, dem das Gewicht 5260 Scrupel entspricht.

§. 10.

Der Herzberg ohnweit Ilefeld.

Liegt nach angeführtem Orte, 113,277 Toisen über Ilefeld: dies ist also der Werth Log. $\frac{B}{b}$. δ demnach 0,0113277 × 12895 = 146 meteorol. Klafter und 146 × 0, 03 = 4, 38. Da nun Ilefelds mittlere summarische Wärme = 952° ist, so ist solche für den Herzberg 952 − 4 = 948 und die mittlere Temperatur der Luftsäule zwischen dem Herzberge und Ilefeld, 0,950 also $\frac{146}{0,95}$ = 153, 5. Nun ist für Ilefelds mittleres Gewicht

5260 T = 3145,0, so ist solches für den Herzberg 3145,0 − 153,5 = 2991,5, dem das Gewicht 5118 Scrupel entspricht.

§. 11.

Der Kaulberg ohnweit vorigem.

Hier ist nach angeführtem Orte Log. $\frac{B}{b}$. δ = 0,0126684 × 12895 = 163,3 meteorol. Klafter als die Erhöhung dieses Berges über Ilefeld. Es ist aber 0,03 . 163,3 = 4,899. Da nun Ilefelds mittlere summarische Wärme 952 ist, so ist solche für die Höhe dieses Berges um 5° kleiner, also 947, und die mittlere Temperatur der Luftsäule zwischen beyden Orten = 0,9495 also $\frac{163,3}{0,9495}$ = 171,9. Da nun für Ilefelds mittleres Gewicht 5260 T = 3145,0 ist, so ist für den Kaulberg 3145,0 − 171,9 = 2973,1 dem das Gewicht 5101 Scrupel entspricht.

§. 12.

Oderbrück.

Nach Seite 312 des angeführten Orts, liegt Oderbrück 309 Toisen über Nordhausen, oder der berichtigte Unterscheid der Briggischen Logarithmen ist nach §. 8. des angeführten Orts

0,0309271
0,0309902

Mittel 0,0309586 dieses

mit 12895 multiplic. giebt zur Erhöhung von Oderbrück über Nordhausen 399,2 meteorol. Klafter, deshalb 0,03 × 399,2 = 11,976 = 12.

Da

Da nun Nordhausens mittlere summarische Wärme 953° ist, so ist solche zu Oderbrück 953 — 12 = 941° und die mittlere Temperatur der Luftsäule zwischen Oderbrück und Nordhausen, 0,947° also $\frac{399,2}{0,947}$ = 421, 5. Da nun für Nordhausens mittleres Gewicht 5298 T = 3185, 3 ist, so ist solches für Oderbrück 3185,3 — 421, 5 = 2763, 8, welches dem Gewichte 4915 Scrupel entspricht.

§. 13.

Die Heinrichshöhe.

Nach Seite 308. des angeführten Orts, ist die Heinrichshöhe = 124,850 Toisen = 0,0124850 Unterschied der Briggischen Logarithmen der Barometerhöhen × δ also 0,0124850 × 12895 = 161 als die Erhöhung der Heinrichshöhe über Oderbrück, in meteor. Klaftern: deshalb 0,03 × 161 = 4,83 = 5. Da nun die mittlere summarische Wärme zu Oderbrück = 941 ist, so ist solche auf der Heinrichshöhe 941 — 5 = 936 und die mittlere Temperatur der Luftsäule zwischen beyden 0,9385, also $\frac{161}{0,9385}$ = 171,5. Da nun für Oderbrücks mittleres Gewicht 4914 T = 2763,8 ist, so ist solches für die Heinrichshöhe = 2763,8 — 171,5 = 2592,3,, welches dem Gewicht 4766 Scrupel entspricht.

§. 14.

Der Brocken.

Das Brockenhäusgen liegt nach S. 306. §. 3. des angeführten Orts über der Heinrichshöhe

50,

50,755 das ist für Log. $\frac{B}{b}$. δ = 0,0050755 Nun ist 0,0050755 × 12895 = 65,45 deshalb liegt der Brocken 65,4 met. Kl. über der Heinrichshöhe. Deshalb 0,03 . 65,4 = 1,962 = 2 und die mittlere summarische Wärme für die Heinrichshöhe ist 936, also ist solche für den Brocken 936 — 2 = 934. Die mittlere Temperatur der Luftsäule aber zwischen beyden Puncten 935°, also $\frac{65,4}{0,935}$ = 69,8. Da nun für das mittlere Gewicht auf der Heinrichshöhe 4766 T = 2592,3 ist, so ist für den Brocken 2592 — 69,8 = 2522,5 dem das Gewicht 4707 entspricht.

§. 15.

Ilsenburg.

Nach der trigonometrischen Messung des Hrn. Oberconsistorialraths Silberschlag *) liegt Ilsenburg 2722 Fuß unter dem Brocken; das ist $\frac{2722}{4,715}$ = 577,3 met. Klafter. Nun ist 0,03 × 577,3 = 17,319. Da nun des Brockens mittlere summarische Wärme = 934° ist, so ist solche für Ilsenburg 934 + 17 = 951° und die mittlere Temperatur der Luftsäule zwischen Ilsenburg und dem Gipfel des Brockens = 9425. Nun ist $\frac{577,3}{0,9425}$ = 612,5. Da nun für das mittlere Gewicht auf dem Brocken 4707 T = 2522,7 ist, so ist solches für Ilsenburg 2522,7 + 612,5 = 3135,2 welchem das Gewicht 5251 Scrupel entspricht.

*) Geogenie, Ister Band. S. 49.

§. 16.
Werningerode.

Diese Stadt liegt nach angeführtem Orte 3069 Par. Fuß unter dem Brocken. Da nun Ilsenburg 2637 Fuß darunter liegt, so liegt Werningerode 432 Fuß unter Ilsenburg, welches 91,2 met. Klafter beträgt. Da nun $0,03 \times 91,2 = 2,736$ und die mittlere summarische Wärme für Ilsenburg $= 951°$ ist, so ist solche für Werningerode $951 + 3 = 954°$ und die mittlere Wärme der Luftsäule zwischen beyden Orten ist 0,9525. Nun ist $\frac{91,2}{0,9525} = 95,7$ und für Ilsenburgs mittleres Gewicht 5251 T $= 3135,4$ also für Werningerode $3135,4 + 95,7 = 3231,1$ welchem das Gewicht 5342 Scrupel entspricht.

§. 17.
Das Schloß zu Werningerode.

Nach des Herrn Professors Zimmermann zu Braunschweig barometrischer Messung *) liegt dasselbe 398 Par. Fuß höher als die Stadt. Dieses beträgt 84,4 meteor. Klafter. Da nun $0,03 \times 84,4 = 2,532$ und die mittlere summarische Wärme für Werningerode $= 954°$ ist, so ist solche für das Schloß 951° und die mittlere Wärme der Luftsäule zwischen Stadt und Schloß, $= 0,9525$. Nun ist $\frac{84,4}{0,9525} = 88,6$ und für das mittlere Gewicht zu Werningerode 5342 T $= 3231,6$ deshalb für das Schloß $3231,6 - 88,6 = 3143,0$ dem das Gewicht 5258 entspricht.

§. 18.

*) Harzreise. Braunschw. 1775. S. 6.

§. 18.

Goslar.

Diese Stadt soll nach der Schätzung verschiedener Sachverständigen mit Ilsenburg in einer horizontalen Fläche liegen: also B = 5251 sd 951°.

§. 19.

Der Rammelsberg.

Nach der Markscheider-Messung des Herrn Länge liegt die Spitze des Rammelsberges 1075,86 Par. Fuß höher als Goslar: dieses ist 228,1 met. Klafter. Da nun 0,03 × 228,1 = 7,843 ist, und zu Goslar die mittlere summarische Wärme = 951° ist, so ist solche auf dem Rammelsberge 951 − 8 = 943° und die mittlere Temperatur der Luftsäule zwischen der Stadt und der Spitze des Berges = 9475 deshalb $\frac{228,1}{0,9475}$ = 239,6. Nun ist für Goslars mittleres Gewicht 5251 T = 3135,4 deshalb für den Rammelsberg 3135,4 − 239,6 = 2895,8 dem das Gewicht von 5031 Scrupel entspricht.

§. 20.

Die Achtermannshöhe.

Der Winkelmesser giebt diese 200 Fuß höher an, als Oderbrück, das ist 42,1 met. Klafter. Da nun 0,03 × 42,1 = 1,263 ist, und die mittlere summarische Wärme zu Oderbrück = 941° ist, so ist solche auf der Achtermannshöhe = 940, und die mittlere Temperatur der Luftsäule zwischen

Oder-

Oderbrück und dieser. Höhe = 0,9405, deshalb $\frac{42,1}{0,9405}$ = 44,7. Da nun für Oderbrücks mittleres Gewicht T = 2763,8 so ist solches für die Achtermannshöhe 2763,8 — 44,7 = 2719,1 welches dem Gewichte 4875 Scrupel entspricht.

§. 21.

Der Wormberg.

Dieser liegt nach eben diesen Bestimmungen 55 Fuß höher als die Achtermannshöhe, das ist $\frac{55}{4,715}$ = 11,7 met. Klft. Nun ist 0,03 × 11,7 noch nicht 1, so ist die mittlere summarische Wärme, der auf der Achtermannshöhe = 940. Da nun $\frac{11,7}{0,940}$ = 12,4 und für das mittlere Gewicht auf der Achtermannshöhe 4875 T = 2719,1 so ist solches für den Wormberg 2719,1 — 12,4 = 2706,7, welches zum mittleren Gewichte 4864 giebt.

§. 22.

Der Bruchberg.

Dieser liegt nach obiger Bestimmungsart 65 Fuß höher als der Wormberg. Da nun dieser 55 Fuß höher als die Achtermannshöhe ist, so liegt der Bruchberg 120 Fuß höher als letztere: das sind 25,4 met. Klafter. Nun ist 0,03 × 25,4 = 0,762 und die mittlere summarische Wärme für die Achtermannshöhe 940, so ist solche für den Bruchberg 939. Demnach die mittlere Temperatur der Luftsäule zwischen beyden 0,9395 und $\frac{25,4}{0,9395}$ = 27. Nun ist für das mittlere Gewicht

der

der Achtermannshöhe 4875 T = 2719,1 deshalb für den Bruchberg 2719,1 — 27 = 2692,1 dem das Gewicht 4851 entspricht.

§. 23.

Hohegeiß.

Dieser Ort liegt 1204 Fuß über Nordhausen*) das sind 200,666 Toisen, oder der Werth für Log. $\frac{B}{b}$. δ ist 0,0200666 demnach 12895 × 00200666 = 258,6 meteorol. Klafter, als der Erhöhung von Hohegeiß über Nordhausen, in meteor. Klaftern. Nun ist 0,03 × 258,6 = 7,758 = 8, und Nordhausens mittlere summarische Wärme, = 953. Demnach ist solche für Hohegeiß = 953 — 8 = 945, und die mittlere Temperatur der Luftsäule zwischen Nordhausen und Hohegeiß 0,949 also $\frac{258,6}{0,949}$ = 272,3. Da nun für Nordhausens mittleres Gewicht 5298 T = 3185,3 ist, so ist solches für Hohegeiß = 3185,3 — 272,3 = 2913, welches dem Gewichte 5047 Scrupel entspricht.

§. 24.

Braunlahe.

Dieser Ort liegt nach angeführtem Orte 1122 Fuß über Nordhausen; folglich da Hohegeiß 1204 Fuß darüber liegt, also 82 Fuß unter Hohegeiß. Nun ist dieses 13,666 Toisen = Log. Brig.

*) Rosenthals Beyträge zu Verf. und Gebr. met. Werkzeuge, 1ster Band. S. 314.

Brig. 0,001366 mit 12895 multipl. giebt 22,2 met. Klafter. Nun ist 0,03 × 22,2 = 0,666 = 1 und die mittlere summarische Wärme für Hohegeiß = 945, deshalb für Braunlahe 945 + 1 = 946 und die mittlere Temperatur der Luftsäule zwischen beyden Orten = 0,9455, deshalb $\frac{22,2}{0,9455} = 23,6$. Nun ist für Hohegeiß das mittlere Gewicht 5047 T = 2912,3 deshalb für Braunlahe 2912,3 + 23,6 = 2935,9, dem das Gewicht 5067 entspricht.

§. 25.

Zorge.

Dieses Bergflecken liegt nach angeführtem Orte 377 Fuß = 62,833 Toisen über Nordhausen. Dieses giebt für Log. $\frac{B}{b}$. δ, 0,0062833 und dies mit 12895 multipl. giebt 81,0 meteorol. Klafter, also 0,03 × 81 = 243. Nun ist Nordhausens mittlere summarische Wärme = 953, folglich für Zorge 953 — 2 = 951, deshalb die mittlere Temperatur der Luftsäule zwischen beyden Orten = 952° und $\frac{81}{0,952} = 85,1$. Es ist aber für Nordhausens mittleres Gewicht 5298 T = 3185,3, also dieses für Zorge 3185,3 — 85,1 = 3100,2, dem das Gewicht 5218 Scrupel entspricht.

§. 26.

Gittelde.

Nach angeführtem Orte S. 332. §. 7. liegt Gittelde 13,318 Toisen über Nordhausen, das

ist

ist Log. $\frac{B}{b}$. δ = 0,0013318. Dieses mit 12895 multipl. giebt 18,1 met. Klafter, also 0,03 × 18,1 = 0,243 = 0 also die mittlere summarische Wärme, wie zu Nordhausen = 953°. Deshalb $\frac{18,1}{0,953}$ = 18,9. Es ist aber für Nordhausens mittleres Gewicht 5298 T = 3185,3, deshalb für Gittelde 3185,3 — 18,9 = 3166,4, dem das Gewicht 5280 entspricht.

§. 27.

Seesen.

Nach angeführtem Orte liegt Seesen 9,328 Toisen über Nordhausen, das ist Log. $\frac{B}{b}$. δ = 0,0009328 × 12895 = 12 met. Klafter. Nun ist 12 × 0,03 < 1 also die mittlere summarische Wärme zu Seesen, wie zu Nordhausen = 953° und $\frac{12}{0,953}$ = 12,6. Nun ist für Nordhausens mittleres Gewicht 5298 T = 3185,3, also für Seesen 3185,3 — 12,6 = 3172,7, dem das Gewicht 5286 Scrupel entspricht.

§. 28.

Elbingerode.

Nach Ueberschlagung des Gefälles des Bode-Flusses von Braunlahe bis Rübeland, davon abgezogen das Gefälle des Elbingeroder Mühlenthals bis zur Bode, liegt Elbingerode um etwa 20 Fuß niedriger als Braunlahe. Dieses giebt bey der Dichte der Luft von Braunlahe, eine Barometer-Veränderung von 4 Scrupel, folglich ist die mittlere summarische Wärme 946, und das mittlere Gewicht, 5071 Scrupel.

§. 29.

Wenn man nunmehro die Beobachtungen zum Grunde leget, welche Sr. Hochwürden Excellenz, der Herr Graf von Borcke in Stargord, zu Laßehn in Pommern an der Fläche der Ostsee unter dem 54sten Grade der N. Breite angestellt hat, woselbst das mittlere Gewicht der Athmosphäre 5410 Scrupel, und die mittlere summarische Wärme 952° ist; so kann man vorbenannte Puncte nach ihrer Erhöhung über der Meeresfläche leicht in meteorol. Klaftern bestimmen, und wenn man dieses zu 4,715 Par. Fuß annimt, auch in Pariser Füßen geben. Folgende Tabelle wird die Resultate liefern:

Oerter.	§.	B mittleres Gewicht der Athmosphäre	ſ∂ mittlere summarische Wärme	Höhe über der Ostsee in meteor. Klaftern	Höhe über der Ostsee in Pariser Füßen
Der Brocken —	14	4707	934	740,0	3489
Die Heinrichshöhe	13	4766	936	670,9	3163
Der Bruchberg —	22	4851	939	578,0	2725
— Wormberg —	21	4864	940	565,4	2667
Achtermannshöhe —	20	4875	940	552,4	2605
Oderbrück —	12	4914	941	510,7	2408
Der Kahlenberg —	8	4962	943	459,6	2167
— Rammelsberg	19	5031	943	386,0	1820
St. Andreasberg —	4	5032	945	385,5	1817
Hohegeiß —	23	5047	945	370,7	1748
Clausthal —	5	5048	946	369,0	1740

Braun=

Oerter.	h.	B mittleres Gewicht der Athmosphäre	f ∂ mittlere summarische Wärme	Höhe über der Ostsee in meteor. Klaftern	Höhe über der Ostsee in Pariser Füßen
Braunlahe —	24	5067	946	348,3	1642
Elbingerode —	28	5071	946	344,4	1623
Der Kaulberg —	11	5101	947	313,3	1477
— Herzberg —	10	5118	948	295,6	1393
Zorge — —	25	5218	952	193,0	910
Ilsenburg —	15	5251	951	159,2	751
Goslar — —	18	5251	951	159,2	751
Schloß Werninger.	17	5258	951	152,0	716
Ilefeld — —	9	5260	952	149,6	705
Osterode —	7	5277	953	133,0	627
Gittelde — —	26	5280	953	130,0	610
Lasfelde —	6	5285	953	125,0	589
Seesen — —	27	5286	953	123,9	584
Nordhausen —	2	5298	953	111,8	527
Göttingen —	3	5298	953	111,8	527
Stadt Werninger.	16	5342	954	67,6	319
Hannover —	1	5358	959	51,7	243
Laßehn — —	29	5410	952	0	0

Aus obiger Tabelle habe ich nun beygehendes Profil der Harzgebirge nach ihrer Erhöhung über der Fläche der Ostsee entworfen, und dazu die Puncte Windehausen, Grund, die drey Lichtlöcher des tiefen Georgstollens und die Grube Thurm Rosenhof zu Clausthal, nach dem Nivellement des Markscheiders Herrn Länge zu Clausthal aufgetragen. Nach diesem ist auch der bey dem ersten Lichtloche zu Tage ausgehende Frankenscharner Stollen: der zu Wildemann ausgehende bis jezo der tiefeste, nemlich der Dreyzehn-Lachterstollen (hier nur durch eine punctirte Linie angedeutet) imgleichen der jetzt noch nicht ganz vollendete tiefe Georgstollen, so bey der Bergstadt Grund zu Tage ausgeht; mit ins Profil gebracht. Nicht weniger ist auch der tiefeste Punct, zu welchem man bis jetzt auf dem Harze abgesunken, durch den Thurm Rosenhofer Schacht angedeutet, daß man also die Höhe des besagten tiefesten Puncts, über der Fläche der Ostsee, darnach übersehen kann.

Erklärung der Buchstaben auf nebenstehender Kupfertafel. *)

A. Die Ostsee, und der in ihrer Fläche gezogene Horizont.
B. Laßehn, ein Ort in Pommern, an der Fläche der Ostsee, unterm 54° N. B.
C. Hannover, 52° 22′ 16″ N. B.
D. Die Stadt Werningerode.
E. Das Schloß Werningerode.
F. Ilsenburg.
G. Goslar.
H. Seesen.
J. Gittelde.
K. Göttingen, 51° 31′ 54″ N. B.

L.

*) Weil die 3 Oerter Laßehn, Hannover und Göttingen nicht mit auf der Charte vom Harze befindlich, so habe ich deswegen ihre geographische Lage mit beygefügt.

L. Stadt Osterode.
M, Lasfelde.
N. Windehausen.
O. Grund.
P. Das dritte }
Q. Das zweyte } Lichtloch zum tiefen Georgstollen.
R. Das erste }
q. Die Frankenscharer Hütte.
S. Clausthal.
T. Zellerfeld.
U. Der Kahlenberg, auf welchem sich noch Conchylien-Lager finden.
W. Der Bruchberg.
X. Der große Brocken oder Blocksberg.
a. Die Heinrichshöhe mit dem Wirthshause.
b. Der Wormberg.
c. Die Achtermannshöhe.
d. Oderbrück, ein Wirthshaus.
e. St. Andreasberg.
f. Hohegeiß.
g. Braunlahe.
h. Elbingerode.
i. Der Kaulberg }
k. Der Herzberg } bey Ilefeld.
l. Ilefeld.
m. Nordhausen.
n. Zorge.

α. Der Schacht der Grube Thurm Rosenhof, nahe bey Clausthal, welcher die größeste jetzt bebauete Tiefe unter den Bergwerken am Harze erreicht hat.
β. Der Frankenscharner Stollen.
γ. Der Dreyzehnlachter Stollen.
δ. Der tiefe Georgstollen.

Die Spitze des Rammelsberges ist nach ihrer Erhöhung über der Meeresfläche, wie im Hintergrunde angegeben.

Viertes Capitel.

Ueber die Fruchtbarkeit der Harzgebirge.

Mit dem Capitel von den Höhen und der Temperatur der Luft, hängt die Fruchtbarkeit zu genau zusammen, als daß ich nicht wenigstens etwas davon hier erwähnen solte.

Das Clima des Harzgebirges, welches des steilen Ansteigens seiner Berge und der vielen Waldungen wegen, im Verhältnisse mit dem Clima des flachen Landes sehr rauh und unfreundlich ist, verstattet nicht, daß der Ackerbau hier eben so sein Gedeyen haben und so vortheilhaft betrieben werden könne, als in dem milderen Clima des flachen Landes: allein es herrscht auch darunter eine große Verschiedenheit. Denn auf dem eigentlichen Oberharze, oder dem Theile des Harzgebirges, den ich nach seiner hydrographischen Eintheilung so genannt habe, wird schlechterdings kein Ackerbau betrieben. Die sämtlichen Gebirge dieses Oberharzes sind, einige wenige Wiesenflecke ausgenommen, durchaus mit Rothtannen besetzt, aber in den höhern Gegenden, als z. B. auf den höchsten Puncten des Brockens findet man nur bloß niedrige und verkrüppelte Tannen-Gesträuche. Es fand schon vor mehr als einem Jahrhunderte Hr. Mag. Johann Prätorius, daß der Berg oben ganz kahl gewesen, wie solches sein abscheu-

liches

liches Buch beweiset, was er Blocksbergs-Verrichtung, oder geographischer Bericht vom Brocken oder Blocksberge betitelt hat. Leipzig 1660. 582 S. in 8.

Sobald man aber nach dieser meiner hydrographischen Eintheilung den Unterharz erreicht, wird das Clima schon milder: Es treten Büchen, Eichen und allerley Laubhölzer an die Stellen der Rothtannen. Obstbäume tragen schon öfter reife Früchte als auf dem Oberharze, wo sie jedoch, wenn das Obst zur Reife gedeihet, weit größere Früchte als auf dem Unterharze und im flachen Lande liefern. Je weiter nach Morgen zu, desto mehr wird der Ackerbau betrieben, jedoch nicht völlig allgemein, und nur in so fern, als Waldungen und Gebirge es verstatten. So wird z. B. auf dem Unterharze und zu Hüttenrode, Elbingerode, Hohegeiß, Benneckenstein, Haßelfeld, Stiege, Allrode, eigentlicher Ackerbau getrieben: nur etwas sehr weniges davon, zu Birkenmoor, Hufhaus, Sophienhof, Trutenstein und zur Lange. Allein alle diese Früchte kommen weit später zur Reife als im flachen Lande.

Sehr fruchtbare Wiesen findet man sowohl am Ober- als Unterharze desto häufiger, und diese sind da, wo man keinen Ackerbau treibt, die einzige Winternahrung für die so starke Viehzucht, deren Dünger man auf die Wiesen bringt, und ihre Fruchtbarkeit ganz außerordentlich dadurch befördert und erhöhet.

Doch ich wolte bloß mineralogische Gegenstände bearbeiten, deswegen werde ich auch gleich wieder vom Pflanzenreiche zum Steinreiche übergehen, indem ich von dem ihm so nahe verwandten Torf etwas weniges erwähne.

Beschrieben ist der Torf in genug Schriften. Alle seine Beschreiber kommen darin überein, daß er von halb versaulten Vegetabilien herrühre, die in mehrerer Tiefe sich in eine feine fette Erde verwandeln, so daß jährlich neue Anwächse von Moor- und Sumpfpflanzen, seine Mächtigkeit von Jahren zu Jahren vermehren, und so der jetzt weggestochene Torf in einer langen Reihe von Jahren wahrscheinlich so hoch wieder aufgewachsen seyn wird, daß man ihn von neuem wieder werde wegstechen können. Dieses Gewebe von unzähligen Wurzeln, ist gleich einem Schwamme der die Feuchtigkeiten der Athmosphäre einsaugt. Der Granitsand dient ihm zu einer festen Unterlage, daß die Wasser nicht sogleich in das Gebirge eindringen können, und so kann nur das Uebermaaß von Wasser abfließen, was der Torf nicht in sich aufnehmen kann. Daher sind diese Moorgegenden oft so unwegsam, daß man Mühe hat, darüber wegzuschlüpfen, ohne in diesem Schwamme zu versinken.

Der Torf, so am Brocken von 6 bis 11 Fuß mächtig steht, ward ehemals an drey Stellen daselbst gestochen; Erstlich am meisten auf dem sogenannten Brockenfelde, wo ehemals fünf Trockenhäuser standen, die aber im Jahre 1786. sämtlich

ab-

abgebrochen sind, weil die Forsten sich jetzt in einem so vortreflichen Zustande befinden, daß die Gräfl. Werningerodischen Hüttenwerke zu Schierke und Ilsenburg hinlänglich mit Holzkohlen können versehn werden, die ihnen erspieslicher sind, als die Torfkohlen, so in eisernen Oefen verkohlet, und dann in Körben nach den Hüttenwerken musten getragen werden. Eine zweyte dergleichen Torfstecherey war ehemals auf dem Jakobsbruche, und eine dritte auf dem Brockenbette.

Je höher nach der Spitze des Brockens zu, desto trockener wird der Boden, so, daß seine höchste Spitze, wo nur dürres Heidekraut wächst, ziemlich trocken ist.

Die Moorgegenden des Harzgebirges habe ich auf der Petrographischen Charte nicht andeuten können, nur auf der Topographischen Charte, die auf Verlangen bey mir und in der Verlagshandlung zu haben ist, sind solche durch die braune Farbe vorgestellt.

Fünf-

Fünftes Capitel

Gewässer der Harzgebirge.

Das Quellwasser des Harzes ist durchgehends da, wo es aus festen Gebirgen quillet, allezeit rein, klar und schön, fast durchgehends frey von allen fremdartigen Theilen. Herr Apotheker Ilsemann zu Clausthal hat verschiedentlich die Wasser des Oberharzes untersucht, und sie völlig rein befunden.

Hingegen aber haben alle Gewässer, so aus dem moorigten Boden des Brockens und Bruchberges kommen, eine moorigte braune Torffarbe und unangenehmen Geschmack, ob sie gleich auf dem Boden der Bäche einen reinen Sand von zerfallenem Granit finden.

Die Bäche des Harzes werden sowol durch die Weser als durch die Elbe dem Ocean zugeführt. Auf dem Brocken und von ihm gegen Nordost und Südwest, ist eine Kette von Bergen die Grenze zwischen diesen beyden Hauptflüssen von Teutschland. Gegen Westen fällt alles Wasser der Weser, und an der Ostseite dieses Gebirgrückens fällt alles der Elbe zu. Auf dieser Gebirgkette commandirt man also gleichsam zwey Flüsse, und ich habe es mit wahrem Vergnügen nach einem starken Regen bemerkt, wie sich auf ihr die Wasser gleich neben einander theilten, und mir erlaubten, das Wasser

mit

mit einer Handvoll Erde entweder nach der Elbe oder nach der Weser hinzudämmen.

Das Brockengebirge, mit Einschluß des Bruchberges, enthält einen großen Reichthum an Wasserquellen, welche beträchtliche Ströme in alle vier Weltgegenden schicken. Die Ilse, die **Ecker**, die **Radau**, die **Ocker**, die **Söse**, die **Sieber** und die **Oder** fallen der Weser zu, imgleichen auch die **Innerste**, welche aber entfernter vom Brocken, in der Gegend von Clausthal entspringt. Die Elbe empfängt davon vorzüglich die **Bode** und die **Holtemme**, auch die Gewässer, welche entfernter vom Brocken entspringen, als z. B. die Weida, die Zorge und die Bähre.

Unter den Quellen auf den Harzgebirgen ist vorzüglich der sogenannte Hexenbrunnen merkwürdig, welcher an der Nordseite des großen Brockens, nahe an der höchsten Spitze desselben, nach Herrn Oberconsistorialraths Silberschlag Beobachtungen, 18 Rheinländische Fuß unter dessen höchsten Puncte, und etwa 40 Ruthen von ihm entfernt liegt. Sein Wasser ist gar im geringsten nicht moorig, wie sonst alles aus dem Brockengebirge heraus quillende: sondern mit das schönste was man trinken und sehen kann. Dieser Brunnen soll nach eben diesen Beobachtungen in einer Minute einen, und also in 24 Stunden 1440 Cubicfuß Wasser geben. Ich habe aber den Ausfluß desselben nie so stark gefunden, und der Herr Amts-Commissarius Schröter in Wernigerode, der überhaupt den Brocken mit so vieler Aufmerksamkeit beobachtet hat und noch beobachtet, hat nie ein Ab- und Zunehmen dieser Quelle bemerken können, welches er an andern, niedriger unter der Spitze des Brockens belegenen Quellen desto öfter gefunden.

Von diesen niedrigen Quellen sagt er S. 143 seiner Abhandlung vom Brocken, daß sie gleichsam Wettergläser wären, und mit der Veränderung der trockenen und nassen Witterung allezeit stiegen und fielen. Sogar bemerkt er S. 231 daß die gewöhnliche Stärke eines Brockenflusses zuweilen auf einmal ab- und dann in einer Reihe von Jahren allmählich wieder zunehme. Die Ursach hievon sey das Abholzen der mit Bäumen bewachsenen Bruch-Gegenden, woraus ein Fluß seine Nahrung zieht. Alsdenn sey das Bruch den Sonnenstrahlen und den Winden ausgesetzt, welche die Nässe verzehren; sobald aber das Holz wieder heran wächst und der Bruch Schutz und Kühlung hätte, erhielte sich die Feuchtigkeit länger, und die Quellen würden wieder ergiebiger.

Sonderbar ist es, daß man auf dem Harze nirgend mineralische Wasserquellen findet, da doch ein so großer Reichthum von Mineralien in diesen Gebirgen steckt. Aber noch bis jetzt hat man außer der Quelle im Rammelsberge bey Goslar, welche das hineingelegte Eisen mit Kupfer cementirt, noch keine gefunden. Merkwürdig ist aber doch, daß nahe bey dieser Cementquelle der sogenannte Kinderbrunnen entspringt, der eines der schönsten und reinesten Wasser giebt.

Die

Die Schwefelquellen, deren Zuckert in der Gegend von Elbingerode und Wildemann gedenkt, gehören nicht in diese Classe. Ersterer, der Kießbrunn, hat seinen Ursprung aus einer alten Pinge, so von einer ehemaligen Arbeit auf Schwefelkies herrührt, daher denn des Wassers vitriolischer Geschmack; eine ähnliche Bewandniß hat es auch mit dem Wildemanner Schwefelbrunnen.

Honemann gedenkt in seinen Alterthümern des Harzes einer warmen Quelle, des sogenannten Schlackenbades, welche vor dem Jahre 1505. am Iberge bey Grund gequollen seyn soll, wovon man aber jetzt keine Spur findet. Solte dies aber woll nicht eine Verwechselung mit den Eisenbädern seyn, die nach eben diesen Honemann schon vor 300 Jahren gebräuchlich gewesen?

Man granulirte zwar damals noch kein Eisen, aber man ließ die glühende Schlacke ins Wasser laufen, und gebrauchte solches zum Baden, so wie man es jetzt auf den Eisenhütten in jenen Gegenden macht, wo man kein Eisen jemals granulirt hat noch granuliren wird. Schon der Name Schlackenbad spricht für diese Vermuthung einer Verwechselung.

Der bey Osterode vorhandene Feldbrunne, dem man den Namen eines Heil- oder Gesundbrunnens gegeben, *) ist ebenfalls von keiner Erheblichkeit,

und

*) Brückmann epp. itin. 17[illegible]. 8. Cent. II. p. 309.

und hat nichts als seine vorzügliche Klarheit und Reinigkeit, was ihn besonders empfehlen könte.

Die einzige am Harze vorhandene mineralische Quelle, entspringt entweder ganz nahe, oder doch scharf auf der Grenze des Flöz- und Grundgebirges bey Neustadt unter der Harzeburg. Es ist dieses eine im Jahre 1569. zuerst entdeckte Salzquelle, deren Söhle in dem nahe dabey angelegten Salzwerke Julius Halle ohne gradirt zu werden, versotten wird, und ein sehr gutes Kochsalz liefert. Man gelangte durch einen 10 Lachter tiefen Schacht zur reinen Salzquelle, da sie vorher mit wilden Wassern vermischt war, und daher mußte gradirt werden.

Bisher war mir von natürlichen Flüssen die Rede, ich muß aber auch der mehrern künstlichen Wasserleitungen des Harzes mit wenigen erwähnen, die zur Beförderung des Grubenbaues angelegt sind; welche, da nur bloß Naturkunde mein Gesichtspunct ist, außer meiner Sphäre liegen würden, wenn sie nicht mit zur Beschreibung und Erläuterung der Charte gehörten.

Der Bruchberg, als Vater der Oder, Siber, Söse, Ocker und mehrerer kleinen Flüsse, die er wegen seiner bruchigen Gegenden reichlich mit Wasser versorgt, muß erstlich den Claustháler Grubenbau mit Wasser versorgen, das diesem auf eine beträchtliche Weite durch einen Canal vom Bruchberge her, zugeführt wird. Die Charte wird es zeigen, was für weite Umwege

das

das Wasser zu nehmen hat, ehe es die Clausthäler Gruben erreicht. An einigen Stellen wird es, wie solches an mehreren Orten auf dem Harze, des Grubenbaues wegen, geschehen muß, mit Stollen (Rüschen) queer durch Berge geführt. Sonst aber mit einem Gefälle von etwa 4 Zoll auf 100 Lachter, an den Abhängen der Berge herum geleitet.

Indessen war es auf keinerley Weise möglich, den bestimmten Ort zu erreichen, ohne am Sperberhey den Graben über den Rücken eines Berges zu führen, der in dieser Rücksicht zu niedrig war, und der im Verhältnisse mit den andern Bergen ein ziemlich tiefes Thal bildete. Man schüttete deswegen im Jahre 1733. einen Damm von Erde 199 Ruthen lang und 8 Lachter hoch auf, daß der Berg dadurch die nöthige Höhe erhielt, und leitete auf diesen sogenannten Sperberdamm den Graben von einem Berge zum andern hinüber.*)

Vors andere muß auch der Bruchberg den St. Andreasberger Grubenbau mit Wasser versorgen. Man verschüttete zu dem Ende an einer schma-

*) Dieser vortreflichen Wasserleitung ohnerachtet, hat es doch zuweilen in trocknen Jahren Fälle gegeben, daß bey den Gruben ein Wassermangel entstand, wovon man in ältern Zeiten nichts gewußt.

Sollten wol vielleicht die immer mehr verwitternden Schiefergebirge und davon zunehmende Rinde von Dammerde, die aus den Wolken herabfallenden Feuchtigkeiten jetzt zu begierig verschluk-

schmälen, dazu schicklichen Stelle, ein Thal, worin die Oder mit verschiedenen kleinen Nebenflüssen entspringt, mit einem etwa 60 Lachter langen und 9 Lachter hohen Damme, und bildete dadurch den ansehnlichen Oderteich, der ein beständiges Wasserbehältniß für das Bedürfniß der St. Andreasberger Berg- Puch- und Hüttenwerke ist. Man benutzte das starke Gefälle der Ocker, um mit dem sogenannten Rehberger Graben eine ansehnliche Höhe zu Andreasberg erreichen zu können. Man leitete ihn an den steilen Abhängen des Sonnen- und Rehberges, an welchen man den Raum zu seinem Bette und Ufer, welches den vortreflichen Spaziergang liefert, erst aus dem Granitfelsen wegsprengen muste, mit unsäglicher Arbeit herum: leitete ihn durch den sogenannten Röhrenberg unter der Erde durch, und versorgte auf die Art die Machinen des St. Andreasberger Bergbaues mit reichlichem Wasser.

Fast auf ähnliche Art ist schon vor Jahrhunderten unter den Höhne-Klippen ein beynahe eine Stunde Weges langer Canal, der Wormsgraben, in den Granitfelsen eingesprengt, welcher das am Jacobs-

schlacken, welche ehemals, da der Felsen noch fester war, weit leichter in die zum Auffangen derselben vorgerichtete Gräben, von den Kuppen der Berge hinabfließen konnten?

Vielleicht aber findet hier ebenfalls Herrn Schröders Bemerkung, über das Steigen und Fallen der Brockenbäche, statt, die ich kurz vorher angeführt; nach welcher er den Wassermangel den Abholzungen zuschreibt.

Jacobsbruche entspringende, der Bode zufallende Wasser auffängt, und in den nach Wernigerode zu fließenden Zilliger Bach leitet, der nun diese Stadt und die vielen Oelmühlen der Vorstadt mit reichlichem Wasser versorgt.

Auf der Charte wird man in der Grafschaft Wernigerode noch eine andre beträchtliche Wasserleitung finden, welche nahe an der Grenze des Amtes Elbingerode eine Quelle auffängt, und in verschlossenen thönernen Röhren auf das Schloß zu Wernigerode leitet: — sie ist ein Muster einer guten Wasserleitung, und als einer solchen gedenket ihrer der Herr Ober-Consistorialrath Silberschlag in seiner Hydrotechnic.

Nun muß ich auch noch der köstbarsten von allen Harzischen Wasserleitungen erwähnen, die, wenn sie dereinst wird vollendet seyn, als ein sehr wichtiges Werk vom ersten Range, allgemeine Aufmerksamkeit verdient. Es ist dieses der im Jahre 1777. angefangene tiefe Georgstollen.

Schon seit langen Jahren sind die zwey Hauptstollen zu Clausthal und Zellerfeld, nemlich der 19 Lachterstollen und der bisherige tiefste, der 13 Lachterstollen, die beyde neben der Bergstadt Wildemann zu Tage ausgehen, vorhanden und hinlänglich gewesen. Allein, da jetzo die Gruben so tief sind und immer noch tiefer werden, so können die Künste die Wasser nicht alle gewältigen und zu der erforderlichen Höhe auf den Stollen heraufheben und ausgießen. Deswegen hat man gleich unterhalb Grund den tiefen Georgstollen angesetzt, den man durch verschiedene ersoffene Gruben des Silbernen Aalerzuges, durch den Rosenhöfer Zug, unter Clausthal durch bis zur Caroline und neuen Benedicte hinausführen wird. Seine ganze Länge wird nahe an 5000 Lachter betragen. Außer den Grubenschächten, die dem Stollen als Lichtlöcher dienen, sind noch besonders sechs Schächte alter verlaßner Gruben zu Lichtlöchern niedergetrieben, deren eins, nemlich das dritte, 111 Lachter Tiefe hat. Auf der Grube Dorothea und Caroline wird er 162 Lachter Teufe einbringen, also 80 Lachter mehr als der bisherige tiefeste Stollen; und damit er für die Ewigkeit geführet werde, wird er an den Stellen, wo das Gestein nicht fest genug ist, in einer elliptischen Figur bloß mit Steinen, ohne alle Mauerspeise ausgemauert: — ich beziehe mich hier auf das, dem vorigen Capitel beygefügte Profil des Harzgebirges, und eile nun näher zu meinen eigentlichen Zweck.

Sechs-

Sechstes Capitel.

Von der äußern Gestalt der Harzgebirge, ingleichen einige Allgemeinheiten von ihrer innern Structur.

Der ganze Harz ist gleichsam nur ein Berg, der aber durch eine fast unzählbare Menge Thäler in mehrere Anhöhen getheilt wird. Oben auf dem Harze scheinen also keine eigentliche Berge mehr zu seyn, sondern nur Hügel und Anhöhen oder Ungleichheiten, dieser vom Lande aus anzusehenden großen Masse, dieser zusammen wohnenden Familie von Bergen, welche mit einander unmittelbar verbunden ist, stets aneinander hängt, und von benachbarten Bergen, nicht durch große Flächen, sondern bloß durch enge Thäler abgesondert ist. Auf diese Art verdient der Harz mit Recht den Namen eines Gebirges, weil er aus einer so großen Menge einzelner Bergkuppen zusammen gesetzt ist.

Die Kuppen der Berge sind hier sämtlich mit Kugel-Segmenten zu vergleichen, die in zusammenhängende Kegel übergehen, und durch ihr so nahes Zusammenstoßen, Mulden, Schluchten und Ravins bilden. Den Namen Mulden erhalten sie, wenn bloß die Kugel-Segmente aneinander gränzen, wo sie dann nur sehr flache Thäler bilden können. Allein, gränzen Kegel aneinander, so der, so entstehen zwischen ihnen steile Schluchten, die durch starke Regengüsse oft zu den rauhesten Ravins ausgewaschen werden. Alle, sowohl die Mulden, Schluchten und Ravins, sind eigentlich die Ursprünge der Bäche, die sich in kleinen Thälern fortziehen, und hernach ordentliche Flüsse und Ströme werden.

Aber nicht allezeit liegen die Quellen solcher Bäche so hoch an den Köpfen der Gebirgskuppen als sie es auf der Charte gezeichnet sind, sondern gemeiniglich etwas tiefer: es geschahe nur deswegen um die Mulden und Schluchten, nach einem so kleinen Maaßstabe desto deutlicher andeuten zu können.

Da das Harzgebirge also eine zusammengehörende Familie von Bergen ist, so folgt daraus ganz natürlich, daß man nirgend auf dem Harze eine sogenannte Plateforme finden wird. Ich nehme nemlich das Wort Plateforme im strengesten Sinne des Worts, und eine solche läßt sich auf einem Gebirge gar nicht denken; bey genauerer Betrachtung wird man allezeit finden, daß diese sogenannte Plateforme aus lauter flachen Kugel-Segmenten besteht, die sanft aneinander gränzen, und dieses ist auch auf dem Harze, z. E. bey Clausthal, auch zwischen Oderbrück und dem Fuße des kleinern Brocken und am mehreren Orten der Fall. Allein, wenn man mit Mühe ein Gebirge erstiegen, und man findet oben lauter sanfte flache Hügel, so ist die Illusion so groß, daß man gar nicht auf einem hohen Gebirge

zu

zu seyn glaubt, und sich leicht einbildet, eine Ebene oben zu finden, die es doch bey näherer Beleuchtung in der That nicht ist. Vor Jahrtausenden sahen diese Gegenden wahrscheinlich einer Plateforme noch ähnlicher als jetzt, ehe nemlich die kleinen Bäche in den sanften Thälern sich so tief eingeschnitten hatten, als sie es jetzt sind, und werden vielleicht nach Jahrtausenden noch weit unebener als jetzt seyn. Das Einschneiden der Bäche in den Erdboden geht oben auf der Höhe langsamer von statten als nahe am Fuße derselben. Denn je weiter die Bäche nach dem flachen Lande zu von ihrer Höhe abzufließen haben, desto mehr Wasser sammlet sich auf diesem Wege: und desto schneller wird also die Wirkung dieser größern Wassermasse beym Einschneiden in den Erdboden erfolgen. Nicht einmal auf einer einzelnen Kuppe, sie sey so sanft als sie will, kann ich eine Plateforme annehmen, und wäre sie auch noch so klein. Denn bey allen auf der Charte gezeichneten Bergen, brachten mich allezeit wenige einzelne Schritte merklich von dem höchsten Puncte der Kuppe herunter. Sogar der Gipfel oder der Kopf des großen Brockens besteht aus einer kahlen, platten runden und nur mäßig sich von ihrem Mittelpuncte abneigenden, also nicht vollkommen ebenen Fläche, und nur 10 Schritte von dem höchsten Puncte desselben abwärts gegangen, findet man sich schon merklich niedriger.

Ueber die Figur der Berge überhaupt, und das Zusammenhängen derselben, wodurch sie ganze Bergketten bilden, die allezeit von den höchsten

 Puncten

Puncten auslaufen, und durch Bäche und Thäler von andern Gebirgketten abgeſchnitten ſind; das Zuſammen- und Ineinanderpaſſen der ein- und ausſpringenden Winkel der Berge, worauf uns Bourget zuerſt aufmerkſam gemacht hat, die verſchiedenen Höhen der einzelnen Berge, — alles dieſes wird die Charte deutlich vor Augen legen, auf welcher jede einzelne Kuppe des Harzgebirges durch Schraffirungslinien angedeutet iſt, deren verſchiedene Stärke die Höhen andeutet, welche ſich über andere erheben. Allein, ich muß noch dabey die Unmöglichkeit bemerklich machen, daß die Schraffirungslinien einer jeden Kuppe, ohne in Undeutlichkeit zu gerathen, nicht von dem einzigen höchſten Puncte derſelben auslaufen konnten. Jezt bilden daher alle Bergkuppen auf der Charte kleine Plateformen von 100 bis 150 Schritten im Durchmeſſer, die in der Natur nicht vorhanden ſind; — aber das war in der Zeichnung nach einem ſo kleinen Maaßſtabe nicht zu ändern: der Kenner wird ſich dies leicht abſtrahiren können.

Die Harzgebirge werden rund herum, näher nach dem flachen Lande zu, immer niedriger, fallen aber doch gemeiniglich ſteil gegen das flache Land oder gegen das Flözgebirge ab, ſo, daß ihr prallendes Anſteigen, wodurch ſie ſich von ſehr vielen andern Ganggebirgen dieſer Art ſehr merklich ausnehmen, ſchon in der Ferne ſehr merklich in die Augen fällt. Jedoch iſt dies ſtarke Anſteigen der Harziſchen Ganggebirge, am Fuße derſelben nicht allenthalben ſo ſteil als man es auf den erſten Anblick glaubt, ſondern ſie ſchieben etwas ſanfter unter die Lagen des Flötzgebirges hinunter. Am deutlichsten fällt dies in die Augen, wenn man zwischen Amt Neuhof und Königshütte das Ufer der Ocker an der Seite des Flötzgebirges betrachtet. Hier hat sich die Oder etwa 40 Fuß tief in den Abhang der Harzgebirge und aufliegenden Flötzgebirgslagen eingeschnitten, daß man es deutlich sehen kann, wie die Flötzlagen auf dem thonigten Ganggebirge aufliegen, und wie das Kupferschieferflötz zwischen beyden zu Tage aussetzt.

Wenn von der äußern Gestalt der Berge die Rede ist, so muß ich von dem Bergmännischen Wahlspruche, daß man nur im flachen und sanften Gegenden des Gebirges edle Gänge suchen müsse, hier etwas erwähnen. Man betrachte nur auf der Charte die Gegend um Clausthal und Zellerfeld genau, so wird man nirgend auf dem ganzen Harze eine ähnliche finden, die auf einen so beträchtlichen Umfang, aus lauter sanften Hügeln besteht. Man mögte denn die Gegend um Elbingerode dafür annehmen, aber hier ist größtentheils Kalchgebirge, und dennoch findet sich hier ein großer Segen von Mineralien, die hier aber fast durchgehends aus Eisen und Schwefelkiesen bestehn.

Auch bey St. Andreasberg ist die Lage der Gebirge, in Rücksicht ihrer Sanftheit sehr merkwürdig; sie fallen von dem südlichen Abhange der Granitgebirge sanft herunter, und das ganze St. Andreasbergische reiche Erzgebirge ist nichts anders als ein sanfter Abhang des vom Rehberge, oder eigentlich des vom Sandhügel und Röhrenberge her-

herabfallenden Gebirges, welches nur zuweilen in einige sehr steile Nebenthäler hinabstürzt. Wenn man von der St. Andreasbergischen Silberhütte anfängt den Berg zu ersteigen, so hat man freylich vors erstere eine steile an Erzen gänzlich unfruchtbare Höhe zu gewinnen: allein, ist auch diese erst erstiegen, so kann man auf dem sanften Abhange des Berges bis zum Sandhügel hinaufsteigen, und man merkt es kaum, daß es Bergan geht. Wie sanft steigt nicht auch das Gebirge von der Grube Catharine Neufang den Sandhügel hinan? Die Thäler haben sich hier freylich tief eingeschnitten, und verursachen daß man diese Gegend gemeiniglich als ein sehr stückliches Gebirge ansieht; allein, sie ist es aus obigem Gesichtspuncte, gegen gleich daran liegende, viel prallendere Berge, betrachtet, gewiß nicht.

Auch der Rammelsberg scheint von diesem Wahlspruche eine Abweichung machen zu wollen; allein, wenn man ihn genauer betrachtet, so wird man finden, daß das prallende Ansteigen des Berges erst da angeht, wo die Erzmasse liegt. Diese befindet sich gleichsam auf der Gränze des sanften Ansteigens dieses Berges mit seinem steilen und prallend ansteigenden Theile, wie solches der Herr Viceberghauptmann von Trebra in seinen Erfahrungen vom innern der Gebirge und dem auf der 6ten Kupfertafel vorgestellten Profil des Rammelsberges gar deutlich zeigt. Vielmehr zeichnet er sich mit seinem Nachbar gegen Morgen dem Ginsgelsberge, unter den sanften Verflächungen der Harzgebirge gegen das flache Land zu, sehr merklich aus.

aus. Seine Spitze liegt vom Clausthore zu Goslar, nach der Horizontallinie gemessen, etwa 5718 Pariser Fuß entfernt, auf welche Weite der Berg eine senkrechte Höhe von 1075,86 Pariser Fuß erreicht, mithin verhält sich dessen Höhe zur Abdachung wie 1 zu 5,32. Allein, dieses Verhältniß ist wirklich noch zu stark angegeben, denn der obere Theil des Berges steigt sehr steil an, und geben daselbst 1344 Par. Fuß Grundlinie, eine Perpendiculärlinie von 672 Fuß, also ist hier das Verhältniß wie 1 zu 2, mithin bleibt das Verhältniß der Höhe zur Grundlinie für den sanfteren Theil des Berges, nemlich vom Fuße des steil ansteigenden Berges, oder eigentlicher, vom Ausgehenden des Erzlagers bis zum Clausthore, (welches noch nicht einmal der tiefeste Punct des Berges ist) ohngefehr wie 1 zu 10,85. Der mit blauem Letten bedeckte Fuß des Rammelsberges würde kaum zu spüren seyn, wenn nicht der Gosebach einen Abschnitt machte, in welchen der tiefe Stollen sein Wasser ausgießt. Man wird also auch bey dem Rammelsberge den Satz nicht widersprochen finden, daß nur in sanften Gebirgen edle, beträchtlich ergiebige Erzlager sind.

Was die innere Structur der Berge anlangt, so werde ich die beste Gelegenheit haben, an den Orten das nöthigste davon anzuführen, wo ich jede Gebirgart einzeln beschreibe. Hier muß ich zuerst im allgemeinen anführen, daß ich von dem Harzgebirge nirgend sagen kann, es stehe im Ganzen: Sogar bey dem Granitgebirge kann ich nirgend sagen, daß der Granit im Ganzen stehe, sondern allent-

allenthalben ist es in Lager und Bänke durch seine natürlichen Steinscheiden abgetheilt, welches auch der Hr. von Saussüre in seinen Reisen durch die Alpen I. Th. §. 133. am Granit bemerkt hat.

Auch das Schiefer- und Grauerwacke-Gebirge hat seine natürlichen Ablösungen, weswegen ich nicht von ihm sagen kann, daß es im Ganzen stehe. Nur in so ferne kann es von diesem Gebirge gesagt werden, als in wie ferne ich damit sagen will, daß es keine beträchtliche leere Zwischenräume und Höhlen in ihnen gebe, wenn ich nemlich die auf Gängen befindlichen Druſenlöcher davon ausnehmen will.

Bey dem einfachen Kalchgebirge findet wiederum ein andrer Fall Statt, denn in diesen finden sich der beträchtlichen Höhlen schon viele. Diese Gebirge haben aber in ihrer innern Structur eben dieses ganz eigne vor der Structur der Thon- und Ganggebirge voraus, daß sie niemals so wie jene, auch nur in einigermaaßen regelmäßige Blöche und Bänke abgetheilt sind, und man an ihnen niemals das Geringste von streichen und fallen entdecken kann.

Wenn man hingegen bey dem thonigten Ganggebirge die Richtungen der Steinscheiden betrachtet, so findet bey ihnen eine gewisse Art von Regelmäßigkeit Statt. In Rücksicht ihres Fallens kommen sie allemal der senkrechten Linie näher, als der wagerechten; und eben dieses ist der Fall bey den natürlichen Steinscheiden, welche die Blätter

des

des Schiefers beynahe im rechten Winkel durchschneiden. Allein es finden sich auch einzelne natürliche Steinscheiden, welche sich der wagerechten Linie sehr stark nähern und das Fallen des Gesteins wagerecht durchschneiden, wodurch es denn zu geschehen pflegt, daß die abgesonderten Stücke fast allemal große Paralellepipeda mit Rhombenflächen bilden. Jedes solcher Paralellepipeden ist aber sehr oft ganz unregelmäßig in sich selbst zerklüftet; indessen scheinen diese Klüfte doch sich allemal an die, das große Paralellepipedum bildende Steinscheiden anzuschließen, und gleichsam Ausläufer von diesen Hauptsteinscheiden zu seyn.

Das Fallen des Gesteins ändert sehr oft seine Richtung, und es giebt in Ansehung dessen sehr viele Zwischenstuffen zwischen dem völlig saigerem Fallen der Gebirgsschichten und zwischen deren wagerechter Lage. Letztere findet sich im Ganggebirge nur sehr selten, entweder nahe an den Gängen oder auch nahe am Tage: selten pflegt es aber auf beträchtliche Strecken fortzudauren.

Nur sehr wenige Fälle ausgenommen, haben die Gebirgsschichten am Harze allezeit ihr Fallen nach Mittag zu, auch woll etwas Abendwärts. Ausnahmen von dieser Regel finden sich nur allein nahe an den Gängen, besonders da, wo deren mehrere in der Nachbarschaft sind: auch woll nahe am Tage, und dauren nur auf eine unbeträchtliche Tiefe nieder. So hat z. B. das Gebirge auf der Grube alter Segen zu Clausthal, zuerst sein Fallen gegen Mitternacht: in geringer Teufe verändert es sich,

sich, und nimt das auf den Harzgebirgen gewöhnliche Fallen gegen Mittag wieder an. Auf dem Samson zu St. Andreasberg verändert sich in einiger Teufe das gewöhnliche Fallen, und fällt eine Weile Mitternachtswärts: es dauret aber nicht lange, so nimt das Gebirge sein gewöhnliches Fallen gegen Mittag wieder an, indessen sind diese Abweichungen woll mehr dem Gange als dem Gebirge zuzuschreiben.

Wenn man die Harzgebirge entweder im großen oder auch nur in einzelnen Bergen und Kuppen betrachtet, so ist es sehr auffallend, wenn man an der Nordseite allemal findet, daß die Schichten, woraus das Gebirge oder auch nur der einzelne Berg besteht, der nördlichen äußern Abdachung des Berges entgegen, und an der Südseite derselben allemal damit rechtfallend sind, mithin wird das Schiefergebirge im Ganzen betrachtet, seinem Fallen nach, eine ziemlich paralelle Lage haben. Einige wenige Ausnahmen von dieser Regel, verdienen kaum besonders bemerkt zu werden, da solches schon aus vorher bemerkten Abweichungen von der Regel, folgen muß.

Weit öfter aber als das Fallen, verändert das Gestein seine Streichungslinien, oder die Richtung, nach welcher die Blätter des Schiefers in Rücksicht auf die Weltgegenden fortlaufen. Am meisten verändern sie ihre Richtung in der Nachbarschaft von Gängen, und wer weiß, ob nicht in der Folge, wenn mehrere Beobachtungen darüber werden angestellt seyn, diese Veränderung

des

des gewöhnlichen Streichens einigermaaßen einen Wegweiser zu Aufsuchung der Gänge und vorläufigen Beurtheilung ihrer zu hoffenden Edelkeit wird abgeben können?

Man kann aber einigermaaßen als allgemein annehmen, daß die Streichungslinien der Gebirgsarten des Harzes, allemal zwischen der 12ten und 6ten Stunde des Bergmännischen Compasses sich erstrecken: äußerst selten wird man diese beyden angegebenen Grenzpuncte überschritten finden, es sey denn, nahe bey Gängen.

Nur da, wo das porphyrartige, rothe, todtliegende des Kupferschieferflözes, in der Gegend von Ilefeld ganze Gebirge ausmacht, haben die Steinscheiden ein entgegen gesetztes Streichen, und überschreiten äußerst selten die 6te und 12te Stunde: die 9te ist ihre gewöhnliche Streichungslinie, wie es bey dem Schiefergebirge die 3te ist.

Ich wünschte, es wäre möglich gewesen, auf der Charte die Streichungslinien des Gesteins auf den Puncten anzugeben, wo man sie beobachten konnte, allein es würde die Charte zu sehr mit Linien überladen haben. Dieses ist nur auf einer Charte möglich, die ganz als ein Planum ohne Berge und Holz gezeichnet ist, und eine solche gedoppelte Charte zu liefern, würde meinen schon ohnehin so großen Kostenaufwand zu sehr vermehrt haben.

An den mehrsten Stellen sind die Gebirgarten des Harzes mit Dammerde bald mehr bald weniger

ger [illegible]. Ihre [illegible] mannigfaltig, als
die Gebirgarten, die sie bedecken, und aus deren
Zerstörung sie entstanden zu seyn scheinen, auch
woll wirklich entstanden sind. An sehr vielen
Orten ist [illegible] darüber
die Gebirgarten, die unter ihnen liegen, nicht ent=
[illegible]
große Schwierigkeit, [illegible]
len zu beurtheilen, wenn das Gebirge nicht durch
Bergbau aufgeschlossen ist; auch oft eine Schwie=
rigkeit, den Abschnitt zwischen Flötz= und Gang=
gebirge genau zu beobachten; denn die Dammerde
bedeckt beydes und legt [illegible] an einigen Orten z. B.
zwischen Osterode und Herzberg, hernach bey See=
sen und zwischen Ilsenburg und [illegible],
[illegible] sehr hoch auf [illegible]

[illegible]

Zwey=

Zweyter Abschnitt.

Ursprüngliches Gebirge des Harzes.

Granit.

Granit, diese festeste der Felsarten ist es, woraus der höchste Punct des Harzes, der Brocken, und die ihn umgebenden Gebirge besteht, und ohngeachtet man ihn in den hiesigen Bergwerken noch nie ersunken hat, so ist er doch wahrscheinlich auch die Unterlage des übrigen Harzischen Gebirges. Quarz, Feldspath und Glimmer sind auch hier die Theile des Gemengs, wie sie es in jenen Kunstwerken der Alten, in den Säulen, Obelisken und Pyramiden sind, die daraus aufgebauet wurden, und aus welchen wir den Namen dieser Steinart kennen. Man muß in dieser Benennung streng seyn, und schlechterdings nichts für diese Steinart gelten lassen, was nicht diese drey Theile der Mischung deutlich aufweist. Denn da unsere Naturforscher aus guten Gründen annehmen, daß diese Felsart nirgends auf eine andre aufgesetzt sey, sondern allenthalben die Grund- und Unterlage aller übri-

übrigen Felsarten, und so vielleicht den Kern unsers Weltkörpers ausmache, so könnten leicht in den Beobachtungen Widersprüche entstehen, wenn man in Bestimmung dieser Felsart nicht strenge wäre; Man würde sich der Gewißheit hievon nie nähern können. Farbe, Größe, mehrere Menge des einen oder des andern Bestandtheils dieser Mischung, gehören nicht zum wesentlichen dieser Felsart: denn Verschiedenheit in derselben findet sich an Stücken aus verschiedenen Gegenden, wie wir in der Natur allenthalben, schon in verschiedenen Gegenden des Harzgebirges, ja selbst an einzelnen Stücken zu bemerken finden.

Auch ist woll hie und da jenen angegebenen dreyen Grundbestandtheilen noch ein Vierter auf kleine Räume eingemengt, als Schörl und Hornblende, aber diese sind bloß zufällige und nicht absolute Bestandtheile des Granits.

Granit ist ein sehr festes Gestein, darum wählte ihn auch die Vorwelt zu den großen Denkmälern, welche der Vergänglichkeit Troß bieten sollten, und gaben ihm durch die Politur einen neuen Schutz vor dem Zahn der Zeit, der auch selbst den Granit sonst nicht unbenagt läßt.

Jetzt braucht man ihn meist nur zu Mühlsteinen auf den Blaufärberwerken, und zu Gießsteinen auf den Messinghütten, wozu man gern die härtesten Steine nimt.

Da

Da er aus Theilen von sehr verschiedener Härte gemengt ist, deren einer, der Glimmer, sogar Biegsamkeit besitzt; ein anderer, der Quarz, die gröseste Härte unter den Steinen, und der dritte, der Feldspath, eine mittlere Härte hat; so muß schon hieraus eine grosse Festigkeit entstehn, ohne daß Figur und Art der Mischung die Beyhülfe leisten, die man ihnen nicht absprechen kann. Aber eben diese verschiedene Härte der Grundbestandtheile des Granits, die eine so grosse Festigkeit bewirkt, giebt auch unter veränderten Umständen das Mittel zur endlichen und oft leichten Zerstörung dieser Felsart ab.

Finden sich nemlich die schwächeren Theile, Feldspath und Glimmer, in grösserer Menge im Gemenge, so werden die zerstörenden Wesen diesen schwächeren Theil leichter angreifen, und dadurch die Zerstörung des Ganzen hier leichter als an denjenigen Graniten verursachen können, wo alle Theile von feinem Korn und gleichförmig gemengt sind. Daher sind auch einige Kunstwerke aus dieser Gesteinart von der Zerstörung angegriffen, wenn andere völlig unversehrt geblieben sind.

Auf dem Harzgebirge finden sich viele einzelne Granitblöcke, die völlig unzerstörbar Jahrtausende da liegen, indeß andere zu Sand und Staub zerfallen sind: Aber man braucht nur die Theile ihrer Mischung und ihre mehrere oder mindere Verhältnisse gegeneinander zu betrachten, um sich nach der oben angeführten Beobachtung, von der Ursache der Verwitterung zu belehren: alle Bäche im Harzischen Granitgebirge führen aufgelöseten Granitsand auf ihrem Boden, aus welchem man die einzelnen Grundbestandtheile des Granits einzeln zusammenlesen kann. Der durch die Verwitterung zu einer Goldfarbe gelangte Glimmer desselben, hat schon manchen Idioten verführt, Gold in diesem Gebirge zu suchen, und es fehlt hier nicht an Fabeln von großen Schätzen, die aus dem Brockengebirge sollen geholt seyn.

Doch ich wende mich zur nähern Beschreibung des Harzischen Granitgebirges, und mache mit dem Brockengebirge, als dem höchsten Puncte des Harzes, den Anfang.

Zwischen dem Harzgebirge steigt allmählich eine höhere Berggegend an, die sich gleichsam wie ein Kern aus seiner ihn zum Theil noch umgebenden Schaale von thonigten Ganggebirgen erhebt. Es ist dieses eine zusammenhängende Gegend von Gebirgen, die in ihrer Höhe immer zunehmen, und über welche alle der große Brocken hervorragt. Auf der petrographischen Charte ist dieses Granitische Gebirge mit der rothen Farbe illuminirt.

Die ganze Gegend besteht eigentlich aus lauter einzelnen Bergrücken oder Bergkuppen, die mit zusammenhängenden Thälern begränzt sind, und welche also ein eigentliches Gebirge ausmachen. Der höchste dieser einzelnen Berge ist der Brocken, welcher eigentlich aus zween nebeneinander liegen-

den

den Bergen besteht, die ein Thal zwischen sich lassen, welches ihn in den grossen und kleinen Brocken zertheilt, woher ihn denn auch der Herr Viceberghauptmann von Trebra*) den zweyköpfigen Brocken nennt.

Die Gestalt der Brockenspitze ist Kugelförmig, und alles was zum Brockengebirge gehört, hat schon die Anlage dazu, aus scharfen Felsengruppen, ein abgerundeter Berg zu werden, und von Zeit zu Zeit sich immermehr der Rundung zu nähern.**) So wie im kleinen die Materie des Granits sich auflößt und hinfällt, so muß auch das Ganze sich nach und nach ändern. Man sehe den Brocken nur an, so findet man, daß er an seiner Oberfläche durchaus ein Hause einzelner loser Granitblöche sey. Man muß sich daher sogleich gedenken, daß diese einzelnen Theile nothwendig ein Ganzes gewesen seyn müssen. Den Beweis davon scheinen die wenigen, hin und wieder noch stehen gebliebene, der gänzlichen Zertrümmerung

*) Erf. vom innern der Gebirge. p. 78.

**) Der Leser wird in folgenden einige Auszüge aus Herrn Amtscommissarii Schröters Beschreibung des Brockens p. 39. finden, dessen Ethymologie Herrn S. ganz eigen gehört: wobey ich jedoch nicht diplomatisch untersuchen will, ob Brukteri, die alten Einwohner dieser Gegend, woll vom brechen, gebrochen, geborooken, Brocken, unserer neuen Sprache ihren Namen mögen erhalten haben, oder ob aus ihrem Namen unser Brocken seine Benennung übrig behalten haben mag?

noch entgangene, in die Höhe emporragende Granitfelsen abzugeben. Ihre Füße sind schon mit losgerissenen Stücken bedeckt, und das annoch stehende Ganze drohet schon einen nahen Einfall. Alles dieses was wir einzeln, aber durchgehends am Brocken wahrnehmen, zeigt, daß er höher, und so wie seine theils noch mit stehenden spitzen Felsen prangende Nebenberge, gleichfalls ein jäher Fels, ein Granitcoloß gewesen sey. Dieser ist aber wahrscheinlich nach und nach von der Verwitterung bröcklich geworden, hat seine Festigkeit verlohren, die Schwere hat zu seiner völligen Zerreissung mitgewirkt, und so ist er in einzelne Stücke oder Brocken übereinander gefallen, und hat seine Thäler zum Theil damit verschüttet und ausgefüllt.

Man denke sich einen festen und hohen Thurm, seine Steine werden mit der Zeit vom Regen und dem fressenden der rauhen Luft endlich mürbe, seine einzelnen Theile, wären sie auch selbst Granit, werden bröcklich, bekommen Risse, und das letzte von der Geschichte des tausend Jahr alten Thurms ist; er fällt nach und nach ein, und seine Ruinen bilden einen runden Hügel, der, je mehr er mit der Erde älter wird, immer runder, kleiner, und zuletzt ebener wird. Endlich sieht man den Hügel: kaum glaubt man aber, daß es Ruinen eines stolzen Thurms sind, bis man ihn ausgräbt, und aus den sich findenden Theilen auf das ehemalige Ganze schließt, daß dieser Hügel ein in seinen Ruinen begrabener Thurm müsse gewesen seyn.

Eben

Eben der Fall ist beym Brocken, der durch Zeit und Elemente zu seiner Auflösung gebrachte Zusammenhang, bedurfte kaum einer geringen Bewegung, um auf einmal vollends aus einem Ganzen, in einzelne Theile und Bruchstücke verwandelt zu werden, die jetzt das auf seinen Fuß aufgesetzte jüngere Schiefergebirge in einzelnen losen Steinen bedecken, die hier nur durch den Einsturz eines nahe gelegenen Granitberges dahin gekommen seyn können. Welche ungeheure Menge von Bruchstücken! die alle wahrscheinlich Stücke von diesem Berge sind; und wie viel höher würde der Berg nicht werden, wenn man diese wieder zusammenfügen, und zu einem stehenden Ganzen wieder aufbauen könnte? und doch würde er wegen des Verlustes, den die Verwitterung daran verursacht, seine vorige Höhe nicht ganz wieder erreichen. Er würde sehr hoch werden müssen, um durch seinen Fall, soweit mit den einzelnen Brocken umherreichen zu können, als er wirklich gethan hat.

Sein Fall scheint jünger zu seyn als die Entstehung des Schiefergebirges, auf welches er seine Trümmer herabwälzte: der Brocken sah also auf die neue Schöpfung dieses thonigten Ganggebirges noch mit unerschütteter und unveränderter Größe herab.

Der herrliche Name Brocken (Bruckerus) sagt Herr A. C. Schröter a. a. O. S. 53. den ich so sehr verehre, als den Berg selbst, scheint mir

mir eben so alt zu seyn, wie der Berg, als Berg betrachtet. Jetzt sehe ich nochmals in Gedanken meinen Brocken in seiner ersten Gestalt als zum Himmel hinaufsteigende Alpe: Er brach ein, er hörte auf Fels zu seyn, und wurde ein Berg. Mir ist, als sähe ich ein erschrockenes altes teutsches Volk bey den Ruinen ihres hohen Felsen stehen, und sagen: „er ist gebrochen" (in der Landessprache, Brocken). Es mögen nun wirklich Menschen (Bructeri) seinem Falle zugesehn haben, oder er mag ehender eingestürzt seyn, als Teutsche um seinem Fuß wohnten, so ist doch die Hauptgeschichte des Brockens in seinem Namen, der Nachwelt hinterlassen worden, und vielleicht hat derjenige, so den Namen Brocken zum erstenmal aussprach, entweder die Geschichte seines Bruchs gewust, oder er hat solche in den noch davon vorhandenen Urkunden der Natur erfunden. Alles am Brocken läuft auf seinen Namen hinaus, und deutet auf ihn; das Ganze ist Brocken oder gebrochen: die Theile, woraus der Brocken jetzt noch besteht, sind einzelne abgesonderte Stücke oder Brocken. Nachher hat die Gewalt der Stürme, des Frostes und der nassen Witterung, der er von allen Seiten ausgesetzt ist, seine Rudera von Felsenstücken vollends umgeworfen, sie weiter abgerundet und gleichsam glatter geschliffen, daß also nur noch unbeträchtliche Spuren von seiner ehemaligen Größe übrig geblieben sind. Nunmehro hat der Brocken daher von allen Seiten eine nicht allzusteil ansteigende Kuppe, die sich in ein Kugelsegment endigt, und in der Ferne, wo man die vielen, ihn rauh und uneben machenden Bruchstücke nicht gewahr wird, mit einer sanften Rundung, ganz angenehm in die Augen fällt.

Die Granitart des Brockens ist im Cabinette der Harzischen Gebirgarten unter Nr. 7. anzutreffen. Die Exemplare sind am Fuße desselben, an der sogenannten Feuersteins-Klippe, zwischen Schierke und Elend, aus festem und unverwittertem Felsen ausgeschlagen. Feldspath, Quarz und Glimmer machen in der Ordnung, wie sie hier benannt sind, den mehrern oder mindern Bestandtheil der Masse aus, so, daß des Feldspaths am meisten, und des Glimmers am wenigsten darin enthalten ist. Alle Theile sind im vollkommensten Grade gemischt, und das Ganze sehr feinkörnig. Man sieht zuweilen mit Hülfe der Luppe den Glimmer mitten durch die Quarz- und Feldspaththeile in sehr feinen Blättern durchsetzen; auch manchesmal ein Trümchen Quarz den Feldspath, und diesen wieder umgekehrt den Quarz auf eben diese Art durchkreuzen. Der Feldspath ist fleischfarbig, der Quarz theils undurchsichtig milchfarbig, theils durchscheinend, glasartig, und der Glimmer schwarz. Er springt beym Zerschlagen in völlig unbestimmteckige Bruchstücke, und sein specifisches Gewicht ist, das Regenwasser zu 1 angenommen = 2,613.

Sobald dieser Granit an der Luft gelegen, werden die Feldspaththeile zuerst davon angegriffen: sie verwandelt denselben in einen feinen weißen Porcellanthon, der sich in den Klüften, wo er nicht weggespült werden, bisweilen so stark sammlet, daß man ihn durch Ausschlämmen rein

 gewin-

gewinnen könnte, (am Reh= und Sonnenberge fand ich dies besonders sehr deutlich). Allein an der freyen Luft, wird er vom Regen gleich nach seiner aus der Zerlegung des Feldspaths folgenden Entstehung, weggewaschen, daß die Quarz= und Glimmertheile aus einander bröckeln, und so das Ganze in Sand nach und nach zerfällt. Dennoch haben Jahrtausende nur so viel daran ausgerichtet, daß sie die äußern scharfen Kanten der Blöcke haben abrunden können. Das Exemplar Nr. 2. im Cabinette, so von der sogenannten Teufelskanzel, einem freystehenden Felsen, nahe an der höchsten Spitze des großen Brockens ausgeschlagen ist, zeigt es deutlich, wie die Quarztheile vor dem weggefressenen Feldspathe hervorragen. Das specifische Gewicht ist 2,564.

Unter den Granitarten des eigentlichen Brockens und des ihm benachbarten Gebirges, finden sich wenige Abänderungen. Der Granit vom südöstlichen Ende des Granitgebirges zwischen Schierke und Elend, und der vom nördlichen Ende desselben am Ilsenstein, sind von dem unter Nr. 1. und 2. beschriebenen und gelieferten, fast gar nicht zu unterscheiden. Allein in dem westwärts belegenen Granitgebirge finden sich schon mehrere Abänderungen, und man kann im Ganzen annehmen, daß der Granit hier etwas mehr grobkörnig werde. Z. B. am nordwestlichen Ende der granitischen Gegend, oberhalb Neustadt an der Harzeburg an der Radau, findet man in Ansehung des Korns, einen merklichen Unterschied. Der schwarze Glimmer kömt hier häufiger vor,

und

und vom Feldspathe, der hier schon mehr in die gelbliche Farbe übergeht, findet man im Bruche ziemlich große spathartige Spiegel, an denen man zuweilen eine cristallinische Form entdeckt. Sein specifisches Gewicht ist hier 2,678, und im Cabinette unter Nr. 3. ein Exemplar davon anzutreffen.

Von hier weiter gegen Westen zu wird der Granit noch etwas weniges mehr grobkörnig; allein des Glimmers wird weniger darin, und der Feldspath, der hier ebenfalls zuweilen in cristallinischer Gestalt vorkömt, nähert sich mehr der weißen, auch woll einer Isabellfarbe. Diese Granitarten widerstehn der Verwitterung am allerlängsten, weil der Feldspath äußerst wenig Eisen enthält, welches ihn sonst für die zerstörende Verwitterung empfänglicher zu machen pflegt. Diese Granitart findet sich im Ockerthale, nahe oberhalb der Ockerhütte und dem dabey belegenen Messingwerke. Da wo die Berge nicht so steil sind, ist er manchesmal nur auf eine kurze Strecke mit einem sandigten und glimrichten Schiefer, oft nur sehr dünne bedeckt. Ein Exemplar dieses Granits ist unter Nr. 5. des Cabinetts anzutreffen, und sein Gewicht ist 2,614.

Von dieser letztbeschriebenen Art ist auch der Granit vom Roßtrapp, einem ostwärts über drey Meilen vom Brocken entfernten ganz abgesonderten Granitgebirge: nur daß der Glimmer dort etwas mehr in das weißlichgraue fällt, und etwas häufiger eingemengt ist.

An der südlichen und südwestlichen Gränze des Granitgebirges ist der Feldspath desselben sehr stark mit Eisen verbunden, welches sich durch die rothe Farbe verräth, die durch die Verwitterung des Granits sich noch immer mehr röthet, so, daß der nackte Felsen ein ganz rothes Ansehn hat. Diese Granitart verwittert wegen des vielem ihr beygemischten Eisens am Tage sehr leicht, daß sie in einen groben Sand zerfällt, der, wenn er sich mit Dammerde vermischt, eine gelbliche Farbe gewinnt. Ehe dieser Granit zerfällt, überzieht ihn eine dicke Moosdecke, große Blätter fangen an sich loszulösen, welche zuletzt ebenfalls in ihre Theile zerfallen. Unter dieser äußern verwitterten Rinde, ist der Felsen noch fest, und dient ihm also diese äußere Decke gleichsam zu einem Schutze gegen die schnelleren Fortschritte der Zerstörung, wenn dadurch auf seiner Oberfläche schon der erste Grund zur folgenden Urbarkeit gelegt ist.

Der röthliche Granit findet sich an der Abbensteinsklippe: er zeigt sich aber auch am Rehberger Graben, auf den drey Broden, und bey der Andreasberger Schluft, von welchem letztern Orte das Cabinetstück Nr. 4. ausgeschlagen ist. Das specifische Gewicht ist 2,567.

Dieses wären also die vier Hauptarten unter den Harzischen Graniten, wovon die sämtlichen Gebirge hier aufgethürmt sind. Es finden sich zwar noch verschiedene kleine Abänderungen darunter, welche aber sämtlich genau zu beschreiben

und

und zu liefern eine unmögliche und viel zu weitläuftige Sache seyn würde. Doch muß ich noch erwähnen, daß ich am Sandwege, am Weiserberge und Haßelbruche, als Seltenheit einige sehr geringe Spuren von Eisengranaten fand, aber auch nur Spuren davon: kaum so deutlich als den im Gestein Nr. 74. die doch schwach genug sind. Sie schienen mir nur an der Oberfläche des Granits sich zu befinden, im frischem Bruche habe ich sie, und überhaupt nirgends so finden können, wie ich sie woll in weit vom Harze entfernten Geschieben, in der Gegend von Braunschweig, gesehn.

Wenn aber in den Granitarten noch ein Vierter Bestandtheil, nemlich der Schörl sich findet, so ist dies zwar kein absoluter, sondern nur ein zufälliger Bestandtheil des Granits; verdient aber doch ehender einige Aufmerksamkeit. Mir scheint die Entstehung des Schörls eine Umänderung zu seyn, die in dem Innern des Gesteins, wo Zerstörung und Regeneration beständig wirksam sind, lange nach dessen Entstehung vorgegangen ist. Denn ich fand ihn nie tief im festen Felsen, sondern entweder auf Gangklüften, oder nahe am Tage, auch woll vorzüglich in der Nachbarschaft mit den auf den Fuß des Granits aufgesetzten Ganggebirgsarten, in denen beyden er zuweilen wie hinein gewebt ist, so, daß man hier oft zweifelhaft wird, ob man einen einzelnen Handstein zu dem Granit, oder zum aufgesetzten Gebirge rechnen soll. [illegible] nicht auf allen Gränzen des Granits mit aufgesetzten Gesteinarten findet sich Schörl ein=

eingesprengt, denn dieser ist im Harzgebirge eine sehr seltene Erscheinung; gewöhnlich gränzen beyde Gebirgarten auf die Art aneinander, wie an dem Exemplare Nr. 11. des Cabinetts. Schörl findet man nur am Ockerthale, am Königskruge, an der Feuersteinsklippe, zwischen Schierke und Elend und in der Grafschaft Rheinstein am Roßtrapp; Am letztern Orte findet er sich auch auf einem durch das Granitgebirge in der zwölften Stunde streichenden und saiger niedersetzendem Gange. Ich bin daher auf den Gedanken gekommen, ob der Schörl woll nicht eigentlich unter die Gangarten gehöre, und bin um so geneigter geworden, dies zu glauben, da in der lehrreichen und vortreflichen Mineralien-Samlung des Hrn. Vicebergbauptmanns von Trebra, ich auf einer Flußspathstuffe von Gersdorf, im Sächsischen Erzgebirge, den Schörl als Gangart angetroffen, auch selbst eine gediegene Silberstuffe aus Kongsberg in Norwegen besitze, deren Gangart mit grünem Strahlschörl durchwebt ist.

In obbemeldeten Gegenden des Harzes, nahe an der Gränze des Granits mit aufgesetzten Gebirgarten, findet sich gemeiniglich der Schörl in kleinen Nestern, die in der Granitmasse kleine Drusenlöcher scheinen gewesen zu seyn, so nun mit schwarzem Strahlschörl ausgefüllt sind. Das Exemplar Nr. 6. des Cabinetts, so ohnweit der Feuersteinsklippe, zwischen Schierke und Elend, gebrochen, liefert die Probe davon: imgleichen liefert Nr. 7. die Probe von dem Schörlgange am Roßtrapp.

Der

Der schwarze Strahlschörl ist in diesen Nestern der gewöhnlichste: äußerst selten finden sich sehr zarte Spuren von grünem Schörl darin: kein einziges mit grünem Schörl ausgefülltes Nest, ist mir beym Zerschlagen so sehr vieler Stücke vorgekommen; sondern nur einige sehr zarte Fasern, die man beynahe nur Anflug nennen könnte, und die man zuweilen auf denen unter Nr. 8. im Cabinette aufgeführten Exemplaren, schon mühsam suchen muß. Nirgend anders auf dem ganzen Harzgebirge als zwischen Schierke und Elend, da wo der Granit anfängt sich unter dem Schiefergebirge zu verliehren, habe ich diese Anzeige vom grünen Schörl angetroffen. Zwar zeigte man mir einstmals einen Granitstein mit grünem Schörl, der in der Harzeburger Forst sollte gefunden seyn: man konnte mir aber den Ort nicht zeigen, wo er zu Hause war, und ich habe ihn mit großer Mühe vergebens dort gesucht. Ich muß ihn also zu denen Harzischen außerordentlichen Seltenheiten zählen. Ein einziges Exemplar ist mir vorgekommen, worauf ich weißen Strahlschörl zu finden glaubte, wenn mich nicht die Lage des Felsenstücks, was der Sonne und der Verwitterung ausgesetzt war, vermuthen ließe, daß dies ein von der Sonne und Nässe verblichener grüner Schörl seyn könne.

Zu den im Harzischen Granite vorkommenden Seltenheiten, gehört auch der cristallisirte Feldspath, der an eben diesem Orte in kleinen Drusenlöchern des Granits, zwischen ganz kleinen Bergcristallen vorkömt. Er ist von der Art, wie der cristalcrystallisirte Feldspath, welchen der Herr Professor Pini in Mayland beschreibt, nur sind diese Crystallen nicht so groß als jene, sondern höchstens nur zwey Pariser Linien im Durchmesser. Ihre Cristallisation ist unter sich sehr verschieden: bald Rhomboidalisch, bald Sechsseitig regelmäßig täfelartig: bald auch von der Gestalt der länglichen Schwerspathcristallen, die durch 4 lange und durch 4 kurze Seiten begränzt werden, deren 4 lange Seiten sich mit 2 Flächen zuschärfen, die 4 kurzen sich aber scharf abschneiden, so daß der ganze Körper durch 10 Flächen eingeschlossen wird. Die Cristallen sind äußerst selten vollkommen sichtbar, sondern sie fließen öfter gleichsam [illegible] in einander, daß man ihre eigentliche Cristallisation selten beobachten kann, wenn man nicht schon einigermaßen vorher weis, was man in ihnen finden wird, und was ich so eben von der Cristallisation gesagt habe. Auch [illegible] Cristallen nicht [illegible] tief in das [illegible] Gestein, und [illegible] ist das Granitgebirge [illegible] keine Spur [illegible]: sogar scheinen die kleinen [illegible] den [illegible] daselbst ganz zu verschwinden, [illegible] tiefer [illegible] wie dieses [illegible], wenn [illegible] nicht [illegible] Richtungen [illegible] oder [illegible] Im [illegible] unter [illegible] von diesem crystallisirten Feldspath.

Ich [illegible] nun zur eigentlichen [illegible] des Granits, ist der [illegible] zu seiner Zerstörung [illegible]

Um

Um die Structur der Granitfelsen genau zu beschreiben, muß ich einige von den merkwürdigsten Granitfelsen vorzüglich bemerklich machen, die auf dem Harzgebirge vorkommen.

Durch mehrere Beyspiele habe ich mich beynahe völlig überzeugt, daß der Granit unter sich selbst in eben den Schichten und Lagern vorkommen kann, wie das einfache thonigte Ganggebirge, und nicht, wie viele glauben, allemal unordentlich abgetheilt seyn und spalten müsse. Man betrachte nur die nach der Natur gezeichnete Vorstellung des Granitfelsen in des Herrn Viceberghauptmanns von Trebra Erfahrungen vom Innern der Gebirge, und zwar zuerst die Feuersteinsklippe zwischen Schierke und Elend, S. 117. um sich davon völlig zu überzeugen, und wer Gelegenheit hat den Harz selbst besuchen zu können, versäume ja nicht den Ilsenstein, auf dem Wege von Ilsenburg nach dem Brocken, zu besuchen; dessen herrlicher und lehrreicher Anblick den Weg reichlich belohnen wird. Es ist dieser sehr merkwürdige Ilsenstein, ein senkrecht aus dem Grunde des Thals bis zu einer Höhe von 320 Fuß, (nach Hrn. Oberconsistorialrath Silberschlags Ausmessung) hoch herauf stehender nackter Granitfels, der mit seinem Rücken im Berge feststeht. Gegenüber, über das Thal weg, sieht man hohe Berge, an denen ein gleichmäßiger Ilsenstein scheint angelehnt gewesen zu seyn: denn seine Ruinen erstrekken sich jetzt noch, von der Höhe des Westerberges bis ins Thal hinab. Es wird daher sehr wahrscheinlich, daß diese beyden Granitfelsen bey großen

Revolutionen der Erde, von einander gerissen sind, und daß sich die Ilse einen Weg zwischen beyden Felsen hindurch gebahnt hat. Genug, die Präcipice des Ilsensteins mag entstanden seyn, wie sie will, so gewährt sie doch dem Naturforscher einen lehrreichen Anblick der sämtlichen Granitschichten und Granitlagen, auf eine schon ziemlich beträchtliche Höhe, in reinem Durchschnitte. Besonders merkwürdig war es mir, in dem obern Drittheile des Felsen, den Granit völlig nach dem Gesetze der Harzischen einfachen Ganggebirge geschichtet zu sehn. Das Streichen der Gebirgsschichten beobachtet ohngefehr die 5te oder 6te Stunde und das Fallen erstreckt sich in einem Winkel von etwa 45 Graden von Mitternacht gegen Mittag. In dem mittleren Drittheile scheinen diese inclinirenden Schichten der mittäglichen Seite des Felsen, sich an die wagerecht stehenden ungeheuren Paralellepipeda der mitternächtlichen Seite des Felsen anzulehnen: und in dem untern Drittheile besteht alles aus großen ungeheuren wagerecht liegenden Lagern von paralellepipedischen Granitblöchen.

Merkwürdig ist es, daß fast allemal die isolirten Granitklippen des Harzes aus horizontal übereinander gelegten Paralellepipedis bestehn, so, daß die Klippen sehr oft das Ansehen haben, als ob diese Paralellepipeda von Menschenhänden wären übereinander gelegt worden. Man betrachte nur die Teufelskanzel und den Hexenaltar auf dem großen Brocken, die Klippen hinter dem Wirthshause auf der Heinrichshöhe, die Hopfensäcke, die Tuchladen, der Magd Bette und den ausgehöhl-

ten

ten Granitbloch, der Magd Napf genannt, am sogenannten Brockenfelde (die wahrscheinlich der abgerundeten Ecken wegen und der Aehnlichkeit, die sie daher mit Hopfen= oder Wollsäcken rc. haben, so benannt sind.) Ferner die Granitklippen am Sandwege zwischen dem Wildenplatze und der Ockerhütte, hernach an der Ocker selbst; so wird man oft in Erstaunen gerathen, wie diese ungeheuren Massen so haben können auf einander gelegt werden, welches doch keine thierische Kraft jemals vermogt hat: — allein die Betrachtung des Ilsensteins, giebt dazu hinlänglich den Schlüssel. Denn da dieser Ilsenstein es deutlich zeigt, daß der Granit auch in schief gelehnten und also geschichteten Blöchen eben so wie das thonigte Ganggebirge vorkommen kann, so braucht man sich nur beym Anblick des Ilsensteins, die Zerstörung desselben in Gedanken vorzustellen, und das Auge wird leicht beurtheilen können, welche Blöcke bey dieser Zerstörung werden liegen bleiben, oder welche wegen ihrer schiefen Lage herunterstürzen und zertrümmern werden. Man müßte auf diese Art den Felsen jetzt schon so zeichnen können, wie er wahrscheinlich nach Jahrtausenden aussehen wird, wenn ihn die Verwitterung so weit wird zerstört haben, daß das Ganze auseinander fällt.

Auf diese Art stehn noch auf dem Harzischen Granitgebirge sehr viele Klippen, z. B. die Hirschhörner auf dem kleinen Brocken, hernach die Klippen des Renneckenberges und die Hohneklippen, völlig isolirt, und so hoch, daß man sie bey hellem Wetter auf 8 Meilen und darüber, als

Zacken eines Berges, mit unbewafnetem Auge sehen kann. Zum Theil sind sie übereinander liegende Blöche, zum Theil aber auch unregelmäßig wild übereinander gestürzte Bruchstücke, denen man es deutlich ansehen kann, daß sie Ueberbleibsel einer ehemals zusammengehangenen Granitmasse sind, deren kleinere Massen und weichere Theile der Zerstörung haben unterliegen müssen, und wahrscheinlich ihrer schiefen geschichteten Lage halber herunter gestürzt sind, anstatt, daß die wagerecht gelegenen in dieser Lage konnten liegen bleiben.

Von der schiefen geschichteten Lage des Granits kann man sich noch an mehreren Orten überzeugen, z. B. am Rehberger Graben liegen abgelößte grade Schichten, oft nicht dicker als 2 Zoll paralell hinter einander und incliniren zusammen unter einem Winkel von etwa 30 Graden. An einer andern Stelle desselben hat es das Ansehen, als wenn etwas dickere Schichten von 1 bis 1½ Fuß Mächtigkeit vertical stünden, die nur hie und da wagerechte Ablösungen haben.

Nicht weniger merkwürdig sind unter den blossstehenden Felsenklippen des Harzischen Granitgebirges, die sogenannten Schnarcherklippen, die sowol in des Herrn Viceberghauptmanns von Trebra Erfahrungen ꝛc. auf dem Titulblatte zu finden, als auch vom Hrn. Hofkupferstecher Ganz gezeichnet, in Kupfer gestochen und auf einem großen Folioblatt sehr schön illuminirt, vorgestellt sind. Als die letzten Ueberbleibsel die sie

aus

aus jenem Alterthume zu seyn scheinen, wo wahrscheinlich alles das blosstehende Klippe war; was jezt abgerundeter Berg ist, verdienen sie gewiß diese Abbildungen, und hier eine nähere Beschreibung.

Sie liegen auf dem höchsten Puncte des Bahrenberges, zwischen Schierke und Elend, (die Charte zeigt sie deutlich) gerade da, wo das Granitgebirge sich von dem ihm angelehnten Schiefergebirge scheidet. — Mir deucht ich sehe hier noch die großen Wasserfluthen, die das Schiefergebirge aufsezten, mit ihren fürchterlichen Wellen an der Zerstörung der Schnarcherklippen arbeiten, und alle die Stücke herausreißen, die sich wegen minderer Größe und inclinirender Lage nicht im Gleichgewichte halten konnten. Aber das Gebäude, was mächtige Wellen nicht umwerfen konnten, wird ein weit langsamerer aber dennoch kräftig wirkender Feind, der Zahn der Zeit und der Witterung, endlich doch zertrümmern.

Beyde Klippen der Schnarcher stehen in der dritten Stunde des Compasses 26 Fuß von einander, verjüngen sich nach oben zu, und geben bey einer Höhe, von etwa 80 Fuß, völlig das Bild übrig gebliebener Widerlagen, eines hochgesezten Gewölbebogens, den die Zeit einstürzte. Der südliche Felsen hängt, nemlich mit seiner Spitze, etwas gegen den nördlichen Felsen hinüber, und scheint dessen überhängender Theil, also der Rest des Bogens zu seyn, von dem

 die

die über und nebeneinander niedergestürzten Granittrümmer herrühren.

Beyde Felsenthürme sind in ziemlicher Regelmäßigkeit in größere und kleinere Massen getrennt. Die meisten Trennungslinien des Gesteins laufen entweder wagerecht oder weichen doch nicht so beträchtlich von der Horizontallinie ab, wie in dem Berge, welcher sie trägt. Der verticalen Trennungen sind hier weniger, und diese wenigen laufen nicht so lang gezogen fort, als die horizontalen. Es zeigen sich auf diese Art nicht eben allezeit tafelartige, sondern mehr parallelepipedische, rhomboidalische, cubische, sogar auch zuweilen keilförmige Bruchstücke, die näher am Fuße der Klippen ziemlich groß sind, aber nach der Spitze zu immer in dem Verhältnisse kleiner werden, in welchem sie sich verjüngen.

In der nördlichen Felsenklippe bemerkte Herr Viceberghauptmann von Trebra an einem einzelnen Granitblocke eine sehr sonderbare magnetische Eigenschaft, vermöge welcher die Richtung der Magnetnadel nach dem entgegengesetzten Pole gekehrt wird, ohne daß jedoch diese Wirkung an einem davon abgeschlagenen Stücke sich zeigt. Nirgend sonst an der ganzen Klippe zeigt sich diese Erscheinung, als grade an diesem einzelnen Blocke.

Die Spalten in diesen beyden Felsen sind nicht alle durch die ganze Masse durchgerissen, sondern es finden sich dergleichen auch in einzelnen Blö-

Blöchen, welche nicht ganz durchgehen, beyde aber sind von außen hinein 1 und 2 Zoll tief zugerundet, so, daß es aussieht, als ob hier ein reichlich gebrauchter Mörtel zwischen Mauersteinen an der Luft ausgenagt worden, als ob das Ganze schon zerplatzt, und völlig dazu vorbereitet sey, bey der kleinsten Veranlassung vollends auseinander zu bersten und einen Schutthaufen an seine Stelle umher zu streuen.

Alles ist mit Moosen mancherley Art überzogen, in den Spalten und sonst zwischen dem Moose sind Grasarten, Farrenkräuter, Sträucher, Büsche und Bäume aufgewachsen, die als ein kleiner junger Wald, die Felsen hinan, aufgewachsen sind und bald ganz über sie hinausgewachsen seyn werden. Durch Hülfe dieser werden wenigstens dann, wenn einst der sie bis jetzt noch schützende hohe Tannenwald wird abgeholzet seyn, die Stürme einzelne Stücke dieser Felsen nach und nach vollends hereinwiegen, und sie zu denen hinabstürzen, welche schon jetzt um sie hergestreut liegen. Das Moos, welches sie umbringen, wird dann die unten schon umherliegenden in Moosdecken von halber Schuh dicke eingehüllten Granitblöcke noch stärker damit überziehen und unter solchen feuchten Decken zubereiten unzählige Wurzeln durch Wärme und Nässe eine Gährung in die Masse des Gesteins auf allen Seiten einleiten, das festeste Gestein endlich auseinander getrieben werden, und in Sand und Staub zerfallen.

Eine so vollständige Zerrüttung des festesten Gesteins, seine Zerlegung in Staub und Sand, legt uns unter den Umständen, wie sie hier sichtlich wird, einen Beweis vor, daß eine gewaltsame und auf einen Augenblick wirkende Ursache, so etwas nicht könne hervorgebracht haben. Wir sehen den Stein nach und nach zerfallen. Die Risse also, welche die einzelnen Blöcke dieser Felsen wieder in kleinere abtheilen, sind gewiß nicht in kurzer Zeit durch den heftigen Anfall einer großen Kraft hervorgebracht, die ihn ganz würde zerspalten haben, sondern nur durch eine geringe und langsam wirkende, die zu ihrem Angriffe immer die schwächste Seite sucht. Diese ist hier an den Ecken und Kanten cubischer Steinstücken gefunden; an ihnen sehen wir die nur halb vollendeten Risse, die sich gegen die Flächen zu, oft ganz verlaufen, am tiefesten einschen. Ist das Stück nun auch noch völlig ganz, so können die Feuchtigkeiten sich doch in diesen Spalten besser sammlen, und entweder der Frost, oder ein durch das Moos hier eingewurzeltes Bäumchen, drängt durch seine allmähliche Vergrößerung, die angefangene Spalte so weit aus einander, daß endlich das ganze Stück durchreißt. Nun sind mehrere Seiten geworden an denen die Zerstörung aufs neue wiederum nagen, und die Steine auf diese Art allmählich der gänzlichen Zerstörung näher bringen kann.

An einer Stelle des Rehberger Grabens löst sich der Granit Schaalenweise von den großen Massen ab, welche Schaalen dann aber sehr leicht mit

mit den Händen zu zerreiben stehn, und so giebt die mannigfaltige innere Structur der Masse selbst, eine grosse Verschiedenheit in der Art der Zerstörung.

Bey der Structur der Granitfelsen muß ich auch noch des Roßtrapps in der Grafschaft Rheinstein besonders erwähnen, der dem Brocken gegen Osten ganz von ihm abgesondert liegt. Demnach scheint diese Granitische Gegend in der Tiefe mit dem Granitgebirge des Brockens zusammen zu hängen, obgleich zwischen diesen beyden Puncten nirgends Granit zu Tage aussteht. Es würde auch gewiß hier am Roßtrapp nicht sichtbar seyn; wenn ihn nicht, (wie es den Anschein hat) der Bodefluß entblößt und gleichsam aufgegraben hätte. Völlig hat es hier das Ansehen, als ob die Bode sich so tief in die Granitfelsen eingeschnitten hätte, bis sie das natürliche Gefälle eines gewöhnlichen oder doch reißenden Strohms erreicht. Die obern Höhen der Granitberge sind sämtlich mit Trapp und Schiefer bedeckt, und es steht der Granit im eigentlichen Verstande, nur an den Ufern der Bode zu Tage aus. Diese Ufer sind so äußerst steil, daß man fast nicht glauben sollte, es würde einer Gemse einfallen können den Felsen hinauf sich einen Weg zu suchen, da solches oft an beyden Seiten des Strohms in spitzen Thürmen in die Höhe steigt, und gewiß die rauheste und fürchterlichste Gegend am ganzen Harze darstellt. Der Hr. Professor Weitsch in Braunschweig hat diese Gegend genau gezeichnet, und in Kupfer stechen lassen.

 Auch

Auch hier sieht man deutlich wie der Granitfels bald aus großen an und übereinander liegenden, bald nach Art der Ganggebirge schiefgelehnten und gegen Mittag abfallenden, zuweilen auch aus völlig senkrecht stehenden Paralellepipeden bestehe. Unzählige lose Bruchstücke liegen umher, und andere hängen mit den noch stehenden Felsen nur ein wenig zusammen, um bey der ersten kleinsten Veranlassung in das Bodethal hinab zu stürzen. An der gegen Abend und Mitternacht gekehrten Seite, scheinen Stürme, Frost und Regen mehr an der Zerstörung gearbeitet zu haben, als am gegenüber stehenden Ufer des Flusses, und überall muß man hier Schöpfung und Zerstörung zugleich bewundern. Der Granitsand, die Moose und die Kräuter scheinen mit einander zu wetteifern, die fürchterlichen Zerstörungen der Zeit und der Witterung wieder zuzudecken, zu verbergen, und zugleich über die uns ohnedem schon so dunkle Schöpfung des Mineralreichs einen neuen Schleyer zu werfen. Denn dürch ebnet mit der Zeit die rauhesten Felsengebirge, gibt den höchsten Gebirgsspitzen, die ehemals mit unzugänglichen Felsen prangten, eine sanfte Rundung, und glättet und erniedriget die höchsten Berge. Alle diese Gegenden, und sind sie auch noch so höckerig und rauh, werden dereinst alle so eben und glatt abgerundet seyn, wie es die obere Kuppe des großen Brockens zum Theil jetzt schon ist, und mit der Zeit wird der Granitsand, der die drey Bestandtheile des Granits einzeln und abgesondert enthält, und der jetzt schon hin und wieder sich in beträchtlicher

Mäch-

Mächtigkeit angehäuft hat, alles eben machen, was jetzt rauh und uneben erscheint.

So sehr aber auch die Luft den Granit, besonders dann, wenn der Feldspath sehr eisenschüssig ist, zerstört; so sehr leicht backt der Granitsand auch wieder in eine feste Masse zusammen, wenn er von dem Zutritt der freyen Luft abgesondert wird und hinlängliche Feuchtigkeit hat. Man hat sich auch auf diese Eigenschaft desselben gegründet, als man im Jahre 1719. den Damm vor dem großen Oderteiche vorrichtete, der erst im Jahre 1722. geendiget wurde. Im Calvör ist die Verfahrungsart beym Verfertigung desselben hinlänglich beschrieben. Seine Länge ist 50 Lachter, die obere Breite 9, die untere 24 und seine Höhe 9 Lachter. Die beyden Außenseiten sind von großen Granitblöchen aufgeführt, die durch eiserne Klammern mit einander verbunden, und statt der Mauerspeise mit Moos ausgestopft sind. Das Inwendige ist bloß mit Granitsande ausgefüllt, den man hier in der Sprache der gemeinen Leute Heidesand, so wie auch den wirklichen Granit, Heidenstein nennt. Man nahm hier also gleich Rücksicht auf diese Eigenschaft des Granitsandes, sich in der Absonderung von der freyen Luft, vermöge des ihm beygemischten Eisens, zu einer festen Masse wiederum zu verbinden, und der Erfolg hat gezeigt, daß diese Theorie richtig sey, denn der Damm ist völlig wasserdicht. Durch diese Eigenschaft findet man zuweilen den Granitsand schon so sehr wieder erhärtet, daß keine Feuchtigkeiten einzudringen vermögend

mögend sind, welche sich alsdenn in den Moosen aufhalten, neuen Nahrungssaft für andere Moose und Gewächse abgeben, und so endlich nach oft wiederholter neuer Vegetation den Grund zu den Torfmooren legen. Ohne die Lagerstätte dieses erhärteten Granitsandes zu sehen, würde man Mühe haben, an einzelnen Handsteinen ihn von dem unveränderten Granit zu unterscheiden. Ich mögte ihm daher gern den Namen Granit noch lassen, ihn aber zum Unterschiede vom ursprünglichen, gern regenerirten Granit nennen. Dieser regenerirte Granit ist so fest, und oft so innig mit dem ursprünglichen verbunden, daß beyde sich beym Zerschlagen nicht leicht von einander trennen lassen. Ich fand sie in dieser Verbindung an verschiedenen Orten; z. B. an der Rehberger Klippe und an der Achtermannshöhe, und von daher sind auch die Exemplare die ich unter Nr. 10. den Cabinetten einrangirt habe, genommen. Beyde Arten schneiden sich gemeiniglich sehr scharf von einander ab, und ich habe bemerkt, daß der regenerirte Granit scharf an seiner Gränze mit dem ursprünglichen, fast allezeit am feinkörnigsten sey.

Man findet diesen regenerirten Granit vorzüglich an den Stellen, wo das aufgesetzte Ganggebirge sich am Granit abschneidet. Vorzüglich häufig findet man ihn am Abfalle der Gebirge nach der Radau zu, wenn man vom Borckenkruge nach Harzburg hinuntergeht. Nirgend erscheint der Granit unter so mannigfaltigen Abänderungen, als an den Gränzen mit dem aufgesetzten Ganggebirge,

und

und wie war es auch anders möglich? — denn als Fluthen das einfache Ganggebirge auf dem Granit absetzten, brachen sich die Wellen zwischen den Granitgebirgen. Nicht allenthalben fanden sie festen Felsen, sondern hin und wieder auch Granitsand, der aus der Verwitterung der Granitfelsen entstanden war, die vielleicht schon Jahrtausende den Stürmen, Frost, Regen der Sonne bloß gestellt, gestanden hatten. Wie leicht konnten nicht diese ungestümen Wellen den Granitsand auf seiner Oberfläche durcheinander werfen, und die eigentlichen Bestandtheile des Granits mit den fremden erdigten Theilen, welche sie mit sich führten, vermischen und verbinden? Ich habe auf dem Wege von Oderbrück nach dem Königskruge, einzelne Geschiebe gesehn, wo die Bestandtheile des Granits so innig mit dem aufgesetzten schwarzen thonigten Gestein verbunden waren, daß man nur durch das Anschleifen und Poliren die Granitkörner in der schwarzen Trappmasse entdecken konnte. Auch sah man, daß die schwarze Hälfte des Geschiebes sich scharf von dem Granit abschnitt, und zeigte sich deutlich, wie tief die mit schwarzer Thonerde verunreinigten Gewässer, in den Granitsand eingedrungen waren.

Dieses angeführte Beyspiel kann vielleicht einen Aufschluß abgeben, wie der Granit zuweilen die Mutter mancher ganz heterogenen Erdarten seyn könne, aus dessen aufgelößten und veränderten Bestandtheilen sie doch wahrscheinlich wirklich gebohren sind. So habe ich

z. B.

z. B. im röthlichen Granit 5 bis 6 Zoll mächtige Trümmer von einem braunrothen thonartigen vesten Gestein, so jedoch am Stahl keine Funken giebt, gefunden; die beym genaueren Besehen nichts anders waren, als ein von den Fluthen in die Klüfte des ursprünglichen Granits hineingeschwemmter und durch Thonerde verunreinigter, hernach wieder erhärteter Granitsand.

Aber nicht immer haben die Wellen den Granitsand herumgewühlet und ihn in das thonartige Gestein mit eingemischt, sondern es finden sich auch einige Stellen, wo das thonigte Ganggebirge sich ruhig auf dem Granitsande gelagert hat, und mit ihm gemeinschäftlich verhärtet ist. Ich will nur unter mehreren Exempeln die große Klippe am Rehberger Graben anführen, wo der Trapp sich ruhig auf dem regenerirten Granit gelagert hat. Ich habe daselbst die Handsteine ausgeschlagen, die man im Cabinette unter Nr. 11. antrift, die halb Trapp und halb regenerirter Granit sind, welche beyden Gebirgarten sich scharf aneinander abschneiden, und doch sehr fest miteinander verbunden sind.

Daß dieses wirklich regenerirter Granit sey, glaube ich daraus beweisen zu können, weil man an der Felsenklippe, wo diese beyden Gebirgarten aneinander gränzen, nur bald mehr bald weniger nieder zu gehen braucht, um die Scheidung des feinkörnigen regenerirten Granits

nits, von dem darunter liegenden primitiven oder ursprünglichen, eben so zu finden, wie ich sie in Nr. 10. des Cabinetts vor Augen gelegt habe. Mit etwas Mühe, Arbeit und Kosten, würde ich hier eine Tischplatte können ausarbeiten lassen, auf welcher ursprünglicher Granit, regenerirter und grauer Trapp über einander deutlich sich abschneiden.

Die außerordentlich merkwürdige Erscheinung, daß kleine Granittrümmer in den Trapp hinaufsetzen, wird sich nun leicht erklären lassen, sobald ich überzeugt bin, daß der hinaufsetzende Granit, kein primitiver oder ursprünglicher, sondern ein secundarischer oder regenerirter Granit sey.

Zuvörderst muß ich aber anzeigen, daß die Granittrümmer nicht eben seiger in den Trapp hinaufsetzen, sondern sich immer der Horizontallinie etwas nähern, und daß sie sich alle nach einerley Richtung, nemlich gegen Mitternacht, in den Trapp verlaufen.

Kamen nun die Wellen, so das thonigte Ganggebirge aufschwemmten, vom Mittage her, (wie es überhaupt nach der innern Structur der Harzgebirge zu urtheilen, den Anschein hat;) so deucht mir war es sehr natürlich, daß eine Welle die thonigte Masse des Trapps, die der ruhige Stand des Wassers kurz vorher auf den Granitsand niedergeschlagen hatte, von einigen höheren Puncten wieder weg, und in etwas tiefern Stellen hineinschwemmte. Eine zweyte, schnell auf die erstere folgende Welle, fand an diesem höhern Puncte keine Trappmasse mehr, die sie wegschwemmen konnte, nahm daher diesen losen Granitsand mit sich fort, und bedeckte damit auf eine kurze Strecke die Trappmassen, die sich auf tiefern Puncten gelagert hatten, dadurch mußten also natürlicher Weise Granittrümmer zwischen den Trappmassen entstehn, die sich in den Trapp hinein, auskeilen.

Ich gestehe gern, es ist äußerst schwer dergleichen Erscheinungen so deutlich zu beschreiben, daß sie für jeden Leser faßlich sind. Ich wünsche es jedem an Ort und Stelle zeigen zu können, und bin gewiß überzeugt, es wird mir dann niemand den Beyfall versagen. Meine Beobachtungen sind bey oftmaligen Betrachtungen dieser merkwürdigen Klippe, an Ort und Stelle niedergeschrieben, und mit der Natur selbst, verschiedentlich verglichen.

Nunmehro wird man sich die unerwartete Erscheinung doch einigermaaßen erklären können, wenn ich im Cabinette unter No. 12. ein Stück aufführte, wo der Granit zwischen zwey Saalbändern von Trapp durchsetzt. Es gehören aber auch freylich diese Exemplare mit unter die Seltenheiten des Harzes, denn ich habe sie nur an dieser einzigen Stelle angetroffen.

Daß der Trapp sich auch unmittelbar mit dem ursprüglichen Granite, und nicht allein mit dem regenerirten verbunden habe, auch davon habe ich an der Achtermannshöhe, an den Hippeln in der Grafschaft Werningerode und an mehreren Orten, überzeugende Beweise gefunden. Auch fand ich am Sandwege, der von der Stüterey auf dem Wildenplatze, nach der Ockerhütte führt, an den dortigen schon mehr gedachten großen Granitklippen hin und wieder faustgroße Trappbrocken festsitzen, und oft gleichsam wie eingekeilet. Dieses bestärkt mich immer mehr in der Meinung, daß wahrscheinlich die mehrsten Granitgebirge der niederen Gegenden, ehemals durch andere aufgesetzte Gebirgarten sind bedeckt gewesen, welche nachherige Fluthen wieder weggeführt haben. Woher würde sonst die übrigens ganz aus Granit bestehende Achtermannshöhe gerade auf ihrer höchsten Spitze eine aufgesetzte thonigte Gebirgart haben, und woher würde die obere Kuppe des granitischen Wormberges mit einer fremden aufgesetzten thonigten Gebirgart bedeckt seyn können? wenn diese Bedeckung sich nicht auf die niedrigeren Granitgebirge zugleich, sollte mit erstreckt haben. — Nothwendig müssen nachherige Fluthen, so die höchsten Spitzen der gedachten Berge nicht erreichen konnten, die aufgesetzten Ganggebirgsarten zum Theil wieder fortgerissen haben. An einigen Orten, besonders in der Harzeburger Forst, hat der Granit der niedrigeren Gegenden zuweilen nur noch einen ganz dünnen Ueberzug von aufgesetzten

Ganggebirgsarten; so, daß der Granit auch bey dem geringsten Abteufen kann ersunken werden. Sogar habe ich auf dem Wege vom Arendsberge nach Neustadt unter die Harzeburg eine Stelle gefunden, wo die Wagenräder in ihren Gleisen das aufgesetzte Ganggebirge bis auf den Granit durchschnitten hatten.

Drit=

Dritter Abschnitt.

Aufgesetztes einfaches Thon- oder Ganggebirge.

Erstes Capitel.

Vom Thonschiefer.

Der Umfang des Harzischen Thonschiefer-Gebirges ist außerordentlich groß. Wenn man auf der Petrographischen Charte erstlich die Gegend betrachtet, wo er allein vorkömt, und welche violett illuminirt ist: dann noch, wie er in der grau illuminirten Gegend mit der Grauenwacke, und in der orangefarben angelegten Gegend, mit Trapp abwechselnd vorkömt; so wird man sich von dem Umfange desselben einen Begriff machen können.

Die Umstände, unter welchen der Thonschiefer in der merkwürdigen Abwechselung mit Grauerwacke vorkömt, habe ich zwar bey dieser Gebirgsart, als an einem für ihn weit wichtigern Orte, ausführlich angezeigt. Eben so wird auch seiner in dem Capitel vom Trapp wieder erwähnt, und es werden dort die Umstände beschrieben, unter welchen er mit dieser ihm so nahe verwandten Gesteinart, abwechselnd vorkömt. Ich würde also in diesem Capitel nur ihn allein beschreiben, wie er nemlich für sich allein vorkömt, ganze Gebirge ausmacht, und unter welchen Abänderungen man den Thonschiefer auf und in den Harzgebirgen findet, wenn ich ganz umhin könnte, auch etwas von jenen Verbindungen zu berühren und seiner also doppelt zu erwähnen.

Ich werde indessen von derjenigen Schieferart den Anfang machen, die am regelmäßigsten im Gebirge ansteht, und dieses sind die Dachschieferbrüche bey Hüttenrode, Elbingerode, Lautenthal und Goslar; ich wähle den letztern zur Beschreibung, und mit ihm werde ich sie alle beschrieben haben.

Dieser Dachschiefer macht in der Gegend von Goslar den Fuß der Harzgebirge, und also auch das Liegende des Erzlagers im Rammelsberge aus. Der ganze Schieferbruch ist wie eine offene Pinge anzusehn, in welcher, nach der Art des Strossenbaues, die Schiefertafeln abgespalten werden. Da man vom Tage ab immer tiefer hineingearbeitet hat, so ward es zur Nothwendigkeit, den Abzug der Gewässer immer tiefer auszuhauen, daß dadurch endlich der jetzige Eingang in den Schieferbruch so tief eingeschnitten ist, daß man durch eine natürliche Spalte des Felsen zu gehen glaubt, wenn man in die ungeheure große Pinge hineingehen will; dem Auge ist diese Scene eine ganz besonders auffallende unerwartete Erscheinung.

Man

Man sieht hier den Schiefer auf eine beträchtliche Strecke völlig entblößt: sieht hier die der Horizontal- und der Verticallinie sich nähernden natürlichen Steinscheiden sehr deutlich, welche letztere die ohngefähr in der 5ten Stunde fortlaufenden Streichungslinien des Schiefers, beynahe im rechten Winkel durchschneidet und große Paralellepipeda mit Rhombenflächen bilden, von denen die Schiefertafeln nach ihrem natürlichen Mittagswärts gerichteten Fallen, in einem Winkel von 40 bis 50 Grad und darüber, abgespalten werden. Jede der abgespalteten Schiefertafeln bildet, wenn sie neinlich an allen vier Seiten durch natürliche Steinscheiden begränzt wird, ein Paralellepipedum mit zwey großen und vier schmälern oblongen Rhombenflächen.

Die nördliche Wand des Schieferbruchs hat im Großen ein etwas treppenartiges Ansehen, indem immer einige Paralellepipeda über einander weggearbeitet und in Tafeln zerspalten sind. Zwischen jeder über einer andern weggearbeiteten Schicht, geht ein schmaler Gang oder Berme heraus, die man im eigentlichen Verstande den Auftritt einer Treppenstuffe würde nennen können, wenn nicht jede dieser sogenannten Treppenstuffen 5, 6 und mehrere Fuß über der andern erhaben wäre.

Sehr oft sind diese Rhomboidalischen Paralellepipeda von zarten Kalchspathtrümmern, ziemlich paralell mit den natürlichen Verticalablösungen im Quergestein durchsetzt, und zuweilen zeigen sich mitten im Schiefer, Nieren von Schwefelkies, welche oft eine muldenförmige Erhöhung und Vertiefung in der glatten Fläche des Schiefers verursachen. Dieser ist an dergleichen Stellen, auch da wenn er zuweilen mit Schwefelkies eingesprengt ist, so wie überhaupt nahe an den Klüften und in der Höhe, allezeit etwas mürber, verwittert und zerblättert leicht an der Luft, an welcher er mit einem weißen vitriolischen, nach Alaun schmeckenden Staube beschlägt, und ist also überhaupt zum Dachdecken nichts nütze. Je weiter in die Tiefe, desto reiner und fester wird der Schiefer, und desto dauerhafter ist er an der Luft. Seine Farbe ist dunkelblau, nahe an schwarz gränzend, ganz ohne Glimmer, und sein specifisches Gewicht ist 2,780. Im Cabinette findet er sich unter Nr. 23.

Aber nicht immer findet sich dieser Thonschiefer in den regelmäßigen Parallelepipeden, wovon ich so eben geredet, denn dies sind äußerst seltene Fälle, die sich bis jetzt nur an den obenbenannten vier Orten finden. Sonst ist der Thonschiefer fast allemal unregelmäßig, sowohl im Streichen als Fallen, mulden- und wellenförmig, als Zickzack, auch zuweilen wie gewunden, ohne indessen weder die Haupstreichungsstunde, noch die Hauptrichtung des Fallens merklich zu verändern. Am Tage zeigt sich solches z. B. sehr deutlich auf der hohen Kehle in der Goslarischen Forst, imgleichen auch bey Lautenthal. In den Gruben um Clausthal und Zellerfeld findet man dieses ebenfalls sehr oft, wenn man genau darauf achtet.

Der

Der in der Abwechselung mit der Grauenwacke verkommende Schiefer, ist merklich weicher als der kurz zuvor beschriebene Goslarsche Tafelschiefer; sein Gewicht ist 2,750. Er zerfällt leicht an der Luft und verwechselt sodann leicht seine dunkle schwarzblaue Farbe mit einem schmuzzigen bräunlichgrau. Diese Gebirgart, welche mit der Grauenwacke abwechselt, in welchen beyden so sehr wichtige Erzgänge streichen, kömt im Cabinett unter Nr. 22. vor. Da wo er für sich allein und nicht in jener Gesellschaft vorkömt, erscheint er unter den oben angeführten Umständen: in der Nachbarschaft der Grauenwacke aber, beobachtet dieser Schiefer ein weit regelmäßigers Streichen und Fallen, als in größerer Entfernung von ihr, und ist oft gleichsam eine Richtschnur, an welcher die Grauewacke sich regelmäßig abschneidet. Der Schiefer theilt die Grauewacke bald in größere, bald in kleinere Schichten, die oft eine ziemliche Strecke paralell miteinander, ohngefähr nach der dritten Stunde fortlaufen, und mischt sich auch zuweilen in einzelnen Brocken in die Grauewacke mit ein.

Als Seltenheiten finden sich in diesem Schiefer, Abdrücke von Sumpfpflanzen, Schilf- und Kräuterähnlichen Gestalten; noch selteuer Abdrücke von Pectiniten und anderen Schaalthieren, am allerseltensten verkieste Ammonshörner und Orthoceratiten, **allemal aber nur auf der Gränze des Schiefers mit der Grauenwacke:** vermuthlich daher, weil diese Körper leichter wären als die Sandkörner, welche die Grauewacke bildeten, so mußten sie nothwendig länger als diese auf der Oberfläche der flüssigen Masse schwimmen; und konnten sich da allererst niederschlagen, als die feinere Erde, die den Thonschiefer bildete, sich aus der Auflösung niederschlug. Da waren denn natürlicherweise diese Vegetabilien ꝛc. das erstere was sich nach den Sandkörnern mit dem Thonschiefer zu Boden senken mußte, der bald nachher durch den Wellenschlag zum öftern wieder mit neuem Sande überschwemmt wurde: wahrscheinlich daher treffen wir diese ehemals organisirte Körper auf der Gränze beyder Gebirgsarten an.

Der St. Andreasberger Schiefer zeichnet sich beym ersten Anblick von dem Clausthäler Schiefer eben nicht sonderlich aus: dennoch aber hat er viel mehrere Feinheit, Dichtigkeit und Härte, so, daß er dem Bergmann sehr viel Mühe zu gewinnen, kostet. Er spaltet noch vielweniger und seltener in regelmäßigen Tafeln, als der von Clausthal, im Cabinett ist er unter Nr. 24. anzutreffen, und sein Gewicht ist 2,772. Er wechselt hier nicht mit Grauerwacke ab, die in der Gegend um St. Andreasberg sich gar nicht findet, sondern wechselt, nach eben diesem Gesetz, mit dem Trapp Nr. 26. des Cabinetts ab; jedoch so, daß der Schiefer die Oberhand hat und der Trapp minder mächtige Schichten zwischen ihm ausmacht. In ihm kommen die reichhaltigsten Erze, als gediegen Silber und rothgiltige Erze häufig vor, wovon sich in dem Clausthäler Schiefer keine Spur findet. Er steht hier in noch saigetern Schichten, als wie der Schiefer zu Clausthal, und erscheint nirgend auf dem ganzen Harze in dieser Abwechselung mit schmalen Schichten von diesem sehr feinkörnigen Trapp, der beynahe Jaspis ist.

Der Schiefer Nr. 25. des Cabinetts, vom Birkenthale an der Ocker, dem Rohmker Märmorklippen schräg gegenüber, scheint nach Farbe, Feinheit und Dichtigkeit völlig der nemliche zu seyn: er schlägt auch schon mit dem Stahle zuweilen einige Funken; sein Gewicht ist aber nur 2,655. So sehr ähnlich er aber auch dem Andreasberger Schiefer zu seyn scheint, so finden sich doch nicht die geringsten Spuren von Gängen darin. Eben so fehlt die Abwechselung mit einer andern Gesteinart, in der Maaße wie ich ihrer bey dem Andreasberger Schiefer gedacht, und dieser Schiefer weicht näher nach der Höhe des Gebirges zu, immer mehr von der thonigten Natur ab, verliert sich allmählich in den Sandstein, welcher voller Versteinerungen die Höhen der Berge bis zum Kahlenberge und Kronsfelde, und so auch unter verschiedenen Abänderungen, die des Rammelsberges ausmacht. Man findet auf diesem Wege verschiedene Modificationen dieses Gesteins, so, daß es oft so wenig Schiefer als Sandstein zu nennen ist. Es spaltet sich aber immer noch in dicke Tafeln, die auf dem Spiegelbruche etwas glimmrich sind. In dieser Zwischenstuffe zwischen Schiefer und Sandstein finden sich schon im Ockerthale, nahe am Granit, Abdrücke von Entrochiten, und kann von ihm das auch zuweilen Hysterolithen enthaltende Gestein Nr. 85. des Cabinetts vom Rammelsberge bey Goslar, ebenfalls ein Probestück abgeben.

Auf den Schiefergebirgen findet man zuweilen, dem Ansehen nach Parasitische Geschiebe von einem schwarzen Jaspis, der muschlich im Bruch ist, und mit dem Stahl sehr lebhafte Funken giebt. Er findet sich vorzüglich häufig bey Hüttenrode am sogenannten Mühlenwege, an der Feuersteinsklippe bey Elend, am Wormberge, am Bruchberge, Tränkeberge, und einzeln noch an sehr viel andern Orten. Vom letztbenannten Orte ist das Exemplar Nr. 28. des Cabinetts, dessen Gewicht 2,059 ist. Ich habe mir oft viele Mühe gegeben, diesen Jaspis im festen Felsen zu entdecken, aber vergeblich: zuweilen fand ich, wie z. B. gleich unterhalb Braunlahe, am östlichen Ufer der Bode, zwischen den Stunde 2, 3. streichenden und stark morgenwärts fallenden Schieferschichten, eine Schicht, die mir fast Jaspis zu seyn schien: sie hatte zwar keinen schiefrichen, aber doch auch keinen muschlichen, sondern nur einen matten und ebenen Bruch; mit dem Stahle giebt er nur mühsam einige wenige Funken. Man betrachte die Dichtigkeit und den Bruch bey den Exemplaren Nr. 30. und 34. des Cabinetts, völlig so ist er hier von schwärzlichem Gestein, aber dies ist noch nicht der Bruch von dem wirklichen Jaspis, den wir hier vor uns haben. Gerade so matt und eben wie jener, ist auch der Bruch an dem festen Schiefer im Hangenden des Rammelsberges, der dem Jaspis noch fast etwas näher kömt, ohne jedoch der glasartige Jaspis Nr. 28. zu seyn.

Ich

Ich muß gestehen, ich bin sehr oft in Versuchung gerathen, zu glauben, daß dieses Gestein an der Luft den größeren Grad der Dichtigkeit erhalte. Denn niegend habe ich ihn im Gebirge so sehr glasartig gefunden, als ich ihn in Geschieben auf den Anhöhen fand. — Ich wage es aber nicht, diesen Gedanken für etwas weiteres als eine bloße Vermuthung auszugeben, denn es fehlen mir hinlängliche Beweise; vielmehr zeigen sich häufige Beweise vom Gegentheile, nemlich daß sich der Schiefer und Trapp, so wie auch der Granit an der Luft decomponirt anstatt zu erhärten. — Sollte es aber nicht auch Schiefer- und Trapparten geben, die im umgekehrten Falle, tief im Felsen weich sind, an der Luft aber erhärten? Ich habe bey Altenau und am Spitzenberge in der Harzburger Forst Geschiebe gefunden, die halb Jaspis und halb Thonschiefer sind, die also auf der einen Seite mit dem Stahle Feuer schlagen, und auf der andern sich mit dem Messer ritzen lassen.

Auf dem Bruchberge, ohnweit des St. Andreasberger Weges, fand ich verschiedentlich den schwarzen Jaspis nesterweise im Sandsteine eingeschlossen; — sollte wol vielleicht bey einer solchen Einwickelung, die thonigte Masse des Schiefers mit aufgelöseter Kieselerde seyn durchdrungen worden? —

Da, wo dieser schwarze Jaspis der Sonne und den Wirkungen des Wetters ausgesetzt ist,

be-

bekömt er zuweilen die gewöhnliche kreidenartige Rinde der Feuersteine, ohne jedoch wirklich mit Säuren aufzubrausen: am häufigsten pflegt man solche an dem Exemplare Nr. 35. zu finden.

Bey allen vorbenannten Schieferarten findet sich, (das Exemplar Nr. 85. ausgenommen) nicht die geringste Spur von Glimmer, der überhaupt auf den hohen Harzgebirgen gar nicht einheimisch zu seyn scheint. Nur auf Gängen bey Andreasberg findet man zuweilen eine schwache Spur davon. Am Fuße der Harzgebirge zeigt sich ehender etwas Glimmer, der dann aber erst sichtbar zu werden pflegt, wenn der Schiefer eine Weile von der Verwitterung gelitten hat. An dem Exemplare Nr. 38. des Cabinetts, so von Lauterberg ist, kann man ihn nur kaum mit der Luppe entdecken: sein Gewicht ist 2,677. Etwas häufiger findet sich der Glimmer an der nördlichen Seite der Harzgebirge, wo der Schiefer sich unvermerkt in den Sandstein verliehrt, und wovon das Exemplar Nr. 85. zeugt.

Etwas glimrich ist auch der Schiefer Nr. 39. von Elend: sein Gewebe ist von äußerst dünnen Blättern, die sich nach einiger Verwitterung sehr vielfältig spalten lassen. Man findet ihn auch in der Gegend von Treseburg im Blanckenburgischen: allein dieser Schiefer von Elend hat etwas sonderbares, daß er nemlich auf seinen Spiegelflächen oftmals viele kleine braune Puncte zeigt, die man, obwoll nur selten

unter

unter dem Vergrößerungsglase etwas durchscheinend findet, wie es etwa Granaten zu seyn pflegen: sein Gewicht ist 2,719.

Unter den mannigfaltigen Abänderungen in den Harzischen Schieferarten, muß ich noch eines weißlichen, aus dem perlfarbenen oft in das blasse Meergrün abschießenden Thonschiefers erwähnen: Nr. 29. des Cabinetts. Er ist außerordentlich weich, so, daß er auf gewöhnlichem schwarzen Schiefer leicht abfärbt, ohne ihn zu ritzen. Man nennt ihn daher Schreibestein. Auf den Klüften ist er vom Eisen etwas roth gefärbt, und sein Gewicht ist 2,727. Er kömt auf dem Burgstedter Zuge bey Clausthal in der Nachbarschaft der Grube St. Lorenz vor, auch unter mancherley Abänderungen seiner Härte, in der Gegend von Lauterberg; woselbst die Flußgrube und die frische Lutter in diesem Schiefer bauen. Von der weichen Art des Exemplars 29. bis zu einer beträchtlichen Härte desselben giebt es viele Zwischenstuffen: das Exemplar Nr. 30. des Cabinetts ist die größeste Verhärtung, worin ich diesen Thonschiefer gefunden habe. Er ist vom Abhange der Gebirge nach Osterode zu, und kömt daselbst mit dem Exemplare Nr. 34. in Schichten, die mit Schiefer abwechseln, gemeinschaftlich vor: sein Gewicht ist 2,500. In dem hohen Grade von Verhärtung aber, worin ich den schwarzblauen Schiefer fand, nemlich bis zum muschlichen Bruche und wahren Jaspis, habe ich diesen weißen Schiefer, auch nicht einmal in einzelnen Geschieben, finden können.

Auch

Auch in der rothen Farbe habe ich den Thonschiefer verschiedentlich in mächtigen Schichten angetroffen: er schneidet sich oft scharf von dem schwarzen Thonschiefer ab, so daß ich ein Stück gefunden habe, woran schwarzer und rother Thonschiefer, beyde nach ihren Blättern, parallell miteinander verwachsen und fest verbunden sind. Vorzüglich häufig findet sich der rothe Thonschiefer auf dem Tränkeberge, am Wege von Clausthal nach dem Sperberdamm, und daher ist auch das Exemplar Nr. 31. des Cabinetts genommen; sein Gewicht ist 2,728.

Ob ich gleich auf diesem Tränkeberge häufig schwarzen Jaspis gefunden, so konnte ich doch in der Gegend, wo der rothe Thonschiefer steht, nichts das geringste vom rothen Jaspis entdecken: es muß also woll mit dem rothen Jaspis eine andere Bewandniß haben. Wo ich ihn fand, waren allezeit Eisengänge in der Nachbarschaft, als: z. B. bey Lerbach, am Knollen, am Steinberge, bey Andreasberg, vorzüglich bey Elbingerode auf dem Krendsfelde und am Rothenberge, wo ich einen versteinerten Nautilum in diesem rothen Jaspis fand, am Büchenberge, zur Zorge auch am Netzberge bey Ilfeld, wobey das Cabinettstück Nr. 32. genommen, dessen Gewicht 2,787. ist.*)

Nir-

*) Obgleich dieser rothe Jaspis in die Classe der ältern Flötzgebirge gehört, so mag er deswegen doch auch in der Classe vom thonigten Ganggebirge, den rothen Jaspis repräsentiren, der mit ihm im Wesentlichen völlig einerley ist.

Nirgend kömt der rothe Jaspis so rein und schön vor, als eben hier am Netzberge: denn er pflegt sonst gemeiniglich zu sehr mit Eisen überladen zu seyn, wovon er etwas dunkle Adern und Flecken, ja zuweilen auch woll etwas Stahlerz in sich enthält. Fast mögte ich den rothen Jaspis eine Gangart des rothen Eisensteins nennen, wenn ich nicht den Eisensteinsgang mit weißen Quarz hätte durch den rothen Jaspis und das Schiefergebirge durchsetzend gesehn. Ich würde mich daher geneigter finden es zu glauben, wenn man behaupten wolte, daß eine im Gange befindlich gewesene und aufgelößte Kieselerde, das aus Thonschiefer bestehende Nebengestein des Ganges so sehr durchdrungen habe, daß sie dadurch den vielleicht ohnehin schon rothen Thonschiefer in rothen Jaspis umgeändert hat.

Der rothe Jaspis hat äußerst selten den glänzenden muschlichen Bruch, den man am schwarzen und andern Jaspis zu finden gewohnt ist: aber er nimt doch eine eben so gute Politur an, und giebt mit dem Stahle eben so lebhafte Funken als jener.

Am Giesekenbleck zwischen Braunlahe und Elend, auch an der Zelle ohnweit Treseburg, im Blankenburgischen, findet sich eine Schieferart die sehr quarzig ist, und aus der grauen in die grünlichgelbe Farbe übergeht. Wegen der wenigen mit bloßem Auge schon ziemlich sichtbaren Quarzkörner, die diesem Schiefer eingemischt sind, giebt er zuweilen mit dem Stahle einige Funken, sein Ge-

Gewicht ist 2,615 und 40 seine Nummer im Cabinette. Oft findet man ihn voll kleiner Hölungen, in welchen etwas zerstört zu seyn scheint, was in eine ocherartige Substanz übergegangen ist. Er kömt an beyden Orten in ziemlich mächtigen Schichten zwischen dem übrigen gewöhnlichen Schiefergebirge vor, und bildet, besonders am letzten Orte, ganze Berge. Würde dieser Schiefer in der Nachbarschaft vom Hornschiefer gefunden, so konnte man leicht verleitet werden, es für eine Abänderung desselben zu halten, aber vom Hornschiefer findet sich hier nichts, und scheint solcher auf dem Harzgebirge eine ganz fremde Sache zu seyn; man mögte denn das Gestein Nr. 27., wovon ich weiter unten reden werde, wiewol mit Unrecht, so nennen.

Ich habe im Anfange dieses Capitels der Kräuterabdrücke erwähnt: hier ist der Ort von ihnen zu melden, daß diese zuweilen gänzlich die Gestalt und Eigenschaft von Steinkohlen angenommen haben, auch zuweilen wirkliches Erdpech enthalten. Einige derselben verknistern auf dem Feuer, andere aber werden durch das Ausglühen ohne merklichen Geruch gänzlich destruirt, andere aber riechen etwas schweflich, und diese Eigenschaft leitet mich, etwas über die brennbare Eigenschaft einiger Schieferarten zu sagen; Weit entfernt diese Eigenschaft sogleich geradehin von dem Pflanzenreiche, was wol zuweilen einigen Antheil daran haben kann, überhaupt herzuleiten, so sehe ich diese vielmehr selbst in der Natur des [illegible] was eingemischt großen Vorrath von [illegible] wei- [illegible]

sich

sich hat, daß er so große Metallmassen, wie hier die Gänge zuweilen enthalten, vererzen konnte. Könnte nun nicht gar woll die Feuchtigkeit, in Verbindung mit innerer Wärme, den Schwefel zersetzen, und selbst die Vitriolsäure des Schwefels als flüchtige Schwefelsäure abscheiden, und so das Brennbare allein zurück lassen, welches in Gestalt eines Bergtheers die Thonerde des Schiefers hernach durchdrang und ihm die Eigenschaft der Brennbarkeit ertheilte. — Allezeit habe ich beym Ausglühen dieser Schieferarten nur einen Schwefelgeruch verspürt: wäre die Brennbarkeit vegetabilischen Ursprungs, so würde ehr ein bituminöser Geruch erfolgen, wiewol dieser vielleicht durch das Uebermaaß des Schwefels so umwickelt seyn kann, daß man ihn nicht bemerkt und nur den Schwefel riecht. Indessen dünkt mich doch, daß der mineralische Ursprung dieses brennbaren näher am Tage liegt wie der vegetabilische, welches gleich unten bey der Beschreibung des Schiefers Nr. 42. deutlicher erhellen wird. Denn Vegetabilien kommen zu einzeln vor, als daß sie ihr Brennbares den großen Schiefermassen dergestalt sollten mittheilen können, daß sie die Eigenschaft der Brennbarkeit davon erhalten sollten. Ich gehe nun zur Beschreibung der Arten dieses brennbaren Schiefers über.

Es kömt zuweilen als Seltenheit auf dem Rosenhofe bey Clausthal eine Art vor, die völlig das Ansehn einer schlechten Steinkohle hat, die man Erdkohle zu nennen pflegt: sie ist sehr leicht und zerbrechlich; und verbrennt auf Kohlen mit einem

einem starken Schwefelgeruch. Nicht ganz so leicht, und nicht ohne Gebläse verbrennt die etwas festere Art desselben, die sich zu Lautenthal nahe an der Abwechselung des Schiefers mit der Grauenwacke findet, und giebt ebenfalls einen Schwefelgeruch von sich; sie findet sich im Cabinette unter Nr. 41. und ihr Gewicht ist 2,575.

Daß das Gestein Nr. 42. des Cabinetts aus dem hangenden des Rammelsberger Erzlagers, diese Eigenschaft besitze, ist noch leichter zu begreifen, und nach oben angeführten zu erklären; denn dieses führt den Schwefelkies in hinlänglicher Menge eingesprengt bey sich; der, wenn er zum Feuer kömt und also von diesem zersetzt wird, sein Brennbares dem Thonschiefer mittheilt, daß dadurch also eine Art Steinkohlen entsteht, die dennoch brennen muß, wenn sie gleich nicht so innig und so gleichförmig wie die gewöhnliche Steinkohle, aus erdigten und brennbaren Theilen gemischt ist.

Da man die Erze im Rammelsberge durch Feuersetzen gewinnt, so muß man sich sehr in Acht nehmen, daß man diesem brennbaren Schiefer, den der Bergmann Kniest nennt, nicht zu nahe komme, oder sich durch Unterlagen von andern Gebirgarten verwahren, daß die ganze Masse nicht in Brand gerathe. Sehr einzeln findet man eine Art Bergtheer darin.

Bisher habe ich noch immer von den Schieferarten geredet, die durchgehends einerley Farbe haben;

haben; jetzt wende ich mich zu denen, die Schicht- oder gleichsam Bänderweise, verschiedentlich gefärbt sind.

Bey dieser Gattung sind vorzüglich zwey Fälle zu merken, worin die Streifen und Bänder in diesen Schiefer- und Jaspisarten vorkommen. Der erstere Fall ist der, wenn die Bänder des Schiefers mit dem, so zu sagen, auf dem Kopfe stehenden Schichten desselben paralell laufen, und also mit den Blättern des Schiefers gleiches Streichen und Fallen beobachten. Der zweyte Fall ist der, wenn diese Bänder sich der Horizontallinie nähern, und das Streichen und Fallen der, gleichsam auf dem Kopfe stehenden Blätter des Schiefers, in einem beträchtlichen Winkel durchschneiden.

Von der erstern Art ist der Schiefer Nr. 33. des Cabinetts, aus der Nachbarschaft des Rosenhofer Zuges: Ob er sich gleich zuweilen auch sonst im Gebirge findet, so scheint es doch als ob man ihn in der Nachbarschaft von Gängen häufiger anträfe. Auch zu St. Andreasberg findet er sich zuweilen in ihrer Nachbarschaft. Seine Farben sind in mancherley Modifikationen nur weisgrau und dunkelbläulich; seyn Gewicht ist 2,716.

Zu dieser nemlichen Classe gehört auch das Gestein Nr. 35. ob es gleich schon die Jaspishärte hat, und den Namen Bandjaspis mit Recht verdient. Es findet sich dieser Bandjaspis vorzüglich am östlichen Fuße des Bruchberges,

 am

am Wege nach Oderbrück, und daher ist das Exemplar des Cabinetts. Er findet sich hier theils in losliegenden Blöchen, theils aber auch eingewurzelt in festen Klippen. Einzeln findet er sich fast am ganzen Abhange des Brüchberges; eben so auch am Spitzenberge in der Harzeburger Forst; sein Gewicht ist 2,679.

Von der zweyten Gattung, ist der gebänderte Jaspis, vom Abhange der Harzgebirge nach Osterode, Nr. 34. des Cabinetts. Seine Grundfarbe ist gelblich und seine Streifen, roth, braun, grau, auch woll grün: Er nimt eine gute Politur an, und hat viel ähnliches mit dem Bandjaspis, der zu Gnandstein in Chursachsen vorkömt. Sein Bruch ist nicht muschlich und glänzend, sondern eben und matt und sein Gewicht 2,500. Seine Streifen nähern sich der Horizontallinie, welche von der Richtung des Streichens und Fallens, in einem Winkel von 60 bis 70 Graden, durchschnitten werden.

Deutlicher läßt sich diese sonderbare Eigenschaft, an folgender merkwürdigen Gesteinart, beschreiben, die von Volkmanns Keller aus der Klostergrund, oberhalb Michelstein im Blankenburgischen, genommen, und unter dem Provinzialnahmen Taffstein, im Cabinette unter Nr. 36. zu finden ist. Dieses Gestein gehört eigentlich unter die Classe der Thonschieferarten; denn sein Hauptbestandtheil ist Thonerde, hält etwas Sand, und zeigt zuweilen auf dem Queerbruche etwas Kalch: sein Gewicht ist 2,687. Sein Bruch ist

grob:

grobschiefrig, auf dem Spiegelbruche etwas rauh, doch sich dem matten ebenen Bruche etwas nähernd, und zu Wetzsteinen brauchbar; nimt aber eben keine sonderlich gute Politur an. Dieser Schiefer ist hellgrau und dunkelgrünlich, wechselsweise gestreift; allein seine Streifen gehen nicht mit den Blättern des Schiefers paralell, sondern sie durchschneiden solche beynahe im rechten Winkel. Sieht man diese Steinart im Steinbruche anstehn, so laufen alle paralelle Streifen beynahe horizontal durch den Felsen, und hat es völlig das Ansehn, als ob man vor einem im Flötzgebirge angelegten Steinbruche stehe, dessen über einander liegende und aufgeschwemmte Lagen hier zu Tage ausstehn. Jeder wird hier die Bänder und Streifen für aufgeschwemmte und aus dem Wasser niedergeschlagene thonigte Lagen halten, die verschiedentlich gefärbt sind. Wäre dieses nun der Fall, wie er es wirklich aller Wahrscheinlichkeit nach zu seyn scheint, so würde man natürlicherweise vermuthen, daß sich diese Lagen am leichtesten nach der Richtung würden wieder von einander trennen und spalten lassen, nach welcher sie aufgeschwemmt sind. Allein, indem man hier Hand anlegt, wird man völlig das Gegentheil finden, und vergeblich wird man dieses Gestein nach der Richtung seiner Bänder wiederum zu spalten suchen. Alle Spaltungen, die man bewerkstelligen kann, nähern sich der Verticallinie, und die Tafeln dieses Schiefers stehen eben so, wie das ganze Harzische Ganggebirge, auf dem Kopfe. Das Streichen geht in der sechsten Stunde, und das Fallen von Mitternacht gegen

Mittag, in einem Winkel mit der Horizontallinie von 60 bis 70 Graden.

Natürliche Ablösungen ganzer Massen und Blöcke dieses Gesteins, finden sich hier ebenfalls, sowohl mit den Streifen, als auch mit dem Fallen desselben paralell. Andere natürliche Ablösungen durchschneiden die Streichungslinien, oder gehen in eben dem Winkel durch das Quergestein, in welchem die Spaltungen des Schiefers die Streifen durchschneiden, und bilden dadurch grosse Paralellepipeda, deren Seitenflächen Rhomben sind.

Aehnliche Umstände fand ich in der Wetterau an dem großen Dachschieferbruche zu Langhecke im Chur-Trierschen, nur mit dem Unterschiede, daß solcher feiner von Mischung ist, mehr schieferartig ausfällt, und in glatten Tafeln zu Dachschiefer sich spalten läßt, wozu der gegenwärtige vom Volkmanns Keller nicht zu gebrauchen ist.

Sollte sich nicht aus diesen eben angeführten Umständen, wohl etwas über die gestürzte Lage der Ganggebirgs-Schichten sagen lassen, worüber sich noch so wenige Naturforscher erklärt haben? wenigstens erinnere ich mir nicht, daß ich außer bey Hrn. de Luc und Hrn. Geheimten Bergrath Gerhard etwas darüber gelesen *). Ersterer erklärt sie, wie auch Wallerius, aus dem wahrscheinlichen Einsturz unterirdischer Höhlen: allein ich muß dabey bemerken, daß man beym Bergbau in

*) Geschichte des Mineralreichs, 1ter Band.

in diesem Gebirge, der doch schon auf 260 Lachter und darüber in die Tiefe niedergeht, noch immer diese inclinirende Lage der hinter einander stehenden Gebirgschichten, nirgend aber einige einigermaßen beträchtliche Höhlen angetroffen, die doch unmöglich alle so genau verstürzt seyn können. Wenn gleich Beyspiele vorhanden sind, als wie z. B. zu Joachimsthal in Böhmen, den 13ten Febr. 1772. auf der Grube hohe Tanne in beträchtlicher Tiefe eine Höhle im Schiefergebirge entdeckt ist, so kann doch diese wahrscheinlich nicht hieher gezählet werden, sondern diese scheint mir ehender in die Classe der leeren gangartigen Höhlen zu gehören, deren eine bey St. Andreasberg entdeckte, und der Hr. Vicebergh auptmann v. Trebra beschrieben und abgebildet hat.*)

Der Geheimte Bergrath Gerhard erklärt die gestürzte und inclinirende Lage der Ganggebirgs-Schichten, durch ein Herabsinken und Abweichen der noch nicht völlig erhärteten Gebirgsmasse, von einer schiefen Fläche; und diese Hypothese scheint mir sehr viele und weit mehrere Wahrscheinlichkeit als erstere vor sich zu haben. Verbinde ich mit dieser, meine hierüber gemachten Beobachtungen, so glaube ich, wir werden der Wahrheit um ein Beträchtliches näher rücken.

Der Steinbruch, aus welchem das Exemplar Nr. 36. des Cabinetts genommen wurde, zeigt es deut-

*) Magazin der Wissenschaften und Litteratur, herausgegeben von Lichtenberg und Forster. 4ter Jahrgang. 2tes Stück. Göttingen 1785.

deutlich, daß die thonigte Masse aus dem Wasser niedergeschlagen sey, und ziemlich horizontale Lagen über einander gebildet habe. Sollten nun nicht natürliche Schwere der einzelnen Theile und Attraction oder auch vielleicht eine Cristallisation, die Herr von Saussüre mit vieler Wahrscheinlichkeit die Ursache der blättrigen Structur einiger Gebirgarten zu seyn glaubt, das ihrige dazu beygetragen haben, daß die Theile der Masse sich nach der Richtung ihrer natürlichen Schwere einander stärker anziehen, und sich also fester miteinander verbinden mußten, als nach den Seiten zu, wo Seitendruck und höchstens noch eine geringe Attraction weniger, zur festen Verbindung des Ganzen beytragen konnten? Mithin muß also jetzt die Trennung dieser Massen leichter nach der Verticallinie, als nach der Horizontallinie oder der Lage der Streifen können bewerkstelligt werden.

Daraus würde aber nun folgen, daß die Spaltungslinien, oder das Fallen der Gebirgsschichten allezeit völlig vertical geschehen, und eben so, wie die Verticalklüfte in den Flözgebirgen saiger abfallen müßte. Hier aber kömt uns die Gerhardische Hypothese zu Hülfe, daß nemlich die noch weiche, auf einer schiefen Fläche aufliegende Gebirgsmasse sich abgezogen habe, und dadurch die Spalten von ihrer Verticallinie abgewichen sind. Daher fallen also auch am besagten Volkmanns Keller die Schichten des Schiefers dem äußern Ablaufe der Harzgebirge gerade entgegen.

Zwey-

Zweytes Capitel.

Trapp- und Quarzfels.

Je näher man dem Granitgebirge bleibt, desto fester, gröber und quarziger findet man den Schiefer, doch so, daß man auch mit bewafnetem Auge noch keine Zusammensetzung abgesonderter verschiedener Theile erkennen kann. Gleichwoll giebt dies Gestein nach Beschaffenheit seiner Dichtigkeit bald mehr bald weniger mit dem Stahle etwas Feuer. Man kömt oft in Verlegenheit, wohin man dieses Gestein rechnen soll. — Zu den thonigten Steinen gehört es allerdings: allein das Wort Thonstein ist zu unbestimmt, denn man hat zu mancherley thonigte Steinarten: — Es unter die Thonschieferarten zu rechnen? dazu fehlt ihm ganz und gar das dünnblättrige eigentliche schiefrige Gewebe: — zum Jaspis? — dazu ist es meistentheils zu grobkörnig und in gewissen Modificationen oft zu weich: Jaspisartiger Schiefer? — ist zu unbestimmt, denn ich kann mir darunter auch einen Thonschiefer denken, der seiner Härte und Dichtigkeit wegen nahe an den Jaspis gränzet, auch manche Hornschieferarten. Zu den zusammengesetzten Steinarten kann man es nicht rechnen, denn man kann keine abgesonderte verschiedene Theile darin erkennen; Trapp würde also wohl für diese Gesteinart der schicklichste Name seyn: Allein Trapp ist eigentlich nur ein Provinzialname, der noch nicht so ganz zu einer allgemeinen mineralogischen Benennung aufgenomnommen ist. Indessen ist dieser Name schon so oft in mineralogischen Schriften gebraucht, daß er wohl nachgerade das Bürgerrecht in der Gebirgslehre erhalten wird. Es fehlt uns wirklich auch an einem Namen, der für diese Gesteinart schicklich wäre, und in der Reihe der thonartigen Steine, die Zwischenstuffe zwischen den einfacheren thonigten Steinen, als nemlich den Thonschieferarten, und den zusammengesetzten Gesteinen, deren Theile durch Thon verbunden sind, ausmacht: der Hornschiefer kann diese Lücke nicht ganz ausfüllen.

Nach Wallerius Beschreibung der Gesteinart, die man in Schweden Trapp nennt, kömt solche mit gegenwärtigen Gesteinarten ziemlich genau überein: er giebt ihr Gewicht an zu 2,800: doch beschreibt er verschiedene Arten desselben: „einige, „die weich und zu Wetzsteinen brauchbar sind, „andere, die mit dem Stahle Funken geben: Von „den Schieferarten unterscheide sich der Trapp da„durch sehr merklich, daß er für sich allein schmelz„bar sey, und ein dichtes schwarzes Glas gebe."

Nr. 26. des Cabinetts scheint mir ohne Zweifel in diese Classe zu gehören: scheint mir die Geburgart zu seyn, von der ich zu den weicheren Trapparten heruntergehn und von der ich zu den härteren Trapparten, die näher an Hornschiefer gränzen, und zum Theil gar schwer von ihm zu unterscheiden sind, hinaufsteigen muß. Sie kömt in den St. Andreasberger Erzgebirgen in fast saigeren Schichten, abwechselnd mit dem Thonschiefer Nr. 24. des Cabinetts vor, giebt mit dem Stahle

Stahle etwas Feuer, und sein Gewicht ist 2,683. Wenn ich von diesem Gestein zu den weicheren Trapparten will heruntergehn, so folgt nach dieser Ordnung das Gestein Nr. 52. 53. 50. 54. 51. *) Will ich von dem Gestein Nr. 26. zu den härteren, mehr mit Kieselerde vermischten Trapparten, und so zum Quarzfelsen hinaufsteigen, so folgen die Gesteinarten Nr. 27. 73. 43., welches erstere beynahe das nemliche Gestein ist, so man an den Exemplaren Nr. 11. und 12. mit Granit verwachsen findet. Am Rehberge, an den Feuersteinen, am Wormberge, am Roßtrapp und noch an vielen andern Orten liegt es auf Granit auf. Aber auch in größerer Entfernung von Granitgebirgen, z. B. bey Stiege und Hasselfeld im Blankenburgischen finden sich ganze Berge davon, die in ihren freystehenden Klippen nach allen Richtungen bald regelmäßig, öfter aber auch so unregelmäßig zerklüftet sind, daß es schwer ist, ihr Streichen und Fallen daran zu erkennen. Durch die Verwitterung bekömt dieses Gestein gemeiniglich eine braune Kruste, und springt überhaupt beym Zerschlagen in völlig unbestimteckige, zuweilen etwas muschliche Bruchstücke. Es ist etwas schimmernd im Bruche, oft mit kleinen weißen Puncten versehn, die jedoch mit Säuren nicht brausen, wiewoll es einige Trapparten giebt, die ein geringes [illegible] Auf-

*) Man muß bey diesen 5 angeführten Exemplaren nur blos auf die Gesteinart und nicht auf die fremden Einmischungen sehn, welche sie eigentlich in die Classe der Mandelsteine versetzen. Ich habe die Exemplare des Cabinetts nicht unnöthigerweise durch mehrere Trapparten, die keine dergleichen Einmischungen haben, vervielfältigen wollen.

Aufbrausen spüren lassen, giebt mit dem Stahle Feuer, ist an den Ecken etwas durchscheinend und sein Gewicht ist 2,680.

So wie nun die Kieselerde sich in größerer Menge mit einem geringeren Theile Thonerde verbindet, entfernt sich also das Gestein immer weiter von der thonigten Natur; so, daß die Thonerde zuletzt ganz aus der Mischung verschwindet, und die Felsart ein reiner Quarzfels wird.*) Die nächste Stuffe dazu liefert das in der Nachbarschaft mit vorigem brechende Gestein Nr. 73. des Cabinetts. Denn an diesem ist die Kieselerde schon in größerer Menge als die Thonerde vorhanden, so, daß man den weißen Quarz ganz deutlich durchscheinen sieht, der hier aber nicht in abgesonderten Körnern erscheint, wie in der Grauenwacke, sondern mehr mit Thon gemischten Theilen des Gesteins zusammen fließt. Sein Gewicht ist 2,685. Zuweilen erscheinen einige kleine Kiespuncte darin.

Verschwindet nun die Thonerde noch mehr aus der Mischung; so haben wir, statt des Trapps, schon wirklichen Quarzfels; wovon das Exemplar Nr. 43. des Cabinetts eine Probe liefert. Es ist nahe oberhalb des Fleckens Ilsenburg gebrochen, wo diese Gesteinart nahe am Granit, (so wie

*) Ich kann nicht umhin, hier eine Anmerkung einzuschieben, daß man in der Gebirgslehre billig zwischen Quarz als Gebirgart, und Quarz als Gangart, einen Unterschied machen sollte; da beyde doch so sehr von einander abweichen. Man sollte ersteren billig Quarzfels, und letzteren ohne das Beywort Fels, blos allein Quarz oder Quarzspath nennen.

wie auch an den Hippeln) ganze Berge ausmacht, die sämtlich voll kleiner unregelmäßiger Klüfte sind, auf denen sich gemeiniglich Eisenanflug zeigt. Sein Gewicht ist 2,630.

Einige Mineralogen würden das graue Gestein Nr. 11. 12. und 27. vielleicht Hornschiefer nennen; denn ich habe vom sel. Professor Leske zu Leipzig verschiedene Hornschieferarten zugeschickt erhalten, die beynahe gerade dasselbe sind. Z. B. das Gestein von Königsbrück in der Oberlausitz, so für Hornschiefer von ihm ausgegeben wurde, ist fast gerade dasselbe: es fehlt ihm ganz die etwas schiefrige Structur, die doch meiner Meinung nach den Hornschiefer vorzüglich characterisiren müßte. Was Herr Ferber *) in der Beschreibung des

*) Beyträge zur Mineralgeschichte von Böhmen S. 122. in der Anmerkung:
„Wenn viel Quarz mit dem Thonschiefer in-
„nigst verbunden ist, findet er sich sehr hart:
„im Bruche der Länge nach faserich, und ist
„mit einem Worte ein wahrer Hornschiefer.
„In der Gegend von Kladrau in Böhmen, wo
„auch der reinste Thonschiefer bricht, habe ich
„mich augenscheinlich überzeugen können, daß
„dieser Hornschiefer nichts anders als eine Ab-
„änderung des Thonschiefers sey, welche durch
„eine häufige und innigste Vermischung, der
„Thonerde mit Quarz, sie mag Glimmer ent-
„halten oder nicht, entstanden ist. Wo der
„Thonschiefer rein ist, sieht man den Quarz
„oft in starken Adern in denselben durchsetzen;
„in dem Hornschiefer fehlen diese Adern, aber
„[illegible]arz hat sich dafür innigst und überall
„[illegible] Thonerde und dem daraus entsteh-
„den Glimmer, wo solcher vorhanden ist, ver-
„bunden.“

des Hornschiefers sagt, paßt bis auf den faserichen Bruch nach, genau auf die Trapparten Nr. 26. und 27. die wir vor uns haben. Ich bin daher sehr geneigt zu glauben, daß einige Hornschieferarten mit dem Trapp Nr. 27. und 73. die ich hornartigen Trapp nennen mögte, einerley sind, und nur blos das schiefrige Gewebe zum Unterschiede zwischen sich haben. Es könnte also vielleicht folgende Classification der thonigten Steine, die keine sichtbare und abgesonderte fremde Einmischungen haben, Statt finden.

Reine thonartige Steine, so keine sichtbar abgesonderte fremde Einmischungen haben.

- A von dichten und derben Massen,
  - a. feinkörnig,
    - 1) weich, Wetzstein.
    - 2) hart u. mit Kieselerde verbunden, Jaspis.
  - b. grobkörnig,
    - 1) weich, Trapp.
    - 2) hart u. mit Kieselerde verbunden, hornartiger Trapp.
    - 3) wo die Thonerde beynahe ganz fehlt, Quarzfels.
- B von blättrigem Gewebe,
  - 1) weich, Thonschiefer.
  - 2) hart und mit Kieselerde verbunden, Hornschiefer.

So sehr also die härteren Gattungen des Trapps mit einigen Hornschieferarten zusammentreffen,

treffen, so sind sie doch nach obiger Eintheilung leicht zu unterscheiden. Allein noch weit öfter wird der Trapp mit dem Basalte verwechselt, und diese Unterscheidung ist oft weit schwerer als man glaubt, wenn man nemlich beyde Arten nur nach den äußerlichen Kennzeichen und chymischen Bestandtheilen, die oft sehr nahe mit einander zusammen treffen, *) vergleichet. Herr Kirwan hat sich dadurch verleiten lassen, beydes mit einander zu verwechseln, und durch ihn ist auch Herr Haidinger in seiner von der Academie zu Petersburg gekrönten Preisschrift, über die systematische Eintheilung der Gebirgarten, Wien 1787. dazu verleitet, sie in eine Classe neben einander zu stellen. Nur die Lage und die Umstände, worunter beyde Gebirgarten vorkommen, können es nur allein entscheiden, ob eine Gebirgart unter die Trapp- oder Basaltarten **) zu zählen sey oder nicht; und doch sind mannichmal die Umstände dabey so sehr dunkel, daß man billig gar nicht darüber entscheiden sollte. Die Gestalt des Basalts kann meiner Meinung nach nur da für den vulcanischen Ursprung ziemlichermaaßen entscheidend seyn, wo er ganze Hügel von regelmäßigen polyaedrischen Säulen bildet. Allein diese sind unter den erloschenen Vulcanen eben solche Seltenheiten, als es regelmäßige Dachschieferbrüche in einem überall

aus

*) Bergmann Opusc. Phys. & Chem. P. III. p. 213.

**) Ich rede hier von den Basaltarten, denen die für den vulcanischen Ursprung mehr entscheidende Ein[illegible] von Hornblende, Schörlkrystallen, [illegible] oder [illegible] und dergl. fehlen.

aus Thonschiefer bestehenden Gebirge sind; wie ich schon bey der Beschreibung des Goslarischen Schieferbruchs gezeigt habe. Gemeiniglich ist der Basalt, wenn man ihn mit unbefangenem Auge betrachtet, in unregelmäßige Massen zersprungen, zwischen welchen man aber freylich sehr leicht einige säulenförmige Stücke herausfinden kann, wenn man gerade eben Basaltsäulen sucht, und ein gutes Theil Einbildungskraft zu Hülfe nimmt. Aber auf diese Art will ich ebenfalls in jedem Trapp- oder Porphyrgebirge gar leicht einige säulenförmige Stücke herausfinden; besonders alsdenn, wenn die Verwitterung den Felsen in mehrere Bruchstücke zerlegt hat.

An Trappfelsen wird man allezeit, wenn nemlich das Gebirge gehörig aufgeschlossen und von Dammerde entblößt ist, noch ein regelmäßiges Streichen und Fallen der Gebirgsschichten wahrnehmen können, niemals aber habe ich ein auch nur einigermaaßen regelmäßiges Streichen an Basaltfelsen, so viel ich deren auch im Hessischen, in der Wetterau und am Rhein beobachtet habe, bemerken können.

Das Streichen und Fallen der Gebirgsschichten könnte also meiner Meinung nach das einzige untrügliche Unterscheidungszeichen des Trapps von dem Basalte seyn: aber dieses kann man nur an den Orten ihrer Lagerstätten [illegible]; welches aber blos im Zitterer und in [illegible] ist, an einzelnen Bruchstücken [illegible]. [illegible]

von

von ihren Strukturen im Kleinen nichts, und hält sich bloß an die so nahe zusammentreffende äußerliche Kennzeichen und chemischen Gehalt.

Der Name Trapp rühret sich aus Schweden her, wo man eine Treppe auf diese Art benennt. Weil nun in jenem Steinbruche, wo der Trapp gebrochen wird, es sich gerade so fügt, daß das Gestein durch seine natürlichen Ablösungen, das selbst in schiefen Würfeln und Parallelepipedis mit Rhombenflächen bricht, so hat natürlicherweise, wenn mehrere dergleichen Blöcke übereinander weggebrochen werden, und zwischen jeder Bank eine Berme oder Gang bleibt, der Steinbruch ein treppenartiges Ansehen; und man hat dieserwegen das Gestein nach der dortigen Landessprache zu Trapp genannt.

Daraus aber kann unmöglich folgen, daß dieses Gestein allezeit nothwendig in regelmäßigen Parallelepipedis mit Rhombenflächen brechen müsse? Denn dieses würde eben so unrichtig geschlossen seyn, als wenn ich behaupten wollte, der Schiefer müsse sämtlich in eben der Regelmäßigkeit vorkommen, wie ich ihn beym Goslarschen Schieferbruche beschrieben habe. Da dieses aber, wie ich schon gesagt, eine Seltenheit in den Schiefergebirgen ist; warum sollten denn nicht regelmäßige Trappbrüche auch Seltenheiten in den Trappgebirge seyn? Man denke sich jeden beliebigen Schieferbruch, von der Art wie der Goslarische, so werden die Blöcke, die sich durch die natür-

natürlichen Ablösungen des Felsen ergeben, allezeit Paralellepipeda mit Rhombenflächen bilden, und jede davon abgespaltene Schiefertafel, einen gleichen Körper vorstellen. Ist nun die Gebirgsmasse gar nicht schieferigen Gewebes, oder hat Kieselerde sie so sehr durchdringen und verbunden, daß kein schiefriger Bruch Statt finden kann, so haben wir statt des Schiefers nunmehro Trappblöche, und wenn die schiefrige Structur, unter angeführten Umständen, einigermaaßen beybehalten ist; Hornschiefer.

Cronstedt beschreibt diese Gebirgart §. 265. sehr deutlich, daß man nach solcher, meine gelieferten Exemplare vergleichen kann, und sie gewiß für das erkennen wird, wofür ich sie ausgebe. Er erwähnt aber auch des zuweilen ihm eingemischten Feldspaths: alsdann scheint er mir unter die Porphyrarten zu gehören.

Der Trapp kömt auf dem Harzgebirge auch zuweilen gebändert vor, als z. B. am Ockerthale, wo er in mächtigen saigerstehenden Schichten den Granit bedeckt: seine abwechselnden hellgrauen und dunkelblauen Streifen nähern sich der Horizontallinie; er spaltet aber wie der Schiefer Nr. 36. nach der Verticallinie, mit welchem er überhaupt auch in Ansehung seines matten ebenen Bruchs einige Aehnlichkeit hat, darum ich denn auch kein Exemplar davon zu liefern, für nöthig erachtet.

Da,

Da, wo der Trapp auf dem Harzgebirge allein steht, oder wo er auch nur gegen den Schiefer die Oberhand hat, und häufiger als dieser vorkömt, finden sich keine Erzgänge darin: allein da, wo er mit Schiefer abwechselt, und er nur selten zwischen dem Schiefer vorkömt, wie z. B. zu St. Andreasberg, da ist er die Lagerstätte sehr reicher Erzgänge, wie ich bereits erwähnt habe. Auch zur Zorge im Stifte Walkenried kömt er in Gesellschaft des Schiefers vor; allein er hat daselbst die Oberhand über den Schiefer, der hier nur selten zwischen dem Trapp erscheint. Hier streichen mächtige Eisengänge, die vortreflichen rothen Glaskopf liefern.

Abdrücke von organischen Körpern habe ich nur als Seltenheit und zwar in eben der Art gefunden, wie am Gestein Nr. 21. bemerkt ist, vorzüglich in der Nachbarschaft vom Schiefer.

Auf der Charte habe ich die Gegenden, wo Trapp vorkömt, durch die orange Farbe anzudeuten gesucht: nur seine Verbindung mit Schiefer habe ich nicht allezeit so angeben können: ich habe also beym Illuminiren jener Gegenden die Farbe der Gebirgart genommen, welche über die andre die Oberhand hat, und häufiger vorkömt.

Drittes Capitel.

Grauewacke und Sandstein.

Wenn es erlaubt ist, einer Gestein- oder Gebirgart einen unmineralogischen Provinzialnamen zu geben, so verdient die Grauewacke diese Erlaubniß am allerersten, da sie eine so sehr sonderbare und merkwürdige Erscheinung ist. Allein ich will dadurch keinesweges die Classen der Körper des Mineralreichs durch einen neuen Namen vermehren: denn der Name Wacke ist ein zu unbestimmtes und unter den Bergleuten ein so gemeines und geläufiges Wort, daß sie ein jedes ihnen vorkommendes Felsenstück, so sie nicht zu benennen wissen, ohne Unterschied eine Wacke nennen.

Will ich also die so genannte Grauewacke bey ihrem eigentlichen Namen nennen, so würde sie eine graue, durch wenig Thon verbundene Quarz-Breccia, oder ein grauer Sandstein heißen müssen, die Franzosen nennen ihn grès gris. Allein es finden sich bey dieser Gesteinart zu sonderbare Umstände, als daß man sie so gerade hin zu den Sandsteinen verweisen sollte. Indessen werden die durch die Zerlegung gefundene Bestandtheile, die ich weiter unten anzeigen werde, und die ausführliche Beschreibung der Umstände, worin er vorkömt, diesen Sandstein hinlänglich von gemeinen Sandsteinen unterscheiden und characterisiren. Schon dadurch erhebt er sich über andere gemeine Sand-

steine

steine der Flötzgebirge, daß er im Ganggebirge gefunden wird, und vorzüglich noch dadurch, daß er zu dem Range der Erzführenden Sandsteine erhoben wird, welcher nicht jedem im Ganggebirge vorkommenden Sandsteine zukömt; wie z. B. dem Sandsteine Nr. 79. des Cabinets, der bis jetzt noch keine Ansprüche darauf machen kann, unter die Erzführenden zu gehören. Aber dieser Rang kann nur in der Gebirgslehre, und nicht blos im Mineralsysteme Statt finden. Indessen da diese meine Beschreibung des Harzgebirges provinzial ist, so wird es mir erlaubt seyn, hinführo mich des Provinzial-Namens Grauewacke zu bedienen, wenn ich von dieser Sandsteinart rede.

Man glaubte zuerst, als man anfieng auf die Gebirge etwas aufmerksamer zu werden, daß der Harz nur allein diese sonderbare Gebirgart führe: allein man hat sich sehr bald davon überzeugt, daß sie an mehreren Orten im Ganggebirge vorkomme. Ich selbst fand sie im Hessendarmstätischen und im Westerwalde sehr häufig, von anderen Mineralogen ist sie schon in mehreren Gegenden Teutschlands entdeckt, und man wird wahrscheinlich bald auch in mehreren Ländern davon hören. *)

*) Herr Baron Ditrich schreibt in der Uebersetzung des Trebraischen Werks vom Innern der Gebirge S. 74. in der Anmerkung: „Le Harz n'est pas „l'unique païs, où les mines se trouvent dans „le grès gris. Les mines des Vosges, & par„ticulierement celles de Geromanie, de sainte „Marie & de la Croix aux mines nous en „fournissent de nombreux exemples.“

Außer dem wichtigen Umstande, daß so edle Gänge in dieser Gebirgart streichen, ist das merkwürdigste an der Grauenwacke, daß sie in einer oftmaligen Abwechselung mit dem Schiefer geschichtet vorkömt, deren Schichten äußerst verschieden, von der Mächtigkeit eines Zoll an, bis zu allen, auch den größten Mächtigkeiten angetroffen werden. Ja, sie dauert oft auf ganze Districte fort, und bildet ganze Berge, ehe wieder eine Schieferschicht sich findet. Sie ist selten in regelmäßige Blöche oder Paralellepipeda abgetheilt, und nur an den Orten findet sich solches, wo Schieferschichten in der Nachbarschaft sind, von welchen die Schichten der Grauenwacke sich gemeiniglich scharf abschneiden.

Die Abwechselung der Grauenwacke mit dem Thonschiefer, hat der Herr Viceberghauptmann von Trebra in seinen Erfahrungen vom Innern der Gebirge, auf der ersten Kupfertafel Fig. 2. sehr deutlich vorgestellt, worauf man die Abbildung des Steinbruchs hinter dem Zellbach bey Clausthal findet. Das Hauptgestein dieses Bruchs ist die Grauewacke, die man unter Nr. 16. im Cabinette eingeordnet findet. Die Schichten derselben sind 2 bis 3 Fuß dick, werden jedesmal durch minder mächtige, zuweilen sehr schmale Schieferschichten abgesondert, und fallen gemeinschaftlich in einem Winkel von 60 Graden mittagswärts ab. In einer solchen Nachbarschaft des Schiefers spaltet die Grauewacke nach der Verwitterung gern in dicke Tafeln, welches aber da, wo die Grauewacke große, verschiedene Lachter mäch-

mächtige Schichten ausmacht und in einiger Entfernung vom Schiefer, wie der Fall ist; sondern sie zerfällt dann in unregelmäßige, oft keilförmige Bruchstücke.

Ich bin so glücklich gewesen, auf dem Rosenhöfer Zuge bey Clausthal in der Grube Zilla, 143 bis 145 Lachter vom Tage nieder, eine Stelle zu finden, wo die Grauewacke mit dem Schiefer in schmalen Streifen abwechselt, und habe ich diese Gelegenheit begierig ergriffen, dem Cabinette ein sehr interessantes Stück einrangiren zu können, welches sich unter Nr. 19. findet, als Modell der Beschaffenheit des Harzischen Erzgebirges dienen kann, und das in Natura liefert, was jene von Trebraische Kupfertafel vorstellet. Man stelle sich aber die Scheidungslinie der Grauewacke und des Schiefers so vor, daß sie etwa in der dritten Stunde des Bergmännischen Compasses streiche, und in einem starken, der Verticallinie sich näherndem Fallen, von Mitternacht gegen Mittag abfalle; so wird man ein deutliches Bild von der Lage beyder Gebirgarten haben. Beyde laufen auf diese Art ganze Strecken mit einander fort, keilen sich oft aber in einander aus, so, daß sich bald der Schiefer in der Grauenwacke, und bald die Grauewacke im Schiefer auskeilt. Der Schiefer verliert sich oft in so feinen Blättern zwischen der Grauenwacke, daß sie auf dem Querbruche wie die zartesten schwarzen Pinselstriche auf der Grauenwacke erscheinen. Aber nicht immer finden sich diese beyden Gebirgarten in dieser erwähnten Regelmäßigkeit neben einander, sondern sie sind oft beyde ohne alle Ordnung wie durch einander geworfen, daß man oft im Schiefer, Parthien von Grauerwacke, und umgekehrt große und kleine Schieferbrocken mitten in Grauerwacke eingeschlossen findet. Der letzte Fall wird an dem Exemplare Nr. 20. einleuchtend werden, welches am Bomshey bey Elbingerode gefunden ist. Vom ersteren Falle finden sich keine Musterstücke, die zu Handsteinen schicklich wären.

Bey der Zusammensetzung der Grauenwacke aus Quarzkörnern, verbunden durch einen dunkelblauen, oft dem schwärzen sich nähernden Thone, kann man eben so wenig als beym Granit die Wirkung einer specifischen Schwere erkennen, nach welcher sich das leichtere später als das schwerere sollte niedergeschlagen haben, welches bey der Verschiedenheit der Größe des Korns doch woll zu vermuthen wäre.

In der Grauenwacke selbst herrscht eine sehr große Verschiedenheit, und man wird sich davon überzeugen, wenn man nur die Exemplare des Cabinetts, nach der Stuffenfolge Nr. 17. 16. 15. 14, 13, 11b. welche doch unmöglich alle Modificationen und Zwischenstuffen zwischen dem sehr grobkörnigen Gestein und dem, dessen Korn auch dem bewafneten Auge kaum sichtbar ist, liefern können, mit einander vergleicht. Bey allen ist der blaue Thon in mehrerer oder minderer Menge das Cement, was die Quarzkörner oft so fest mit einander verbindet, daß sie beym Zerschlagen des Ge-

Gesteins gemeiniglich von einander spalten, oft auch ausspringen und den Abdruck ihrer Gestalt im Cemente zurück lassen; dessen nur gerade so viel, nicht mehr und nicht weniger als zur Verbindung jener einzelnen Theile nöthig war, im Gestein angetroffen wird: daher muß nothwendig die Kieselerde in der Grauenwacke die Oberhand haben, welches weiter unten die chemische Zerlegung ergeben wird. Da, wo in der Grauenwacke viele kleine dünne Schieferblättgen vorkommen, die oft nur so klein sind, daß sie blos kleine Zwischenräumchen zwischen den Quarzkörnern auszufüllen scheinen, wird der Antheil des Thons nur zufällig größer seyn, als an der gleichförmig gemischten. Die Quarzkörner sind größtentheils an ihren Ecken abgerundet, oft aber auch scharfkantig, niemals cristallisirt. Sie sind nicht von der glasartigen durchsichtigen fetten Quarzart, deren es überhaupt auf dem Oberharze unter den Gangarten fast gar keine giebt, sondern nur durchscheinend, zuweilen milchweiß und dann undurchsichtig, oft auch an der Luft und nahe an Gängen schon zu einem weißen Thone bald gänzlich, bald auch nur zur Hälfte aufgelöst: der Anfang zu der heranrückenden Zerstörung des Quarzes, macht, daß alsdann die Quarzkörner zuweilen wie Opal und Beryll spielen.

Die grobkörnige Grauewacke macht mit der feinkörnigen äußerst selten scharfe Abschnitte, und habe ich nur z. B. zwischen St. Andreasberg und Lauterberg, hernach zwischen Jlefeld und Birkenmohr einzelne Geschiebe gefunden, auf welcher sich die Grauwacke vom mittleren Korn, scharf von der feinkörnigen abschnitt, und wo beyde fest mit einander verwachsen waren. Im Gebirge selbst habe ich diesen Abschnitt nirgends gefunden, denn gemeiniglich verlaufen sich beyde Arten allmählich unvermerkt in einander. Indessen kann man doch einigermaaßen als allgemein annehmen, daß die Grauwacke da immer feinkörniger werde, wo sie nahe an den Schiefer gränzet.

Ganz frey von Spuren ehemals organisch gewesener Körper aus dem Thier- und Pflanzenreiche, ist die Grauwacke nicht, aber solche Seltenheiten finden sich immer nur in der Nachbarschaft des Schiefers, wo sie entweder im Schiefer selbst stekken, oder doch auch zuweilen mit in die Grauwacke verwebt sind. Ich habe im Capitel von den ihnen näher verwandten Schiefern ausführlicher davon gehandelt, auch der bituminösen und steinkohlenartigen Materie erwähnet, woran die ehemaligen Vegetabilien zuweilen glänzen. Die Exemplare, die ich Nr. 21. des Cabinets davon liefre, sind vom Burgstedter Zuge bey Clausthal, finden sich aber auch in dem obenerwähnten Steinbruche hinterm Zellbach. Ich wünschte bessere und schönere Stücke davon liefern zu können, aber deutliche canelirte und gegliederte Rohrstengel, auch wol unbekannte Saamenfrüchte irgend einer Schilfart, sind zu außerordentliche Seltenheiten, und wenn man sie ja im verwitterten Gestein antrift, sind sie so zerstört, daß sie unter den Händen zerfallen. Man hat vorzeiten auf der Grube Dorothea einige wenige

schöne

schöne Exemplare in beträchtlicher Tiefe gefunden, die in Mineralien-Cabinetten als große Seltenheiten aufbewahrt werden.

Die Oberharzische Grauewacke hat nicht die geringste Spur von Glimmer; dieser zeigt sich nur in den Gegenden, wo die Grauewacke den Fuß des Harzgebirges ausmacht, jedoch in sehr geringem Verhältniß. Man wird an dem Exemplare Nr. 17. des Cabinetts, vom südlichen Fuße des Harzes, bey Amt Neuhof nur äusserst kleine und einzelne Glimmerblättgen antreffen, die das unbewafnete Auge kaum zu entdecken vermag. Das Gewicht dieser Grauenwacke ist 2,685. Noch sind darin keine Gänge mit Vortheil bebauet. Etwas häufiger findet sich der Glimmer am nördlichen Fuße des Harzes, z. B. bey Goslar und Ockerhütte. Ich habe davon schon bey den Schieferarten geredet und das Exemplar Nr. 85. des Cabinetts angeführt, was auf der Zwischenstuffe zwischen dem Schiefer und Sandsteine steht, darum man es auch einen glimmrigen, sandigten Thonschiefer nennen könnte, der freylich zuweilen einige Aehnlichkeit mit Grauerwacke hat, doch aber nicht ganz dahin gehört. Die Abdrücke von Hysteroliten und anderen Schaalthieren, werden sich auf den Exemplaren hinlänglich zeigen. Diese Gebirgart wechselt ebenfalls in mächtigen Schichten mit Thonschiefer ab.

Veränderungen kommen in der Mischung der Grauenwacke so häufig vor, daß es mich nicht wenig Mühe gekostet hat, unter den Exemplaren

davon

davon, in meinen Cabinetten eine Wahl zu treffen, die das Characteristische davon andeuten mögten, ohne ihre Anzahl zu überhäufen. Ich zweifle nicht, daß die gelieferten Exemplare hinreichend seyn werden, diese Gebirgart kennen zu lernen. Ich wende mich nun zu den chemisch=abgeschiedenen Bestandtheilen derselben.

Herr Apotheker Ilsemann zu Clausthal hat eine Zerlegung derselben in den chemischen Analen des Herrn Bergrath Crell, Jahrgang 1785, eilftes Stück S. 431. bekannt gemacht. Die Grauewacke war aus der Grube Dorothea, und das Resultat der Zerlegung: 3 Theile Kieselerde und ¼ etwas mit Eisen vermischte Thonerde: auch bemerkte er im Feuer vor dem Gebläse, das eine Stunde dauerte, eine Schmelzbarkeit derselben zu einem glasigten Klumpen, welcher unaufgelößte Quarzkörner enthielt.

Bey diesem Resultate vermisse ich aber die Kalcherde, die man doch woll in der Grauenwacke vermuthen sollte, besonders da ich verschiedentlich Grauenwacke gefunden, welche an einigen Stellen etwas weniges mit Säuren aufbraußte, und da sich auf den Gängen verschiedentlich Kalchspath findet, der doch woll eigentlich aus der Gebirgart sich herschreiben muß. Aber da die Modificationen der Grauenwacke so sehr mannigfaltig sind, kann es sehr leicht seyn, daß Herr Ilsemann ein Stück zur Untersuchung in die Hände bekam, was gerade keine Kalcherde enthielt. Eben so muß es auch um die Bittersalzerde stehn, die man doch eben=

ebenfalls wohl in dieser Gebirgsart vermuthen sollte, da auf den Stollen und Strecken zuweilen ein weißes Bittersalz ausschlägt. Wiederholte Zerlegungen dieser Grauenwacke, von verschiedenen Orten genommen, müssen darüber mehreres Licht verbreiten.

Die Versuche des Hrn. Apotheker Westrumbs in Hameln *) ergeben aus 100 Theilen der Grauenwacke, $68\frac{2}{3}$ an Kieselerde, 25 an Thonerde, 4 an Eisen und $2\frac{2}{3}$ an Kalcherde. Hernach hat dieser mein schätzbarer Freund die Gefälligkeit für mich gehabt, die Exemplare Nr. 14. und 15. des Cabinetts besonders genau zu untersuchen; und hier sind die Resultate seiner Zerlegungen:

Nr. 14. specifisches Gewicht 2,651.

100 Theile derselben enthalten

an Kieselerde	—	73, —
Alaunerde	—	11, 25
Eisen	—	8, 37
Kalcherde	—	2, —
Bittersalzerde	—	0, 75
		95, 37
Wasser u. Luft	—	3, —
		98, 37
Verlust	—	1, 63
		100 Theile.

Nr.

*) S. desselben physicalisch = chemische Abhandlungen, zweyten Bandes 1stes Heft. Leipzig 1787.

Nr. 15: specifisches Gewicht 2,641.

100 Theile derselben enthalten

an Kieselerde	—	67, —
Eisen	—	9, 50
Kalcherde	—	2, 62
Alaunerde	—	16, 12
Bittersalzerde	—	0, 31
		95, 55
Wasser u. Luft	—	4, —
		99, 55
Verlust	—	0, 45
		100 Theile.

Nach der Zeit ist die Grauwacke Nr. 15. nochmals von ihm untersucht, und hier sind die Resultate davon:

Kieselerde	—	69, 50
Alaunerde	—	14, 75
Eisenkalch	—	10, 00
Kalcherde	—	1, 75
Bittererde	—	1, 00
Luft u. Wasser	—	2, 00
		99, 00
Verlust	—	1, —
		100 Theile.

Ein Beweis, wie abwechselnd manchesmal die Verhältnisse der Bestandtheile in einer und eben derselben Gebirgart seyn können.

Diese beyden Gebirgarten Nr. 14. und 15. sind die feuchtbarsten auf dem ganzen Harzgebirge, denn

denn in ihnen streicht, in der Abwechselung mit Schiefer, der edle Gang der Gruben Caroline und Dorothea, dessen Erze bey einem geringen Silbergehalt, von etwa 4 Loth im Centner, dennoch in einem Zeitraume von 64 Jahren 470,123 Mark 5 $\frac{1}{3}$ Loth reinen Silbers zur Ausbeute gegeben, ohne auf kaum 300 Lachter Länge, noch keine 200 Lachter tief abgebauet zu haben; da doch die in diesem Gebirge am tiefsten niedergehenden Puncte schon auf 260 Lachter abgesunken sind.

Das Exemplar, Nr. 16. des Cabinetts, zeigt die feinkörnige Grauewacke in der Verwitterung, die das Gestein gänzlich durchdrungen hat. Man kann hier die feinsten Quarzkörner mit der Luppe abgesondert liegen sehn; durch die Verwitterung ist diese Gebirgart merklich leichter geworden, und ihr Gewicht ist in diesem Zustande, nur 2,603.

Um aber auch die Grauewacke vom allergröbsten Korn vor Augen zu legen, liefre ich im Cabinette unter Nr. 13. ein Probestück davon, so vom Bauerberge zwischen Clausthal und Grund genommen, worin aber meines Wissens noch keine erhebliche Bergbaue getrieben sind; ihr Gewicht ist 3,457. Man sieht hier die Mischung der Grauenwacke sehr deutlich, wie nemlich Schiefer, Quarz und zuweilen auch Hornsteinbrocken in eine thonigte Masse gleichsam eingeknetet sind, jedoch so, daß man nicht mehrere Thonmassen darin findet, als eben zum Cement der Geschiebe nöthig war.

Will

[illegible] Will man gedachte Grauewacke in noch größerem Format sehen, so betrachte man das Exemplar Nr. 116. des Cabinets, welches den Character einer Breccia sehr deutlich darstelle: sie könnte am Wege von Clausthal nach Osterode, da, wo der Weg nach dem Ziegelkruge zu, sehr merklich abfällt, in beträchtlichen Schichten zwischen Schiefergebirgen vor, und macht hier den ganzen Abhang dieses Berges aus. Ihr Gewicht ist 2,579.

Da ich kurz vorher von den verschiedenen Einmischungen der Grauewacke geredet, so muß ich hier eine Erscheinung anführen, die gewiß sehr sonderbar ist. An der zum Stifte [illegible] gehörigen Forst um Birkenmohr, fand ich in dem Bähreflusse große Blöcke von Grauewacke, (der ähnlich, die sich unter Nr. 14. im Cabinette befinden,) theils eingewurzelt, theils [illegible], die sehr einzelne Höhlungen hatten, aus denen Kugeln schienen heraus gefallen zu seyn, die von [illegible] 8 Zoll im Durchmesser gehabt. Nach langem Suchen [illegible] einen [illegible] stein, 6 Zoll im Durchmesser, noch fest [illegible]. Der Feuer- [illegible] zu zeigen.

Eben so unerwartet wie diese, war mir eine andre Erscheinung zwischen Wildemann und Lautenthal, nahe oberhalb der Sägemühle. Am rechten Ufer der Innerste, zeigte sich mitten in einer Wand von Grauerwacke, von der Art wie 14, eine cirkelrunde Drüse von mürbem körnigtem Sandstein, etwan 2 Fuß im Durchmesser. In der Mitte dieser Sandsteindrüse saß ein grauer Kern von ziemlich unregelmäßiger Form, der mit der Salpetersäure aufbrausete, in der Höhlung fest, und schien mir höchst wahrscheinlich ein Stück von einer Corallenstaude zu seyn. — Wieder ein Beweis für den wäßrigen Ursprung der Harzischen Ganggebirge.

Ehe ich mich nun zu der zweyten Classe, der auf den Ganggebirgen vorkommenden eigentlichen Sandsteinarten wende, nemlich zu denen, worin man bis jetzt noch keine Erze gefunden hat; muß ich vorher noch einer Art desselben erwähnen, deren ich schon an andern Orten gedacht habe, und welche zwischen der Grauenwacke, dem Schiefer und den Sandsteinen im Mittel zu stehn scheint.

Wenn nemlich der Sandstein an den Schiefer gränzt, so fließt er gleichsam mit dem Schiefer zusammen, daher ich auf der petrographischen Charte dieser Gesteinart keine besondere Farbe geben können, sondern die Farbe des Sandsteins gegen die Farbe des Schiefers verwaschen habe: eben so habe ich auch zuweilen die Farbe der Grauenwacke gegen die Farbe des Sandsteins verwaschen müssen. Diese Gesteinart habe ich durch das

Exemplar Nr. 85. des Cabinetts vorgestellt, wo es voll von Abdrücken einiger Seekörper ist. Es ist solches am Rammelsberge ausgeschlagen, wo sich auf ⅔ seiner Höhe ein Lager dieser Gesteinart zwischen dem obenliegenden Sandstein und dem darunterliegenden Schiefer findet. Zwischen diesen Abdrücken von Schaalthieren trift man zuweilen einige Spuren von Bleyglanz, Blende, Kupfer- und Schwefelkies an. Auf dem untern Schulenberger Zuge hat man einige Versuchbaue in dieser Gesteinart, die daselbst ohne dergleichen Abdrücke vorkömmt, angelegt, welche einige Hoffnung zu Erzen geben. Die zweyte Gesteinart, wo sich nemlich die Grauewacke in Sandstein allmählich verliehrt, ist in dem Exemplare Nr. 84. des Cabinetts anschaulich. Im unverwitterten festen Felsen verräth seine graue Farbe noch einen ziemlichen Antheil an Thonerde, die sich aber allmählich aus dem Gesteine verliert, je weiter man nach der Höhe des Berges, und also nach dem eigentlichen weissen Sandstein hinaufsteigt. Es wechselt zwar eben nicht mit Schiefer ab, verläuft sich aber auch ebenfalls so wie voriges, allmählich in Schiefer: und hier ists eben, wo die merkwürdigen Abdrücke von Hysterolithen und anderen Schaalthieren vorkommen, welche am Schalker Teiche, zwischen dem Festenburger und Schulenberger Zuge in einer fast saiger fallenden Schicht gefunden werden. Das Gestein, wovon hier die Rede ist, brauset fast durchgehends etwas weniges mit Säuren auf, nur an den Stellen nicht, wo es sich etwas mehr dem Schiefer nähert. Aber die kalchartigen Fungiten, die man darin als Seltenheiten

fast

fast ganz unverändert antrifft, werden darin durch Säuren verrathen. Die Verwitterung scheint hier leichter auf den Felsen als auf diese kalchartigen Fungiten wirken zu können, daher ragen diese zuweilen ganz vollständig aus dem Gestein hervor.

Je höher man also von diesem Schalker Teiche den Kahlenberg hinaufsteigt, desto weißer wird der Sandstein, bis er zuletzt ganz die Farbe und Natur des eigentlichen weißen Sandsteins hat. Fast immer begleiten ihn noch die Seekörper, wovon das Exemplar Nr. 82. des Cabinetts eine Probe liefert. Das Feld dieser Gesteinart erstreckt sich über den Kahlenberg, Bocksberg, Krohnsfeld rc. Die Seekörper aber finden sich nur immer einzeln, etwas am Abhange der höchsten Puncte, dem Gestein in der Maaße eingemischt, als sie das Exemplar Nr. 82. des Cabinetts vor Augen legt. Die Schichten desselben stehn, besonders auf dem Sieckum, fast vertical: je weiter in die Tiefe, desto feinkörniger und weißer wird er allmählich, so daß man hier ehemals einen Steinbruch angelegt hatte, aus welchem man Schleifsteine, Platten u. dgl. brach, die, wie allezeit die Arbeiten aus Sandsteinen der Ganggebirge, von vorzüglicher Güte waren. Nur sehr selten findet man einige kleine Quarz-Trümmer durch dies Gestein durchsetzen, und eben so selten einige kleine einzelne Glimmerblättgen, — aber auch nur gemeiniglich in der Nachbarschaft der Conchylien.

Das Profil des Harzgebirges zeigt, daß die stärkste Höhe dieser Gegend, nemlich der Kahlenberg, 2167 Pariser Fuß über der Meeresfläche liegt: und dieses wäre also die größeste Höhe in der sich auf dem Harzgebirge Spuren von organisch gewesenen Körpern finden. Mithin folgt daraus, daß man in dem Sandsteine des weit höher belegenen Bruchbergs dergleichen nicht antreffen werde.

Der Sandstein des Bruchbergs steht gemeiniglich in ziemlich saigeren Schichten, die größtentheils in der zweyten Stunde ihr Streichen, und Morgenwärts ihr Fallen haben. Er ist von viel feinerem Korn als Nr. 82. und also auch weit fester, wie solches das Exemplar Nr. 79. des Cabinetts zeigt, sein Gewicht ist = 2,569. Diese Sandsteinart erstreckt sich unter verschiedenen, zum Theil geringen Abänderungen über die ganze Höhe des Bruchbergs, und über die Forsetzung desselben gegen Mittag, welche der Acker genennet wird. Die gelbe Farbe wird auf der Charte die Gegenden andeuten, wo überhaupt Sandstein sich finden.

Unter den Abänderungen dieses Gesteins erscheint manchesmal eine mit einzelnen groben Quarzkörnern vermischte Sandsteinart, aber allemal nur an der Oberfläche: auch zuweilen glaubt man einige einzelne kleine Glimmerblättchen darin zu bemerken, die aber bey genauerer Untersuchung nichts anders als die glatte Spiegelfläche einiger durchbrochener Quarzkörner zu seyn pflegt. Die ge-

gewöhnliche Art, wovon Nr. 79. die Probe liefert, hat das Sonderbare an sich, daß sie fast durchgehends mit kleinen braunen Puncten eingesprengt ist, die wahrscheinlich von Eisen herrühren, und näher nach Süden zu, immer größer werden, so, daß man zuletzt an der Hanskühnenburg*) einen Sandstein findet, der da, wo er an der Verwitterung blos gelegen, durch und durch mit kleinen Blasenlöchern, von der Größe eines Rockenkorns, durchwebt ist. Hier sieht man deutlich, daß diese kleinen Flecke vom Eisen herrühren: denn in jenen Blasenlöchern ist zuweilen das Eisen ganz in einem gelben Ocher übergegangen: andere aber sind schon ganz leer, und inwendig schwarzbraun gefärbt. Nr. 80. des Cabinetts liefert eine Probe davon.

Der Ritter **Linnee** beschreibt S. 62. eine Art zerfressenden Sandstein aus **Peru** und nennt ihn Cos variolosa, der als Filtrirstein zu gebrauchen wäre. — Mir haben die mit gegenwärtigen Exemplaren gemachten Versuche nicht gelingen wollen. — Eine ähnliche Art soll auch nach **Wallerius** bey Sörby in Nerike und bey **Bienckulle** in **Westgothland** brechen.

Dergleichen Höhlungen findet man, wiewol mehr einzeln in der Schieferart Nr. 46. die wahrscheinlich eben die Ursach haben.

*) Ein Sandsteinfelsen der in des Herrn Vieberghauptmanns v. Trebra Erfahrungen S. 185. als Vignette abgebildet ist.

Allenthalben macht der Sandstein, zwischen welchem sich zuweilen Nester schwarzen Jaspis, von der Art wie er unter Nr. 28. und 35. vorkömt, finden; eine Decke über die Schiefergebirge aus, so daß man, wenn man auf ihm absänke, das Schiefergebirge gewiß erreichen würde. Es müssen also diese Sandsteinfelder jünger seyn als das Schiefergebirge, und von den Wellen des sie bedeckenden Meeres, über sie aufgeschwemmt seyn. Unbegreiflich ists denn aber, erstlich warum man nicht ebenfalls Versteinerungen darin findet, da sie doch ein Product des Wassers sind, und hernach, warum man in den niedrigen Harzthälern nicht das geringste von diesen eigentlichen und wahren Sandsteinen findet, sondern nur allezeit auf hohen Kuppen?

Sollte etwa die Grauwacke von eben diesen Sande gebildet seyn, als er sich mit der noch flüssigen Materie des Thonschiefers verband? — woher aber dann die regelmäßige Abwechselung mit Schiefer, die in eine so beträchtliche Tiefe fast saiger niedersetzt? Nehme ich auch an, daß der Thonschiefer sich aus dem trüben, mit Thonerde verunreinigten Wasser, ununterbrochen niederschlug, und heftige von Süden herkommende Wellen einen in der Zwischenzeit zwischen zwey auf einander folgende Wellen abgesetzten thonigten Niederschlag, mit steil aufgetriebenem Sande bedeckte; so bleibt doch der Begriff, den man sich davon machen kann, noch allezeit sehr dunkel. Woher ist denn der Sandstein von den Höhen des Bruchbergs ꝛc. gar nicht mit Thonerde verunreinigt, nicht, sondern, so weiß und rein wie immer ein Sandstein nur seyn kann? war das Wasser etwa in der Höhe nicht so stark mehr mit Thonerde verunreinigt, die sich vielleicht schon tiefer niedergeschlagen hatte, oder wurde auf höhern Puncten die Thonerde jedesmal zwischen dem Sande der höheren Gegenden rein wieder ausgewaschen, und in niedrigere Gegenden abgesetzt, und ist dies etwa die Ursach, daß man in etwas niedrigern Gegenden, wie z. B. am Schulenberge rc. die Gränze zwischen Schiefer, Grauwacke und Sandstein nicht finden kann, und daß beydes sich allmählich ineinander verliehrt? — Alles dieses sind Fragen, die man leicht aufwerfen, aber sehr schwer beantworten kann.

Frägt man ferner, woher diese so große Menge Sand ihren Ursprung haben möge? — und werde ich in die Nothwendigkeit gesetzt, darauf etwas zu erwiedern, so weiß ich diese Frage nicht besser zu beantworten, als daß dieses nothwendig die Quarzkörner des Granits seyn müssen, aus welchen Wasserfluthen, den Feldspath und Glimmer, der durch Verwitterung benagten Felsen und Geschiebe, ausgewaschen, aufgelöst, zerrieben und weggewaschen haben, welche feinern Theile hernach zuerst das Verbindungsmittel zur jetzigen Grauwacke, und zuletzt auch den Stoff zum Thonschiefer hergaben. Kein Wunder also, daß man selten Glimmer in beyden findet, der auch in den Harzischen Graniten nicht sehr häufig vorhanden ist, welcher wenige Glimmer durch die Reibung der Quarzkörner sehr leicht zu Thonerde zermalmet werden konnte.

Ehe ich dieses Capitel verlasse, muß ich noch eines solchen Sandfeldes in der Gegend von Elbingerode erwähnen, so sich daselbst südwärts des Fleckens, auf einer Höhe herauszieht. Als Sandstein zeigt es sich nur in einzelnen Blöcken die beynahe Quarzfels sind: los liegender Sand aber ist desto häufiger vorhanden. Am Wege von Elbingerode nach der über die Bode führenden Trogfurther Brücke, findet sich auf der Höhe eine Sandgrube, in der man sich deutlich von der flötzartigen Sandlage, so diese Höhe bedeckt, überzeugen kann. Zwischen dem Sande liegt ein feines weißes flötzartig aufgeschwemmtes Thonflötz, nur 2 bis 3 Zoll mächtig: von der Art, wie Nr. 47. die Probe liefert. Sie ist etwa 4 Fuß mit Sand bedeckt, oben ganz weiß, je näher nach ihrer Unterlage zu, desto unreiner und schmutziger wird der weiße Thon, und nähert sich auf diese Art allmählich, einer darunter liegenden losen, schwarzen, vegetabilischen Erde, von ebenfalls ganz unbeträchtlicher Mächtigkeit, von etwa 2 Zoll: darunter ist wieder Sand, der aber den Umständen nach, in keine beträchtliche Tiefe niedersetzen kann, sondern sich bald auf dem Thonschiefer abschneiden muß.

Viertes Capitel.

Porphyr.

Porphyr kömt auf dem Harzgebirge eben nicht gar häufig vor, aber da, wo man ihn findet, giebt er einigen Anlaß, ihn mit dem Schiefer- Trapp- und Grauwackegebirge für ziemlich gleichzeitig zu halten, und werde ich meine Muthmaßungen darüber, bey Gelegenheit, da ich von jeder der Harzischen Porphyrarten einzeln handle, mittheilen.

Porphyr, dessen Namen wir aus den Säulen, Büsten, Vasen und andern Kunstwerken der Alten kennen, ist im strengsten Verstande dasjenige dichte, feste, bald mehr bald weniger erhärtete thonigte Gestein, welchem einzelner Feldspath, gemeiniglich in crystallinischer Gestalt, oft ziemlich gleichförmig vertheilt, eingemengt ist: allein man zählt jetzt auch noch ein Gestein zu den Porphyrarten, wenn der Grundmasse neben dem Feldspathe auch noch einzelne Quarzkörner eingemengt sind. Mehrere unserer ersten Mineralogen haben die Gesteinarten, die mit dem Porphyr Verwandschaft haben, aber sich durch merkliche Abänderungen und fremde Einmischungen von dem Porphyr, den die alten Künstler so genannt, auszeichnen; mit dem Namen porphyrartiges Gestein, Porphyrit oder Pseudoporphyr belegt. Von beyden zeigt das Harzgebirge einige Arten auf.

Im festen Felsen kömt eigentlicher Porphyr am Mühlenthale, zwischen Elbingerode und Rübeland, am sogenannten grossen Graben vor; wo er nahe am Kalchgebirge den Abhang des südlich ansteigenden Berges ausmacht. Aller, sich zu ziemlicher Gewißheit erhebenden Wahrscheinlichkeit nach, ist er hier so wie das Thonschiefergebirge, auf das einfache Kalchgebirge aufgesetzt, und wechselt mit einem rothen Thonschiefer von der Art, wie Nr. 31. des Cabinetts, schichtweise ab. Man findet ihn größtentheils in unregelmäßigen Blöchen, zuweilen aber auch in rhomboidalischen Parallelepipedis anstehen, die bey dem gewöhnlichen Streichen der Gebirgsschichten, dem gewöhnlichen Fallen derselben entgegen, also vom Mittag gegen Mitternacht abfallen. Die Arten dieses Porphyrs finden sich in den Nr. 67. und 68. des Cabinetts, ihre Grundmasse fällt aus dem violetten, bald mehr bald weniger, in das dunkelrothe. Der Feldspath, der hier fast durchgehends von cristallinischem Korn der Masse eingemengt ist, fällt ins grüne, das Gestein nähert sich sehr dem harten, und sein Gewicht ist 2,517. Erze finden sich hier nicht, außer, daß in einer thonigten Gangart, die wie ein schmales, kaum handbreites Trum durch das Gestein setzt, kleine cubische isolirte Marcasit-Cristallen stecken.

In dem nicht weit davon entfernten Bodeflusse finden sich diese eben beschriebenen Porphyrarten, auch als Geschiebe, aber zwischen ihnen kömt auch eine Art vor, deren Grundmasse eine dunkelgrüne Farbe hat, so daß dieser dem Serpentino

verde

verde antico sehr nahe kömt. Nr. 69. des Cab. liefert eine Probe davon; sein Gewicht ist 2,957. Die Geburtsstätte desselben habe ich so wenig als viele andere, so sich Mühe darum gegeben, nicht entdecken können. Den Strohm hinauf findet man bald gar keine Porphyrgeschiebe weiter; den Strohm hinunterwärts aber desto häufiger, sie verliehren sich aber schon allmählich wieder, wenn man Neuwerk erreicht hat. Gleich unterhalb Rübeland findet man sie am häufigsten; diejenigen aber, so man den Strohm hinabwärts noch unterhalb Neuwerk als Seltenheiten antrift, sind von vorzüglicher Schönheit: das Grün wird immer schöner, und der Feldspath darin immer weisser und gleichsam wie gebleicht.

Ich bin auf den Gedanken gekommen, ob nicht vielleicht der Porphyr von den ersten beyden Argen im Wasser seine röthliche, vom Eisen herrührende Farbe verlieren könne, und dadurch vielleicht die natürliche grüne Grundfarbe des Gesteins wieder hergestellt werde: denn ich habe einige Geschiebe gefunden, welche weder grün noch röthlich waren, sondern zwischen beyden Farben im Mittel zu stehen schienen. — Hauptsächlich aber wurde jener Gedanke dadurch veranlaßt, daß ich ein Stück fand, so auswendig der schönste grüne Porphyr war: aber beym Zerschlagen desselben zeigte sich inwendig die gewöhnliche röthlichbraune Farbe der Exemplare Nr. 67. und 68. Nur auf einen Zoll dick wurde der violette Kern von der grünen Rinde umgeben. —

Es

Es ist recht sehr empfindlich, wenn man in einem Gebirge, wo man eben keine Parasitische Steinarten vermuthet, auf interessante Geschiebe stößt, deren Geburtsart man mit aller Mühe nicht finden kann! einen solchen Verdruß hatte ich ebenfalls im Thale der Speerlutter, welche von St. Andreasberg herunterkömt. Gleich unterhalb der dortigen Silberhütte, weiter hinauf gar nicht, fand ich die ersten Geschiebe von einer Porphyrart, die man im Cabinette unter Nr. 72. antrift. Die Farbe ist dunkelgrau, etwas weniges an das dunkelgrüne gränzend, und der ihm eingemischte Feldspath hat cristallinisches Korn, so aber weit größer ist als bey den Exemplaren Nr. 67. 68. und 69., schießt aus dem weißen in das schmuzig grüne ab, und ist oft dann nur erst deutlich sichtbar, wenn man den Stein naß macht, oder anschleift, sein Gewicht ist 2,833. Aehnliche Geschiebe fand ich auch auf dem Wege von Elbingerode nach **Werningerode**, nahe an der Gräflich Werningerodischen Gränze, und so weiter im Thale hinunter. Imgleichen in dem Thale zwischen **Osterode** und **Lerbach**, ohne an beyden Orten die Geburtsstätte derselben ausfindig machen zu können.

Hingegen Nordwärts der Kupfergruben bey **Lauterberg** am Mittelberge und Bärenthale, da wo Grauwacke und Schiefer miteinander abwechseln, streicht zwischen beiden Gebirgarten eine Porphyrart in mächtigen Schichten, und unter der vierten und fünften Stunde durch. Ihr Fallen ist das auf dem Harzgebirge gewöhnliche, von Mit-

Mitternacht gegen Mittag; die natürlichen Ablösungen, bilden große rhomboidalische Parallelepipeda. Ich folgere hieraus, daß doch wol die Entstehung desselben, mit der Grauenwacke und dem Schiefer, gleichzeitig seyn müsse.

Das Gemenge dieses Porphyrs besteht aus einem Lilas- oder Pfirsichblüthfarbenen festem Trapp, beynahe Jaspis, welchem gelbliche, zuweilen etwas blaßgrünliche Feldspathkörner, gemeiniglich von cristallinischer Gestalt eingemengt sind, ingleichen sind auch einige einzelne glasartige Quarzkörner darinnen. Nr. 70. des Cabinetts liefert eine Probe davon, und sein Gewicht ist 2,405.

Zwischen dieser Porphyrart bestehn einzelne Schichten, aus dem nemlichen festen Gestein, wie voriges. Ihm sind ebenfalls glasartige Quarzkörner eingemengt; allein vom Feldspathe ist äußerst wenig darin zu finden, und nur hie und da in kleinen kaum sichtbaren Flizgen. Die kleinen grünlichen Puncte, so darin zerstreut liegen, scheinen mir von verwittertem Feldspathe herzurühren. Man trift diese Abänderung der vorigen Gesteinart, unter Nr. 71. im Cabinette an, ihr Gewicht ist 2,544. Beyde gehören unter die Porphyrarten von Meissen, welche Herr Bergrath Charpentier zu Freyberg, in seiner mineralogischen Geographie der Chursächsischen Lande beschreibt. Ingleichen trift er genau mit der Porphyrart des Wildberges im Schlesischen Fürstenthum Jauer zusammen, welchen Herr Geheime Bergrath Gerhard beschrieben den und abgebildet hat,*) nur mit dem Unterschiede, daß dieser Porphyr von Lauterberg nicht säulenförmig, sondern auf die vorbeschriebene Art ansteht.

Nahe um Elbingerode findet sich eine sehr sonderbare Porphyrart, die ich porphyrartigen Sandstein nennen mögte, und die also wohl mit Recht den Namen Pseudoporphyr oder porphyrartiges Gestein verdient. Nr. 76. des Cabinetts liefert eine Probe davon, und ihr Gewicht ist 2,564. Die Grundmasse dieses Gesteins ist größtentheils ein feinkörniger, gelblichgrauer, thonigter Sandstein, dem einzelne grobe Quarzkörner und Feldspath, letztere oft von cristallinischem Korn, eingemengt sind. Es wird bald vom Schiefer, bald vom Trapp und bald vom einfachen Kalchgebirge begränzt, und liegt auf dem Kalch mit seinen obigen beyden Nachbarn gemeinschaftlich auf. Am Trapp habe ich sie am schärfsten sich abschneidend und mit einander fest verwachsen gefunden: es kömt wie das übrige Harzische Gebirge, ebenfalls geschichtet vor. Auf den ersten Anblick sollte man es fast für einen Granit halten, aber diese Vermuthung wird bey genauerer Beleuchtung des Gesteins selbst, und besonders seiner Lagerstätte, gar bald verschwinden. Der Glimmer fehlt ganz darin, und es ist wohl am Harze keine Gesteinart vorhanden, die durch die Verwitterung so leicht und so sehr verändert wird, als diese; wie solches

das

*) Schriften der Gesellschaft naturforschender Freunde in Berlin 5ter Bd. 1784. S. 420. 21. Tab. VII.

das Exempl. Nr. 77. des Cabinetts zeigt. Nesterweise findet man Eisenstein darin, so unter die Classe der Rindeneisensteine gehört, mitunter aber auch schwarzen Glaskopf.

Noch eine, aber dunkle schmutziggrüne Porphyrart, findet sich am Ziegenkopfe bey Blankenburg, von der nemlichen Art wie der von Ilmenau, so sich in dem Voigtischen Gebirgarten-Cabinette unter Nr. 6. findet. Er steht hier in saigeren Schichten, die zuweilen in vierseitige Prismen mit schief abgeschnittener Endfläche abgetheilt sind, welche Gestalt denn auch Gelegenheit gegeben, daß solche für Basaltsäulen angesehen sind (siehe deutsches Musäum a. a. O.) Er wird bald von reinem Trapp (von der Art wie an 11. und 12.) in dem sich keine Spur von Feldspath findet, bald aber auch von dem Perlstein Nr. 50. des Cabinetts begleitet.

Als einen Anhang zu dem Capitel von den Porphyrarten, darf ich hier vielleicht eine Gesteinart aufstellen, welche wol im strengen Verstande hieher nicht gehören mögte, und die man auf den ersten Anblick eben so leicht zu den grobkörnigen Sandsteinen zählen würde; denn es hat den Anschein als ob Quarzkörner, die wiewol selten cristallisirt erscheinen, durch einen weißen Porcellainthon miteinander verbunden wären. Allein beym genauern Besehen wird man finden, daß der weiße Thon ein wahrer zuweilen in Thon aufgelößter Feldspath ist, der mit dem Quarze gemeinschaftlich auch woll mit kleinen einzelnen grünlichen Schie-

[illegible] hier [illegible] so wie sie im Gestein [illegible] Porphyr. [illegible] Porphyren im Allgemeinen sagen. [illegible]

[illegible] Mineralogen-Erfahrungen [illegible] Vermuthung [illegible], daß vielleicht Granit, Porphyr und p[illegible]ges Gestein, eines und eben desselben Geschlechts seyn könnten, und daß letztere wahrscheinlich aus ersteren entstanden wären. Ich will auch jener Meinung nicht geradezu entgegen seyn, aber doch nur

nur anmerken, daß die beschriebenen Porphyrarten des Harzes in beträchtlicher Entfernung vom Granitgebirge vorkommen. — Indessen wer weiß wie nahe der Granit unter ihnen stehe, ob er auch von Niemanden hat können beobachtet werden: — wer weiß von was für entfernten Granitgebirgen diese Feldspaththeile bey Ueberschwemmung des Harzgebirges hergetrieben sind? — und wer weiß, ob nicht gar der Feldspath, den wir oft als ganz scharfkantige Cristallen in der trappartigen Grundmasse des Porphyrs erblicken, ein regenerirter Feldspath seyn kann, der sich als ehemaliger Bestandtheil eines Granitgebirges aufgelöset und sich aus seiner Auflösung im Wasser, unter besonders günstigen Umständen, von neuem cristallisirt hat? — Die scharfkantigen Feldspathcristallen, können wohl unmöglich unmittelbar von entfernten Granitgebirgen herrühren, aus denen sie sich erstlich nicht ohne einen gewissen Grad von Zerstörung loslösen, und von denen sie hernach eben so wenig, ohne Verletzung ihrer scharfen Kanten, in entfernten Gegenden konnten hineingeschwemmt werden. Wie wenig Granite findet man auch, worin man den Feldspath in cristallinischer Gestalt erblickt?

Ich habe auf der petrographischen Charte die Gegenden, wo Porphyr vorkömmt, gehörig illuminirt.

Fünftes Capitel.

Serpentinfels, und übrige viel Bittersalzerde enthaltende Gesteinarten.

Bey Beschreibung der serpentinartigen Felsen, fange ich zunächst wieder beym Granitgebirge, also von den Arten an, die sich zunächst am Granit finden, und gebe dadurch der schon von mehrern behaupteten Muthmaßung, daß die vom Wasser aus dem zersetzten Feldspath und Glimmer ausgezogene Bittersalz- und Thonerde, der erste Grund zu den Serpentinsteinen gewesen, eine neue Wahrscheinlichkeit.

Auf der Baste in der Harzeburger Forst, findet sich nahe über dem Granit, der Serpentinfels, wovon Nr. 61. des Cabinetts eine Probe liefert. Das Gestein ist dunkelschwarzgrün, oder olivenfarbig, kleinsplittrig, auch wohl etwas eben im Bruche, schlägt mit dem Stahl etwas Feuer, ist undurchsichtig, springt in unbestimmteckige, oft scharfkantige Bruchstücke, und sein Gewicht ist 2,8171. Der Grundmasse sind zuweilen größere, zuweilen kleinere Parthien Hornblende eingemischt, die etwas in das messingfarbene spielen. Wenn der etwas ebene Bruch, mit dem Spiegelbruche der Hornblende parallel geht, und dann angeschliffen wird, so hat ein solches Stück einige Aehnlichkeit mit dem messingfarbenen Schillerstein.

Zu-

Zuweilen, wie woll selten, setzen einige kleine höchstens nur ¼ bis ½ Linien mächtige Adern, nicht eben allezeit ganz durch, sondern auf einige Zolle in das Gestein hinein, und haben ebenfalls jene glänzende Messingfarbe: sie bestehn aus zarten paralellen Fasern, welche die Richtung der kleinen Adern in einem rechten Winkel durchschneiden, und asbestartig zu seyn scheinen. Die eingemischte Hornblende giebt dem Gestein auf dem Bruche allezeit ein schillerndes Ansehen, deswegen es auch woll Schillerstein oder Schillerspath genannt wird. Von einigen wird das, was ich jetzt Hornblende nenne, mit einiger Wahrscheinlichkeit für Feldspath gehalten. Es ist schwer solches durch Zerlegungen genau zu bestimmen, da man erstlich diese glänzenden Theile unmöglich genau aus dem Gestein absondern kann, dann auch die chemischen Bestandtheile der Hornblende, hier woll mit denen des Feldspaths ziemlich genau zusammen fallen mögten. Untersuchungen haben indessen gezeigt, daß dieses Gestein im Ganzen genommen, zur Hälfte aus Kieselerde, zur andern Hälfte aber aus Bittersalzerde, mit etwas weniger Alaun- und Kalcherde gemischt, besteht. Nach Herrn Apotheker Hayers in Braunschweig Versuchen*) schmolz ein Gran von der eingemengten Hornblende mit zwey Quentier dephlogistisirter Luft, zu einer grauen undurchsichtigen Kugel, wie das Glas ritzte. Die Matrix aber schmolz mit vier Quentier Luft nicht ganz, sondern hatte nur eine [illegible] schwarze

*) [illegible] zu den chemischen Annalen, [illegible]
[illegible]

schwarz mit weiß abwechselnde Oberfläche erhalten. — An einer Stelle saß ein Körnchen Eisen-

Die eigentliche Lage dieses Gesteins, in Rücksicht auf den ihm benachbarten Granit, der zuweilen schon mit eingemengt zu seyn scheint, ist sehr schwer zu bestimmen; denn das Gebirge ist hier nirgends, als durch einen vom bergmännischen Pfuscher angelegten aber schon wieder verfallenen Schacht aufgeschlossen. — Der messingfarbene Schein des Feldspaths hatte wahrscheinlich die Hofnung, Golderze hier zu finden, erzeugt, und den Bau veranlaßt. — Eine Sache, wovon es am Harzgebirge, so wie in andern bergigen Gegenden unzählig viele Fabeln giebt. — Indessen ist dieser verfallene Schacht doch dazu gut, um aus seiner alten Halde urtheilen zu können, daß diese Gesteinart wenigstens gegen 10 Lachter Tiefe niedersetzen müsse. — Da sich nun am Ufer der Radau eine der gegenwärtigen etwas ähnliche Gesteinart findet, so ist's wahrscheinlich, daß solche eine Parthie im Granitgebirge ausmache, oder die Ausfüllung einer Trennung im Granitgebirge sey. Bey den Steinbrüchen am Wildenplatze, findet sich ebenfalls diese Serpentinart, aber ohne alle glänzende Einmischungen.

Das Exemplar Nr. 62. des Kabinets scheint eine Abänderung dieses vorigen Gesteins zu seyn; weil es sich aber nicht in der alten Halde findet, so ist wahrscheinlich die Verwitterung Schuld an dieser Veränderung. — Die glänzenden Theile der Hornblende des vorigen Stücks, scheinen hier ganz

[illegible]

matter, weniger schimmernd, und es hat das Ansehen, als ob die Grundmasse des Gesteins Nr. 61. zum Theil aufgelößt, weggespült, und die Einmischungen deutlicher und etwas abgesonderter hervorgekommen wären. — Wenigstens ist dieses Gestein mit Nr. 61. sehr nahe verwandt. Die kleinen glänzenden Einmischungen von Hornblende, haben fast alle eine oblonge cristallinische Form und lassen sich leicht mit dem Messer schaben, gleichwol kommen aber auch zuweilen größere Cristallen darin vor, die etwas härter sind. Sein Gewicht ist 2,892.

Das Gestein Nr. 64. des Cabinetts hat auf dem ersten Anblick ein porphyrartiges Ansehen, allein bey näherer Untersuchung findet man: daß man die grünlich weißen Flecke wol nicht für Feldspath halten könne. Nirgend findet man blätteriges Gewebe, und noch viel weniger cristallinisches Korn. Vielmehr sind sie dicht und derb, etwas erdigt im Bruche, und lassen sich, wo nicht allezeit mit dem Messer schneiden, dennoch damit ritzen; sie sind nicht so abgesondert, wie es gewöhnlich die Feldspaththeile im Porphyr zu seyn pflegen, sondern fließen gemeinglich dergestalt in einander, daß man fast zweifelhaft werden mögte, ob sie Grundmasse oder Einmischung sind. Gleichwol sind sie aber doch der grünlichschwarzen Grundmasse, die aus Schörl oder Hornblende bestehe, eingemischt. Da dieses Gestein größtentheils aus Bittersalzerde besteht, so gehören also auch die grünlichweißen Einmischungen zu den Serpentinsteinen. In der Verwitterung, die an

Nr. 65. sichtbar ist, fällt die Hornblende bey Grünsteinmischung etwas deutlicher in die Augen. Aus festem unverwitterten Felsen giebt das Gestein mit dem Stahle einige wenige Funken, zuweilen zeigen sich auch kleine Kiespunkte darin. Dies allein wird aber diese Gebirgart noch nicht in die Classe der Harzischen erzführenden Gebirgarten erheben. Das Gestein kömt auf der Kolle bey Braunlahe vor, ist rundum mit Schiefergebirge umgeben, und scheint hier fast auf dem Schiefergebirge aufgesetzt zu seyn. Indessen, daß diese Gebirgart dennoch mit dem Schiefergebirge wahrscheinlich gleiches Alter habe, beweißt eine freystehende Klippe von dieser Gesteinart, am sogenannten Pfeffenkopfe, unweit dem Neuwerk im Blankenburgischen, nahe über dem linken Ufer des Bodeflusses. Hier streicht solche in der vierten und fünften Stunde als eine mächtige saigere Schicht zwischen dem Schiefergebirge, auf eine beträchtliche Strecke fort, und zeigt sich an verschiedenen Stellen, als z. B. auf der Höhe zwischen Blankenburg und Treseburg zu Tage ausgehend; das Gewicht ist 2,895.

Nachfolgender Stein enthält zwar nicht so viel Bittersalzerde als die vorigen, gehöret aber dennoch unter die Classe der serpentinartigen Gesteine. Bey Treseburg ist er mit vielem feinen Sande vermischt, daher er einen rauhen erdig-gräulichen sandsteinartigen Bruch hat. Sein Gewicht ist 2,879. also Nr. 66. der Cabinetsstücke davon. Er bricht daselbst am [illegible]

Ab-

Abhange des Burgberges schroffe Felsen, die oben und an der Morgenseite mit Trapp und Schiefer, welche den östlichen Abhang dieses Burgberges ausmachen, bedeckt sind. Der Serpentinfels scheint durch das Bodethal zerrissen zu seyn, denn er zeigt sich auch in den Bergen jenseits der Bode, wo er als eine mächtige Schicht durch den Schiefer durchsetzt. Hin und wieder setzen Adern von Asbest, die einigermaaßen den zersplitterten Gängen ähnlich sehen, durch den Felsen: sie beobachten gemeiniglich die 4te, 5te auch wol 6te Hauptstreichungsstunde, in welcher auch die Steinscheiden des Gebirges so ziemlich fortstreichen. Die Fasern des Asbestes laufen fast immer horizontal, ziemlich paralell in der 2ten, 3ten und 4ten Stunde mit einander fort, und durchschneiden die Richtung der Adern, die oft sehr wellenförmig laufen, in allen nur möglichen Winkeln; denn fällt gerade die Asbestader in die Stunde, worin die Fasern des Asbests streichen, so findet man beyde so lange paralell mit einander fortlaufen, bis die Ader wieder eine andre Wendung nimt. Durchschneiden die Fasern die Richtung der Adern entweder beynahe, oder in einem völlig rechten Winkel, so verbindet der Asbest beyde Saalbänder so fest mit einander, daß sie beym Zerschlagen sehr schwer wieder zu trennen sind. Der Asbest selbst ist im festen und unverwitterten Gestein sehr hart, oft auch mit Quarz gemischt, daß er am Stahle Feuer giebt. Nur nach einiger Verwitterung, die denn am leichtesten erfolgt, wenn Kalchspath sich zwischen den Asbestadern als Gangart findet, läßt er sich leicht in seine Fasern trennen und zerreiben.

und Eisen sollte sich hier nicht in dieser Felsart: wahrscheinlich scheint es dem mächtigen Kupfergange zuzuschreiben, der noch kurz vorher im Schiefer ansehnliche Erzfälle gehabt hat.

Nro. 69. des Cabinetts liefert eine Probe von einem mit vieler Bittersalzerde durchdrungenen Trapp. Er ist uneben im Bruch, und von einer dunklen schmutziggrünen Farbe, durchgehends sind kleine einzelne schwarze Puncte eingesprengt, die selten das Ansehn von Hornblende haben. Er schlägt am Stahle kein Feuer, erhält durch die Verwitterung leicht eine braune eisenrostige Rinde, und sein Gewicht ist 2,850. Er kömt zuerst bey Lerbach mit dem Perlstein Nr. 57. des Cabinetts in fast saigeren Schichten abwechselnd vor, und begleitet auf diese Art die vorigen Eisensteinsgänge; hernach zeigt er sich im Huttthale, woselbst das Probestück ausgeschlagen ist, und zieht sich von da nach Altenau hinüber. Sein Streichen und Fallen ist das gewöhnliche der übrigen Harzischen Ganggebirge.

Für edle Erze ist diese Gebirgart bis jetzt noch ganz unfruchtbar befunden; vielmehr scheint es, als ob sie gleichsam eine Vormauer vor die Clausthäler und Altenauer Gänge ausmacht, durch welche sie nicht allein nie durchsetzen, sondern noch weit ehender zersplittern, ehe sie diese Gebirgart erreichen. Alle, von Clausthal aus, jentseits dieser Gebirgart gemachte Versuche auf Erze, sind von schlechtem Erfolg gewesen. Z. B.

die

die jetzt eingestellte Grube König David am Kränzeberge ist eine Zeitlang im Schiefer betrieben, aber nicht viel mehr als Spuren von Schwefelkiesen sind darin gefunden.

Die Bittersalzerde schleicht sich überhaupt hin und wieder so sehr in verschiedene unserer Harzischen Gebirgarten ein, daß man sie zuweilen ganz unvermuthet darin antrifft. So fand ich sie z. B. auf einigen Klüften des schwarzen Marmors Nr. 86. und 87. Im Mandelsteine von Ilefeld, auch in dem an der Fischbach daselbst anstehenden Trapp. Ferner auf den Klüften im Trapp bey Zorge: in dem schiefrigen Gestein Nr. 66. und 37. mit Kalchspath vergesellschaftet, und in einigen Porphyrarten. Auch fand ich zuweilen auf einigen Stollen und Strecken, so durch die Grauwacke getrieben waren, ein wahres Bittersalz ausgewittert — wie denn auch Hrn. Westrumbs neueste Zerlegungen der Grauwacke, wirklich einen Gehalt an Bittersalzerde beweisen.

Das serpentinartige Gestein habe ich auf der Charte durch die meergrüne Farbe angedeutet.

Sechstes Capitel.

Thonigte Gesteinarten, mit sichtbaren kalchartigen und serpentinartigen Einmischungen.

Wenn damals, als sich das thonigte Gebirg aus seiner Auflösung im Wasser niederschlug, das einfache Kalchgebirge ebenfalls mit Wasser bedeckt war, so musten nothwendig einige Kalchtheile davon aufgelöset werden, und sollte auch zum Theil nur der verwitterte Theil jener Kalchfelsen durch die Bewegung des Wassers damit vermischt seyn. Diese aufgelöste und in Bewegung gesetzte Kalcherde muste also nothwendig mit dem thonigten Niederschlage, den die Wasser absetzten, gleichsam gerinnen und sich damit zusammen verbinden. Wahrscheinlich daher rühret es, daß wir an verschiedenen Orten, und zwar größtentheils in der Nachbarschaft des einfachen Kalchgebirges einige Gesteinarten antreffen, worin sich der Kalch bald mehr bald weniger in sichtbaren Flocken im thonigten Gesteine eingemischt findet. Von dieser Art liefern Nr. 50. und 51. des Cabinetts sehr deutliche Probestücke.

Das erstere ist ein dunkelblauer, oft etwas graulicher fester Trapp, dem einzelne, gleichsam wie durch das Gestein vertheilte weisse, etwa hirsengroße Kalchspath-Kügelchen von unregelmäßiger Gestalt eingemischt sind. Es ist also eine

Blei

Bielsteinsklippe zwischen Blankenburg und Elbingerode genommen, an welcher man große rhomboidalische Parallelepipeda und das auf dem Harzgebirge gewöhnliche Streichen und Fallen deutlich beobachten kann. Es findet sich unter gleichen Umständen auch am Ziegenkopfe bey Blankenburg, wo es mit einer Porphyrart und reinem Trapp gemeinschaftlich geschichtet vorkömt. Sein Gewicht ist 2,643.

Eben so, und unter gleichen Umständen, nur mit etwas mehr kuglichen Kalchspath-Brocken kömt dieses Gestein in der Gegend von Lerbach, besonders an dessen westlich aufsteigenden Bergen, in beynahe saigeren, zuweilen kaum ein Lachter mächtigen Schichten zwischen dem Schiefergebirge und dem Gestein Nr. 63. des Cabinetts vor. Es begleitet hier gemeiniglich die vielen mächtigen Eisensteinsgänge. Eben so kömt es auch in der Langersheimer Forst, neben dem Eisensteinsgange im Gegenthale, unter gleichen Umständen vor. Es ist etwas weicher, als das Gestein Nr. 50, und die Grundmasse desselben schießet etwas mehr in das Lauchgrüne ab. Nr. 51. des Cabinettes liefert eine Probe davon, und sein Gewicht ist 2,652.

Der Provinzialname dieser Gesteinarten ist an einigen Orten, Perlstein, und dieser ist der Natur desselben ziemlich angemessen, vielleicht mehr als der Name Mandelstein, den einige Mineralogen diesem Gestein vielleicht geben möchten, wovon weiter unten, in dem Capitel von den älteren Flözgebirgen, ein mehreres vorkommen wird.

Herr

Herr von Saußüre rechnet diese Steinart zu den Blattersteinen (variolit) s. dessen Alpenreise, 1ster Theil §. 191. und dieser Name wird also wohl der schicklichste für diese Gesteinart seyn. Gemeiniglich erscheint der Kalchspath in etwas perlförmiger Gestalt darin, nur selten trift man ihn von etwa Bohnengröße. Die regelmäßige Vertheilung der weißen Flecke giebt dem Gestein ein artiges, etwas porphyrartiges Ansehen, so daß man es allenfalls unter die Pseudoporphyre oder Porphyriten aufnehmen könnte; wenn es nicht schiene, als wenn der Feldspath ein nothwendiges Erforderniß, auch in den falschen Porphyren wäre.

Wenn dieses Gestein lange an der Luft gelegen, so wird der Kalchspath durch die Verwitterung ausgenagt, und bekömt solches alsdenn mit einer löcherichen Lava, eine verführerische Aehnlichkeit. Nur durch genaue Betrachtung des Gebirges, worin es schichtweise vorkömt, kann man sich vom Gegentheil überzeugen.

Da die Grundmasse dieses Gesteins, Trapp ist, und es überhaupt zwischen diesem und dem Schiefer verschiedene Modificationen giebt, so finden sich auch hier mancherley Abänderungen der thonigten Gesteinarten mit kalchartigen Einmischungen. In der Gegend von Elbingerode kömt es z. B. ganz in schiefriger Gestalt vor. Die gemeiniglich etwas blaßröthlichen Kalchspathbrocken, sind zwischen dem grünlichen thonschieferartigen Gestein, nur vorzüglich auf dem Querbruche sichtbar; das Gewicht ist 2,765. und 49. seine Numer im Cabinette. Am Arendsfelde und Büchenberge

berge streichen sehr mächtige Eisensteinsgänge darin, und hat es fast den Anschein, als ob das Eisen eigentlich in dieser Gebirgart zu Hause sey. Doch habe ich diese Gebirgart in der Wetterau, bey Weyher in der Grafschaft Runkel, auch Bley, Silber und Kupfererz führend, angetroffen. Sie nähert sich daselbst oft dem Gestein Nr. 51. und wechselt darin schichtweise mit reinem Thonschiefer ab, so daß der Gang wechselsweise im hangenden das eine, und im liegenden das andere Gestein neben sich hat, je nachdem der Gang auch hier etwas durch das Queergestein streicht.

Bei Entstehung des Gesteins Nr. 48. des Cabinets, findet wahrscheinlich der nemliche Fall Statt, dessen ich gleich zu Anfang dieses Capitels gedacht habe. Es ist diese Gesteinart ein lichtbrauner, etwas eisenschüssiger Thonschiefer, aber so sehr mit Kalch von eben dieser Farbe verwebt, daß er sich nur durch das Aufbraussen mit Säuren vom Thonschiefer auszeichnet, der auf dem Queerbruche nach Verwitterung des Kalchs, aber die Höhlungen von etwa Bohnengröße, aus welchen die Luft den Kalch ausgenagt hat, deutlich hervorstehet, und wodurch das Gestein ein etwas zellulöses Ansehen erhält. Das Probstück Nr. 48. ist vom Schulenberge in der Zellerfelder Forst genommen, wo es in der vierten und fünften Stunde streichend, und bey einem flachen Fallen von Mitternacht gegen Mittag, nebst dem Schiefergebirge auf dem Kalch Nr. 90. des Cabinetts aufliegt, der hierselbst immer eine Schicht zwischen den Schiefergebirgen und dem Sandsteine auszumachen scheint.

Diese

„Diese Gebirgart findet sich ebenfalls bey Rengsdorf in der Oberlausitz *) auch fand ich sie bey Weilburg in der Wetterau, wo sie nur ein etwas mehr saigeres Fallen hat.

Hieher könnte man auch allenfalls das Gestein Nr. 86. und 87. ingleichen das Gestein Nr. 118. rechnen, wenn nicht in beyden der Kalch zu sehr die Oberhand hätte, weswegen sie füglicher in den Abschnitt vom Kalchgebirge aufgenommen werden.

Da, wo sich nun mit der Thon und Kalcherde auch zugleich Bittersalzerde niederschlug, konnte diese ebenfalls für sich zusammen gerinnen, und die kleinen Serpentin- und Specksteinflecken oder Kügelchen bilden, die wir im Gestein Nr. 66. und 37. antreffen. Diese Einmischung von bittersalzerdigten Theilen abgerechnet, schließt sich das Gestein sehr nahe an Nr. 49. an. Es komt solches nur an wenig Orten auf dem Harze vor, [illegible] am Wolfmanns Keller, oberhalb Michelstein im Blankenburgischen, wo es zwischen dem Schiefergebirge geschichtet vorkömt, und woher das Exemplar Nr. 66. ausgeschlagen, dessen Gewicht 2,[illegible] ist. Hernach komt es auch am Bomsberg bey [illegible]gerode vor, woher das Exemplar Nr. 87. aus der Verwitterung genommen, dessen Gewicht 2,696 ist.

Ich habe diese Gesteinarten auf der petrographischen Charte nicht anders als mit der Farbe des Kalchs andeuten können, denn sie [illegible] sehr mit dem Kalchgebirge zusammen.

*) Letzte Reise durch Sachsen. Leipzig, 178[illegible]

Vierter Abschnitt.

Einfaches Kalchgebirge.

Erstes Capitel.

Einfaches Kalchgebirge, welches dem Schiefergebirge zur Unterlage dienet, und also früher als solches entstanden seyn muß.

Bey der Beschreibung des einfachen Kalchgebirges kehre ich zum ursprünglichen Gebirge wieder zurück, da es als Unterlage der Schiefer- und Grauwacke-Gebirge, wahrscheinlich auf Granit aufsitzt. Billig hätte dieses also vorangehen sollen; weil ich es aber nicht so loß das Schiefergebirge unmittelbar auf Granit aufgesetzt fand, habe ich jenes vorangehen lassen.

Das einfache Kalchgebirge ist ein größtentheils aus Kalcherde bestehendes Gebirge, welches ganze Massen auf dem ursprünglichen, oder zwischen und unter dem einfachen Thon- oder Ganggebirge abwechselnd nicht wie in den Flötzgebirgen mit andern Gebirgarten stratificirt und gemischt vorkömt; son-

sondern für sich ziemlich im Ganzen steht und ganze Berge bildet, die durch die schroffe Gestalt ihrer freystehenden Klippen sich merklich von denen im Flötzgebirge vorkommenden Kalchgebirgen unterscheiden.

Es ist entweder ganz ohne Spuren organischer Körper, wie der schuppige sogenannte salinische Kalchstein, oder es kommen auch versteinerte Körper aus den andern Naturreichen in ihnen vor, die gemeiniglich Seeproducte sind. Diese tragen aber jederzeit das Gepräge eines weit höhern Alters an sich, als alle dergleichen Körper, die man in Flötzgebirgen findet. Denn hier sind sie, mit dem sie umgebenden dichten feinkörnigen Kalchsteln, weit inniger verbunden, und haben dieses mit den Versteinerungen in den übrigen Ganggebirgen gemein, daß sie weit zerstörter aussehen, als die in den Flötzgebirgen gefundene, und gemeiniglich nur Fragmente von Schaalthieren und Corallenstauden sind; auch nur erst nach einigen Graden von Verwitterung an der Luft, dem Auge sichtbar werden. Versteinerungen, die von Landthieren oder Amphibien, und Abdrücke, die von Pflanzen herrühren, finden sich nie darin. Ferner zeichnet sich das einfache Kalchgebirge, auch dadurch vor anderen Kalchsteinarten der Flötzgebirge aus, daß dessen Kalchsteinarten weit reiner, feinkörniger, dichter und fester sind als jene, und sowol deswegen, als auch wegen der oftmaligen Schattirungen, von mancherley Farben, den Namen Marmor verdienen.

Es ist höchst wahrscheinlich, daß viele dieser mit Seekörpern gleichsam durchflochtenen Kalchgebirge, nichts anders als ehemalige Corallenbänke sind, welche die über das Wasser hervorragenden Granitgebirge unter eben den Umständen umgaben, unter welchen wir sie noch jetzt an den Seeküsten, auch zuweilen in einzelnen, ganz aus einem Gewebe dieser Schaal- und Corallenthiere bestehenden Inseln der Südsee mit Verwunderung erblicken. Diese Corallenbänke oder Corallenriefen sind jederzeit kalchartiger Natur; und wären auch wirklich die darin wohnenden Geschöpfe nicht im Stande gewesen, die, in dem sie umgebenden Wasser enthaltene, ihnen so nahe verwandte Kalcherde, an sich zu ziehen, in mächtigen Lagen aufzuthürmen, und damit die Zwischenräume größtentheils auszufüllen, die sich zwischen den Corallenstauden jederzeit finden; so läßt sich doch die Möglichkeit einer Wahlanziehungskraft denken, vermöge welcher gleiches von gleichem angezogen wird, und also die kalchartigen Gebäude der Corallenthiere schon allein im Stande waren, die in dem Wasser annoch aufgelößt enthaltene Kalcherde an sich zu ziehen, und die Corallenstauden so lange mit Kalch zu incrustiren, bis das ganze lockere Gewebe eine solide Masse ward.

Ein solches zu dieser Beschreibung passendes Kalchgebirge findet sich auf unserm Harze, wie ich selbiges nebst den Veränderungen die solches erlitten, im Folgenden näher beschreiben werde. Auf der petrographischen Charte ist diese Felsart mit der blauen Farbe angedeutet.

Aelter als das thonigte Ganggebirge muß der Kalchstein des **Ibergs**, imgleichen der Marmor bey Rübeland allerdings doch woll seyn, denn die Beobachtung des Herrn Viceberghauptmanns von Trebra *) ist zu entscheidend, und beweiset für gewiß, daß die Grauewacke mit Schiefer vergesellschaftet, auf dem einfachen Kalchgebirge des Ibergs aufliege, mithin jünger seyn müsse. Denn man hat in dem Ganggebirge, nahe am einfachen Kalchgebirge, einen Schacht abgeteufet, und letztere Gebirgart damit ersunken.

Den zweyten Beweis, daß das einfache Kalchgebirge des Harzes älter sey als das Ganggebirge, giebt die Gegend bey Rübeland. Steigt man von Rübeland aus gegen Süden das schwarze Marmorgebirge hinauf, so gelangt man bald an den Schiefer, der hier wie gewöhnlich sein Ausgehendes gegen Norden, und sein Fallen gegen Süden hat. In diesem Schiefer hat die Eisensteinsgrube Rühbach einen Schacht abgesunken, und damit das einfache Kalchgebirge erreicht, zwischen welchem und dem Schiefer der berühmte Eisensteinsgang streicht, welcher die unter 95. des Cabinets gelieferte Schraubensteine führt.

Ich habe es also beym Harzgebirge bestätigt gefunden, was Herr Berghauptmann von Veltheim **) sagt: „Daß mehrere Beobachtungen es

„bald

*) Erfahrungen vom Innern der Gebirge, S. 110, 1 Kupfertafel Fig. 1.

**) Kirwans Mineralogie, übersetzt von L. Crell. S. 414. in der Anmerkung.

„bald ergeben würden, wie die angeschwemm-
„ten Gebirge allerdings in drey sehr verschie-
„dene Classen abzutheilen wären; nemlich in
„das einfache Thon- oder Ganggebirge, in die
„einfachen Kalchgebirge und in die Flötzgebirge;
„welche alle in sehr verschiedenen Zeitperioden
„entstanden sind." *)

Herr Baron von Ditrich hat ebenfalls verschiedene Fälle gefunden, wo das Schiefergebirge auf Kalch ruht. **)

Es ist zwar auf dem Harze nirgend ein Stelle zu finden, wo das einfache Kalchgebirge augenscheinlich auf Granit aufgesetzt ist, und ist es grundfalsch, was ein sonst sehr achtungswürdiger Naturforscher vom Brocken schreibt, daß solcher auf seinem Gipfel eine große Menge Kalch, Marmor, Jaspis und andere nicht granitische Steinarten führe; Es ist aber mehr als bloß wahrscheinlich, daß die Harzischen einfachen Kalchgebirge schon in jenen Zeiten aufgebauet sind, ehe noch die aus Grauerwacke und Schiefer aufgeschwemmte, hier so sichtbar auf dem Kalchgebirge aufliegende Harzgebirge entstanden, und also höchst wahrscheinlich bis auf den Granit niedersetzen, wovon wir an andern Orten, wie z. B. in den Schweizeralpen, Beyspiele genug haben; wie des Herrn D. Höpfner, Hacquet und von Sau-

*) Man sehe dessen Grundriß einer Mineralogie.

**) Anmerkungen zu dem von Trebraischen Werke vom Innern der Gebirge. Franz. Uebersetzung.

Saußüre Schriften hinlänglich beweisen. Doch ich wende mich zur Beschreibung einzelner Theile des Harzischen einfachen Kalchgebirges.

Zuerst sey das mit vielen Corallengewächsen durchflochtene Kalchgebirge des Ibergs ohnweit Grund, so eigentlich aus einem gemeinen weißgrauen Kalchstein besteht, der Gegenstand meiner Beschreibung; und da verdient denn unter den schönen grotesken Klippen desselben, der sogenannte Hübichenstein die erste Aufmerksamkeit. Er liegt nordwärts der Bergstadt Grund, und ragt wie ein alter halbverfallener Wachtthurm über 120 Fuß hoch aus dem Kalchgebirge hervor. Er ist in des Hrn. Viceberghauptmanns von Trebra Erfahrungen rc. auf der ersten Seite als Vignette abgebildet, und hernach hat Herr Hofkupferstecher Ganz eine vortrefliche Zeichnung, auf einem großen Folioblatte, in Kupfer gestochen, welches ein schönes Gegenstück zu den Schnarcherklippen abgiebt, deren ich in dem Abschnitte vom Granit gedacht habe.

Dieser Kalchfelsen besteht eigentlich aus zwey verschiedenen Obelisken, so nur durch eine Spalte von einander getrennt sind, die wahrscheinlich mit einem unter ihnen streichenden Eisensteinsgange in Verbindung stehe, oder von ihm herrühret. Der abendwärts stehende Obelisk, erreicht die Höhe des morgenwärts stehenden, nur etwa auf zwey Drittheil. Auch auf der höchsten Spitze ist der Felsen mit Madreporen, Milleporen und Corallengewächsen durchwebt. Das Gestein sieht im fri-

frischen Bruche einer Breccia ähnlich, und kann man von den eingemischten Körpern fast nichts erkennen: so sehr sind solche mit Kalcherde überzogen und hinein verwebt. Nur das Anschleifen und ein ziemlicher Grad von Verwitterung, die den weicheren Kalch leichter als die Seekörper zernaget, macht sie deutlich; aber alsdenn sind die Exemplare davon auch gemeiniglich so zerbrechlich, daß sie oft unter den Händen zerbröckeln, weswegen man sich bey Nr. 97. des Cabinetts über die Undeutlichkeit dieser Seekörper, und bey Nr. 96. über die Zerbrechlichkeit desselben nicht wundern wird. Das Gewicht ist 2,649.

Der auf mehr als 50 Lachter Tiefe, mit so vielen Conchylien und Corallengewächsen angefüllte Kalchstein, des dem Hübichenstein benachbarten Iberges, wovon Nr. 96. des Cabinetts (ob es gleich von einem ganz andern Orte, nemlich vom Kalenberge bey Elbingerode gebrochen, dennoch wegen der Uebereinstimmung beyder Gebirge) ein Probestück liefert, ist gar nicht in regelmäßige Bänke und Schichten abgetheilt, und seine unregelmäßigen Spaltungen sind meistens vertical.*) Allein solche sind oft sehr weit und groß, wahrscheinlich vom Wasser ausgewaschen. Die Bergleute, die den im Innern des Berges nesterweise liegenden Eisenstein bearbeiteten, bedienen sich dieser Klüfte, um mit ihren Schächten darauf nie-

*) Herrn Viceberghauptmanns von Trebra Erfahrungen, 1ste Kupfertafel, Fig. 1. welche die Abbildung der Schiffelberger Klippe vorstellt.

nieder zu gehen und dadurch die Durchbrechung des außerordentlich festen Gesteins zu vermeiden. Auf ihnen fallen auch die Grubenwasser bis auf eine Teufe ab, die mit dem Fuße des Berges wagerecht seyn wird. Denn auf einem, gleich oberhalb Grund, mitternachtswärts in den Berg, zuerst durch Grauewacke und Schiefer, hernach durch das einfache Kalchgebirge hineingetriebenen Stollen, bricht beynahe auf der Gränze beyder Gebirgarten, aus einer Art von Drusenloche, eine starke auf diesem Stollen abgeleitete Quelle hervor, die höchst wahrscheinlich von jenen Grubenwassern und anderen auf den Klüften niederfallenden Tagewassern herrührt.

Das einfache Kalchgebirge, in der Gegend von Elbingerode und Rübeland, zeichnet sich vor dem bey Grund nur dadurch aus, daß daselbst außer dem gemeinen grauen Kalchsteine, imgleichen einem grauen schuppigten, oder eigentlich salinischen Kalchsteine, der an der Basthalbe, im Amte Elbingerode ganz ohne Seekörper vorkömt, dessen Gewicht 2,694. ist, und im Cabinette unter Nr. 91. geliefert wird; auch verschiedene Marmorarten vorkommen. Am Krokſteine bey der Marmormühle steht ein schöner braunbunter, auf mancherley Art schattirter und gemischter Marmor, voll Spuren von Seekörpern; sein Gewicht ist 2,782. Nr. 94. des Cabinetts liefert eine Probe davon. Man kann ihn hier in sehr großen Blöchen gewinnen.

Das Eisen hat großen Antheil an der mannigfaltigen Farbenmischung. Es finden sich ganze

Nester

Nester von Eisensteinen darin, und die von da ab sich morgenwärts nach Hüttenrode hinziehenden Eisensteinsgänge, scheinen aus diesem Marmor gleichsam auszulaufen.

Auch hier liegt an der Südseite des Marmorfelsen das Schiefergebirge aufgesetzt, welches man bey einer vorgenommenen Abräumung des Steinbruchs, deutlich wahrnehmen konnte. Der Felsen hat hier auf der Gränze mit dem thonigten Gebirge einige Aehnlichkeit mit einem Gange, dessen liegendes Marmor und dessen hangendes, die Gebirgart Nr. 49. ausmacht, welche sich zwar allmählich im reinen Thonschiefer verliert, aber doch die Eisensteinsgänge auf eine ziemliche Strecke begleitet.

An der entgegengesetzten, nemlich der Nordseite des Marmorfelsen, woselbst, wenn der Marmor ein Gang wäre, er das Hangende ausmachen müßte, ist wieder der vorige Fall, der Marmor macht hier wieder das Liegende, und die Gebirgart Nr. 49. das Hangende aus.

Näher nach Elbingerode zu, und zwar an der Ostseite des Fleckens, imgleichen bey Königshof und Rotehütte, findet sich ebenfalls eine Marmorart, welche sich vorzüglich wegen der schönen hellrothen Flecke vom vorigen unterscheidet. Sie ist ebenfalls eisenhaltig, aber nicht in der Maaße wie die vom Krokstein, dennoch aber leidet dieser Marmor leichter durch die Verwitterung als der vorige, ob er gleich im frischen Bruche viel fester zu seyn scheint. Nr. 93. des Cabinetts liefert eine Probe davon; sein Gewicht ist 2,699.

Auch diese Marmorart ist, obgleich nicht so häufig wie die vorige, dennoch ebenfalls mit Corallengewächsen und Seekörpern durchwebt, allein auf frischem unverwitterten Bruche unterscheidet man sie sehr selten. Werden die weicheren eisenschüssigen Kalchtheile mit Hülfe der Feuchtigkeiten und der Verwitterung zerstört; so bleiben, wenn sie nicht gar zu stark gewirkt hat, die kalchartigen Fungiten und dergleichen Seekörper stehen, daß man sie deutlich erkennen kann. Allein sie sind oft in einem sehr zerbrechlichen Zustande, und oft so sehr mit der Säure des dem Marmor beygemischten Eisens gesättigt, daß sie fast gar nicht mehr mit der Salpetersäure ausbrausen.

Zuweilen ist aber der Marmor auch mit Quarzadern durchwebt, welche also natürlicherweise stehen bleiben, wenn die durch Feuchtigkeiten entbundene Säure des Eisens, den Kalch zerstört. Von dieser Art ist das Gestein, worin sich die merkwürdigen sogenannten Schraubensteine finden; Allein dieses ist mehr eine vielleicht quarzigte, zuweilen jaspisartige Gangart, als eine mit Quarzadern durchsetzte Marmorart zu nennen. Sonderbar ists aber, daß die sogenannten Schrauben, ebenfalls quarzig sind, da doch solche nur der Kern oder die Spindel eines ehemaligen organischen Körpers ist, der man es deutlich ansehen kann, daß sie ehemals von andern weichern Theilen muß seyn umgeben gewesen, die jetzt zerstört sind.

sind. Konnte die Spindel mit Kieselerde durchdrungen werden, warum konnten nicht auch die weicheren Theile diese Veränderung erfahren? vielleicht erhärteten sie nur nicht in dem Grade, als die von Natur schon härtere Spindel; mithin konnten sie also leichter wieder zerstört werden, da auch selbst die Spindeln jetzt schon in einem Zustande gefunden werden, worin sie ihrer gänzlichen Zerstörung nahe sind.

Nr. 95. des Cabinetts liefert von beyden eine Probe: das eine, nemlich Kalchartige, ist von einer freystehenden Klippe gleich unterhalb Rotehütte genommen. Das andre, Quarzigte, mit der einsitzenden Schraube, ist von der Grube Kuhbach bey Rübeland, woselbst diese Art auf dem Eisensteinsgange zwischen dem Liegenden des Marmors und dem Hangenden des Schiefers vorkömt. Ich werde in dem Abschnitte von den Versteinerungen ausführlicher davon reden.

Zunächst Rübeland besteht das einfache Kalchgebirge aus einem schwarzen Marmor mit weißen Adern, der nie in einigermaaßen beträchtlich grossen Stücken völlig schwarz und ohne diese gefunden wird, wovon Nr. 88. des Cabinetts eine Probe liefert; sein Gewicht ist 2,701. Er hat eben so wenig wie der Krockstein und das übrige Kalchgebirge, paralelle Schichten und Lagen, sondern alles besteht aus großen, unregelmäßig geformten Bruchstücken. Seine schwarze Farbe, die bey der Calzination gänzlich verschwindet, scheint also von bituminösen Theilen herzurühren, da er nemlich auch beym Zerschlagen großer Stücke einen etwas stinksteinartigen Geruch verräth. Corallengewächse und andere Seekörper, finden sich nur sehr selten darin. In ihm liegt die berühmte Baumannshöhle, die ich im dritten Capitel dieses Abschnitts besonders beschreiben werde.

Von eben dieser schwarzen Marmorart setzt bey Hasselfeld eine Klippe nur eben aus dem Schiefergebirge zu Tage aus; wie solches der kleine auf der Charte blau illuminirte Fleck zeigt.

Auf gleiche Weise setzt eine etwas geringere graue Marmorart bey Blankenburg zu Tage aus, und bildet daselbst zunächst an dem Flözgebirge, den dortigen Schloßberg, der Blankenstein genannt.

Dieses wären also die Kalchgebirgarten, die ich, im Verhältniß mit dem einfachen Thon- oder Ganggebirge, mit Recht glaube unter die ältern zählen zu dürfen. Die nächst folgenden, nicht minder unter die Kalcharten des Ganggebirges gehörigen, scheinen in Ansehung ihres Alters entweder mit dem Ganggebirge gleichzeitig entstanden zu seyn oder sie sind auch wirklich aufgesetzt. Ich werde also wohl thun, davon ein besonders Capitel zu machen.

Zweytes Capitel.

Von dem Kalchgebirge, welches mit dem Schiefer ꝛc. Gebirge gleichzeitig zu seyn scheint, oder mit ihm abwechselt; und bald auf das einfache Kalchgebirge, bald aber auch auf das Schiefergebirge aufgesetzt ist.

Ich muß den geneigten Leser bitten, sich dasjenige zu erinnern, was ich im Anfange des Sechsten Capitels im vorigen Abschnitte gesagt habe; so wird es einleuchtend seyn, wenn ich die Wahrscheinlichkeit darzuthun suche, daß damals, als das einfache Kalchgebirge mit Wasser bedeckt war, so viele ganz- auch halb aufgelösete Kalcherde in niedrigern Gegenden konnte abgesetzt werden, daß zwischen den thonigten Gebirgsschichten, ganze Kalchsteinschichten sich mit einmischen; auch daß diese Kalcherde sich flötzartig, sowohl auf dem einfachen Kalchgebirge, als auch auf dem Schiefergebirge lagern konnte. Ich werde von beyden Fällen Umstände anführen, die solches einigermaaßen glaublich machen.

Man hat zwischen **Lautenthal** und **Hahnenklee**, mit dem Lautenthaler Hoffnungsstollen unvermuthet in einer saigern Teufe von 86 Lachtern, beym Durchbrechen des mit Schiefer und Grauerwacke abwechselnden Queergesteins, eine Schicht

Schicht Kalchstein getroffen, den man woll unter die geringeren lichtgrauen Marmorarten zählen könnte: Er ist einzeln mit weißen Spathadern durchkreuzet, ganz ohne alle Versteinerungen, sein Gewicht ist 2,720. und Nr. 89. des Cabinetts ein Exemplar davon. Er macht hier also vielleicht eine Schicht zwischen den thonigten Ganggebirgs-Schichten, vielleicht auch ein sogenanntes Nest oder Niere in selbigem aus. Das Ausgehende hat bis jetzt noch nicht unter der Dammerde können gefunden werden: seine Entstehung muß also doch woll wahrscheinlich mit dem thonigten Ganggebirge gleichzeitig seyn.

In eben diese Classe gehört aller Wahrscheinlichkeit nach auch der Kalchstein Nr. 90. des Cabinetts. Er scheint am Schulenberge eine nicht gar tief niedersetzende Schicht, zwischen dem Gestein Nr. 48. und dem Sandsteine auszumachen. Er ist etwas aschgrau von Farbe, die von dem wenigen ihm beygemischten Thone herrühret, daher er denn auch etwas thonartig im Bruche aussieht, und zuweilen mit etwas dunkelgrauen Streifen durchzogen ist. Man findet keine Spur von organisch gewesenen Körpern darin: sein Gewicht ist 2,711.

Nun folgen die Kalcharten, die theils auf das Schiefergebirge, theils aber auch auf das einfache Kalchgebirge aufgesetzt sind.

Zur erstern Art gehört der Marmor des Okerthals am Rohmke, der daselbst ohne alle Spuren organisch gewesener Körper vorkömt. Er scheint daselbst gleichsam ein Stockwerk zwischen Schiefer,

Trapp

Trapp und Granit auszumachen. Er liegt beynahe in eben den, der Horizontallinie sich nähernden schwarz und weiß abwechselnden Streifen, worin der ihm benachbarte gestreifte Trapp vorkömt: nur mit dem Unterschiede, daß die abwechselnden Streifen sich nicht so scharf und regelmäßig wie am Trapp abschneiden, sondern sind vielmehr nur den Streifen sich nähernde Flecke, die in ihrer Mischung oft sehr artig ausfallen. Das Schwarze scheint jedoch den Grund auszumachen, und die weißen, paralell miteinander fortlaufenden Streifen, nähern sich einander sehr oft, durch gleichsam ablaufende Trümmer, die zuweilen ganz in einander fließen. Das Cabinett liefert von dieser sonderbaren Marmorart zwey Exemplare, unter Nr. 86. und 87., deren letzteres mehr deutliche Streifen zeigt, als das erstere. Ihr Gewicht ist 2,764.

Sowohl das Weiße, als auch vorzüglich das Schwarze in diesem Gestein, ist häufig mit Thon gemischt, und dieses ist bald Fleck- bald Streifenweise an der Luft herausgewittert und wie vom Regen ausgewaschen. Die mehr reinen kalchartigen, auch woll mit unter etwas quarzigten, zuweilen aber ganz aus Kalchspath bestehenden weißen Streifen und Flecke, haben nemlich der Verwitterung stärker widerstanden, und sind völlig unversehrt geblieben, so daß sie oft einen Querfingerbreit vorstehen: daher haben denn diese Klippen auf dem Querbruche ein sehr seltsames löcheriges; und gleichsam schlackenartiges Ansehn. Zuweilen ist der schwarze mit Thon gemischte Kalk

so

so stark von der Verwitterung angegriffen, daß man etliche weiße Lagen leicht ablösen kann.

Wird dieses Gestein nach der durch das Quergestein gehenden Richtung in Tafeln geschnitten, so gewinnen diese dadurch ein auffallend schönes Ansehen. Man verfertigt Tischblätter von allen Größen daraus, nur nehmen die weißen Flecke und Streifen ihrer größern Härte wegen, eine höhere Politur an als die schwarzen.

Da dieses Gestein so stark mit Thon gemischt ist, daß die Salpetersäure bey weitem nicht alles von ihm auflößt, so frägt sichs, ob ihm der Name Marmor so eigentlich im genauern Verstande zukomme oder nicht? Ich könnte ihn daher eben so gut in das Sechste Capitel des Dritten Abschnitts, und also in die Classe der thonartigen Gesteine setzen, die bey ihrem Niederschlage so viel Kalchtheile des einfachen Kalchgebirges in sich aufgenommen hatten, und mit deren Arten er ziemlich gleichzeitig zu seyn scheint; allein die Kalcherde hat hier zu sehr die Oberhand. Es mag sich also diese Gebirgart an jenes Sechste Capitel eben so anschliessen; wie die jetzt folgende Schiefer- und Marmor-Breccia, die sich an der Basthalbe im Amte Elbingerode zunächst an der Gränze mit dem Schiefergebirge findet; sie ist aus Thonschiefer- und Marmorbrocken unregelmäßig zusammengebacken. Nr. 118. liefert eine Probe davon, das Gewicht ist 2,788.

Weit inniger und unsichtbarer sind aber Thonerde und Kalcherde bey dem Gestein Nr. 103. des

Cab.

Cab. verbunden. Es ist dieses ein ziemlich fester, tafeligter, gelblichgrauer Mergelschiefer, so auf dem einfachen Kalchgebirge des Ibergs bey Grund, flötzweise aufgesetzt ist. Er zeigt beym Zerspalten allerley schwarze, selten gelbbraune, dendritische Zeichnungen, die von aufgelößten Eisen: oder Braunsteintheilen herzurühren scheinen, die sich durch die feinen Klüfte im Gesteine haben zu verbreiten gesucht, und sich wegen genauem Zusammenschließens der Schiefertafeln, nur in so saubern dendritischen Ramificationen haben ausbreiten können, wie wir sie in den Exemplaren, die wir vor uns haben, bemerken. Wegen Härte des Gesteins haben diese metallinischen Auflösungen nicht so tief hineindringen können, als man es an den andern, z. B. den viel schönern Pappenheimer dendritischen Mergelschiefern findet, man kann auf gegenwärtigen Exemplaren die Dendriten endlich wegschleifen. Das Gewicht ist 2,413.

Nachstehende vier Kalchsteinarten sind reiner, ebenfalls flötzartig aufgesetzt: sie werden auf den Eisenhütten als Zuschlag gebraucht, um das Schmelzen in Fluß zu bringen, wozu man diese lieber als jede andre Kalchsteinart wählt, weil sie selbst etwas Eisen enthalten, so dem Schmelzen mit zugeht. Man belegt sie auf den Harzischen Eisenhütten, so wie jeden andern nicht eisenschüßigen Kalchzuschlag, mit dem sonderbaren Trivialnamen Kuhriemen. Der Herr von Rohr hat solche in seiner Beschreibung des Harzes, auf lateinisch Corem genannt. Die Etymologie dieses Worts läßt sich nicht bestimmen.

Zuerst

Zuerst kömt unter Num. 100. des Cabinets ein brauner, blätteriger, sehr eisenschüßiger Kalchstein vor, welcher am Rabenstein, zwischen Elbingerode und Elend gebrochen wird. Er ist so reichhaltig an Eisen, daß er schon als sehr leichtflüßiger Eisenstein für sich allein kann verschmolzen werden, und ist in dieser Rücksicht als ein wie Gebirgsart vorkommender Eisenstein merkwürdig; sein Gewicht ist 2,844.

Die zweyte Art ist ein brauner eisenschüßiger Kalchstein, der eigentlich aus lauter [illegible] Entrochiten bestehet, die durch Eisen zusammen geleimt sind. Sie bilden am Bomshey bey Elbingerode ein auf Schiefer aufliegendes mächtiges Flötz, in und unter welchem sich sehr gute und reiche Eisensteine finden. Das Gestein ist sehr fest, und nimt beym Anschleifen eine [illegible] gute Marmorpolitur an. Man könnte [illegible] leicht unter die Lumachellen rechnen, [illegible] eigentlich dem Marmor zukömt, der [illegible] Farben hat und voller Versteinerungen [illegible] 99. des Cabinetts liefert eine Probe [illegible] sein Gewicht ist 2,882.

Die dritte Art ist ein pfirsichblüthfarbener feinblätteriger etwas eisenschüßiger Kalchstein [illegible] gebrochen, sein Gewicht ist 2,704. [illegible] Bastholz im Amte Elbingerode, ohnweit [illegible] Hütte, mit der vierten Art vermischt [illegible] ebenfalls ein schön feinblättriger weißer, [illegible] eisenschüßiger Kalchstein, so sich auf den [illegible] etwas [illegible] anfühlt. Sein Gewicht [illegible] und 103. seine Nr. im Cabinet. [illegible]

Wenn

Wenn gleich der ebenfalls unter dem Namen Kuhrimmen mit begriffene bläulichgraue Kalchstein Nr. 98. des Cabinets, nicht eben flötzartig aufgesetzt ist, sondern am Grefenhager Wege bey Elbingerode in großen, etwas zerrissenen Massen ohne alle organische versteinerten Körper vorkömt, und in eine beträchtliche Tiefe nieder zu setzen scheint; so gehört er doch unter die Kalchsteinarten, welche durch Wasser eine Veränderung erlitten haben, und in dieser Rücksicht verdient er hier seinen Platz. Der Kalch erscheint hier völlig in spathartiger, größtentheils weißer Gestalt und ist sehr stark mit Eisen vermischt und eingesprengt. Es kommen Nester von sehr guten Eisensteinen darin vor. Sein Gewicht ist 3,157.

In der Gegend von Scharzfeld findet sich ein an der äußersten Gränze des Schiefergebirges aufgesetzter sandigter Kalchstein ohne Spuren organischer Körper, von welchem es schwer zu bestimmen ist, ob er mit in die Classe der bisher beschriebenen Kalchsteinarten gehöre, welche höchstwahrscheinlich weit älter als das Flötzgebirge sind, oder ob er wirklich schon zum Flötzgebirge mit gehöre: die innige Vermengung dieses Gesteins mit Sande, auch etwas Thonerde, die in dieser Masse den ältern Kalchgebirgsarten nicht eigen zu seyn pflegt, sondern mehr dem Flötzgebirge eigen ist; giebt einige Wahrscheinlichkeit, daß diese Gebirgart dazu gehöre, indessen spricht doch die dem Flötzgebirge sonst eben nicht eigene Structur dieser Felsen, die an der alten Steinkirche und anderen neben dem Dorfe Scharzfeld freystehenden schroffen

Felsen; imgleichen an der, worauf das ruinirte Schloß Scharzfeld steht, auch am Römerstein, ohnweit Steina, sich hat ist; einigermaßen für den ältern Ursprung.

Die Scharzfelder Höhle, oder das sogenannte Einhorns-Loch liegt in dieser Gebirgart, wovon Nr. 81. des Cabinetts eine Probe ist, deren Gewicht 2,489. Dieses Gestein steht oft in ungeheuren großen Blöcken, die beim Zerschlagen einen schwachen Stinksteinartigen Geruch verrathen, der näher nach dem Flözgebirge zu, und zwar schon im eigentlichen Flözgebirge, z. B. in der sogenannten Sandkuhle bey Scharzfeld, wovon das Exemplar Nr. 109. des Cabinetts eine Probe liefert, immer merklicher wird.

Ich kann nunmehro zu dem Abschnitt von den Flözgebirgen übergehn, von welchen die Gebirge, wovon ich zuletzt geredet, nicht gar deutlich genug zu unterscheiden sind. Vorher aber muß ich der in den bisher beschriebenen Kalchgebirgen vorhandenen merkwürdigen Höhlen, in einem besondern Capitel erwähnen.

Drittes Capitel.

Von den in diesem Kalchgebirge vorhandenen merkwürdigsten Höhlen.

Alle diese Höhlen findet man niemals ganz am Fuße der Berge, sondern beynahe allezeit nicht gar tief unter den höchsten Kuppen derselben. Der Bergmann der Flözgebirge nennt sie Kalchschlotten.

Sie sind wahrscheinlich nichts anders, als vom Wasser ausgewaschene leere Räume, in welchen eine weiche, nicht ganz zu Stein verhärtete mürbe Kalcherde befindlich war, die durch Wasser gar leicht konnte ausgewaschen werden. Natürlicherweise konnten dabey auch solche Theile endlich herausgespület werden, die bisher zur Haltbarkeit der grossen Felsenmassen gegeneinander etwas beygetragen hatten, und dadurch mußte endlich die Kuppe des Berges einstürzen. Lehnte sich nun bey diesem Zusammensturz ein grosses Felsenstück gegen ein anderes, was den gänzlichen Niedersturz verhinderte, ~~so entstanden~~, durch Sperrung derselben, die großen Höhlen die wir noch darin antreffen. Wo aber diese Bruchstücke sich nicht so vortheilhaft aneinander lehnen und sperren konnten, stürzte alles nieder und verursachte auf der Oberfläche der Erde die tiefen Gruben, so unter dem Namen der Erdfälle, die man in dem Kalchflözgebirgen so häufig antrift, bekannt sind.

z. B. In der Gegend von Herzberg findet man sie sehr häufig: theils trocken, theils voll Wasser, wie das Teufelsbad, der Jüsteich und der Ochsenpfuhl, welcher letztere Zuflüsse von einem hineingeleiteten Bach hat. Ob man gleich keinen Ausfluß bemerkt, so erhebt sich sein Spiegel doch niemals über den einmal gewöhnlichen Wasserstand, und schickt wahrscheinlich seine Zuflüsse in gleicher Menge durch benachbarte unsichtbare Kalchschlotten wieder fort.

Doch ich wende mich zu den Höhlen, welche man im einfachen Kalchgebirge des Harzes antrift, die eigentlich den Gegenstand dieses Capitels ausmachen.

Unter diesen verdient die Baumannshöhle bey Rübeland im Blankenburgischen den ersten Rang. Sie liegt in dem zuweilen mit Corallengewächsen durchflochtenen schwarzen Marmorgebirge, Nr. 88. des Cab. etwa 40 Lachter über dem Spiegel des Bodeflusses, an dessen nördlichem Ufer, und von da ab, mag der Berg etwa noch 20 Lachter bis zu seinem höchsten Puncte ansteigen. Ihre Erstreckung geht ohngefehr in der 10ten bis 11ten Stunde nach Norden zu, und hat einen ziemlich geräumigen Eingang.

Daß sie von Anfang der Entstehung [illegible] Kalchgebirge da gewesen sey, widersprechen [illegible] wild über einander gestürzten Felsen, [illegible] ihre Sperrung die mannichfaltigen [illegible] schen sich lassen. Der Tropfstein [illegible]

[illegible]

miteinander verbunden, daß sie wie zusammengewachsen sind, und also ein sehr festes Gewölbe bilden.

Die Höhlen, die man aber wegen der fürchterlichen und rauhen Klippen noch nicht alle durchkrochen hat, auch wahrscheinlich niemals durchkriechen wird, sind auf die wunderbarste Art miteinander verkettet. Gewöhnlich besucht man nur fünf hinter, neben, unter und über sich miteinander verbundene Höhlen, und wer wird sie wohl ohne heiligen Schauder betreten! Große feyerliche Todtenstille herrscht hier in diesen hohen und weiten Gewölbern, wo man keinen andern Laut hört, als das einsame Geräusch der fallenden Wassertropfen. Jeder Ton den man von sich giebt, wird von einem weiten hohlen und dumpfen Nachhalle begleitet. Welche Gedanken bemeistern sich hier der Seele, wenn man bedenkt, daß man jetzt unter den Trümmern der Zerstörung, neben Abgründen, unter einsturzdrohenden Felsen, über Abgründe weggehe, die nur mit hingeworfenen Felsenmassen bedeckt sind, und wenn man bedenkt, daß man jetzt unter Corallenbänken krieche, wo vor Jahrtausenden Meeresströhme wühleten.

Die Ecken der großen Marmorblöcke sind sämtlich wie abgerundet, welches aber von der auflösenden Kraft des Tropfwassers herrühret. Denn wo Wasser und Feuchtigkeiten den Marmor an allen Ecken benagen, und vielfältig den aufgelößten Kalch, als Sinter oder Tropfstein, an andern Orten derb wieder ansetzen, kann ein scharfeckigtes Bruchstück bald bis zur Kugel abgerundet werden, ohne je seine Stelle verändert zu haben.*) Fast alles ist mit Kalchsinter oder Tropfstein überzogen, der da, wo das Wasser an verticalen oder schiefen Flächen heruntergeflossen ist, das Ansehen hat, wie sich erst anfangende kräuselnde Wellen: oft aber bildet er allerley groteske Figuren, denen eine fruchtbare Einbildungskraft allerley wunderbare Namen gegeben hat. Der merkwürdigste Stalactit, ist eine etwa ein Lachter hohe, etwa 6 Zoll im Durchmesser haltende freystehende Säule, die von oben herab durch das kalchhaltige Tropfwasser, zuerst als Stalactit erzeugt ist. Vom Fußboden herauf thürmete sich die in dem abgetröpfelten Wasser enthaltene Kalcherde, ebenfalls zu einem Stalactiten auf, und so begegneten sich beyde in der Mitte, wo sie sich zu einer freystehenden Säule verbanden. Wenn man mit einem Hammer daran schlägt, klingt die Säule wie eine große Glocke. Ein Zeichen daß der Tropfstein sehr dicht und fest seyn muß, wie solches auch andere abgeschlagene Stücke Tropfstein beweisen. Er ist spathartig, etwas durchscheinend und oft ganz weiß im Bruche, zuweilen aber auch mit einer gelblichen, [illegible] schmutzigen Rinde überzogen, welche von [illegible] Tropfwassern herrühren mag. Oft ist eine [illegible]

*) Dieses kann auch bey festem Felsen Statt [illegible] wie solches blosstehende Granitfelsen, z. [illegible] Hopfensäcke, Wollsäcke, Tuchladen rc. ([illegible] den Abschnitt vom Granit) oftmals [illegible] darf also nicht glauben, das alles, was [illegible] zu frey gebirge Geschiebe nennt, durch [illegible] rollen im Wasser abgerundet sey.

braune Rinde wiederum mit weißem Stalactit überzogen, und findet man manchesmal beym Abbrechen eines solchen Stalactits, verschiedene Ringe, die durch das oftmalige Uebersintern einer schmutzigen Rinde, entstanden sind.

Je nasser die Witterung, je mehr tröpfelt das Wasser in der Baumannshöhle. Fällt in langer Zeit kein Regen, so hört das Tröpfeln beynahe ganz auf. Das auf der Höhe liegende Erdreich, ist gleichsam der Schwamm, der auf ganze Monathe Wasser einsammlen kann, um es nach und nach durch enge Gänge der Höhle zuzuführen, wie leicht kann also nun das Tropfwasser von unreinen Tagewassern verunreinigt werden! Je näher nach dem Tage hinauf, desto häufiger ist der Tropfenfall, und hier findet sich zuweilen auch etwas kalchartige Guhr. An einigen Stellen des Fußbodens findet sich der Stalactit, auch in losliegenden runden Körnern oder Kuchen, wie das sogenannte Steinconfect von Tivoli (confetto di Tivoli.)

Sonderbar scheint es zu seyn, daß die Stalactiten weiß sind, da doch der Marmor, aus dessen Auflösung sie entstanden, größtentheils schwarz ist. Allein, da die schwarze Farbe des Marmors, die im Calcinirfeuer gänzlich verschwindet, höchst wahrscheinlich von dem ihm beygemischten Bitumen herrührt, so sich beym Reiben oder starken Schlagen, durch den wiewol nur schwachen stinksteinartigen Geruch zeigt; so ist wol nichts natürlicher, als daß das Tropfwasser die ihm näher verwandte reine Kalcherde leichter in sich auf-

aufnehmen konnte, als das ihm völlig fremde Bitumen; mithin konnten diese Stalactiten also nicht gefärbt werden, sondern mußten die natürliche Farbe der reinen Kalcherde erhalten.

In dem schwarzen Marmorbruche am Burgberge, der Baumannshöhle gegenüber, hat man auch eine dergleichen Tropfsteinhöhle entdeckt, die, wie man sagt, bis auf 50 Lachter in den Berg hinein gehen soll.

Noch eine andere ist neuerlicher entdeckt, und im Hannoverischen Magazin 1788. 68. Stück beschrieben. Es ist dieses die sogenannte Bielsteinshöhle, ehemals das Mehlloch genannt. Sie liegt Nordwestwärts der Baumannshöhle an dem schräg gegenüber liegenden Berge, etwa 80 Fuß über dem Spiegel der Böde. Ihre Richtung geht größtentheils gegen Morgen gekehrt. Der Tropfstein derselben hat aber schon eben so abentheurliche Namen erhalten, wie sie der Tropfstein der Baumannshöhle vor einem Jahrhunderte erhielt, z. B. das wellenschlagende Meer rc.

In dem Stalactit der Baumannshöhle, ehemals aber in dem schwärzlichen Marmor, finden sich calcinirte Thierknochen; so wie auch in der Scharzfelder Höhle. In dem, den [illegible] geöffneten Körpern gewidmeten, besondern Abschnitte werde ich ausführlicher über die [illegible] knochen reden.

Von Stalactit mit Knochen und [illegible] stücken [illegible], siehe Schriften der Gesellschaft natur-

naturforschender Freunde in Berlin, 5ter Band, p. 217. Nach meiner Meinung sind diese Kohlen nichts anders als Ueberbleibsel von dem Feuer, was wahrscheinlich ehemals die Arbeiter in der Höhle angemacht, die hin und wieder einige Hindernisse wegräumen mußten, die den sie besuchenden vielen Fremden, die Befahrung der Baumannshöhle so sehr erschwerten. Ich weis auch für ganz gewiß, daß einmal eine Privatperson einige Bohrlöcher mit Pulver hat wegsprengen lassen, um desto leichter einen Vorrath von Knochen und Zähnen aus den Trümmern ausschlagen zu können. Gemeiniglich machen die Arbeiter bey jeder Arbeit, die auch nur einige Stunden dauret, ein Feuer an, und solte es auch nur zum Anzünden der Tobackspfeifen nützen. Diese Gewohnheit ist, besonders an einem so kalten Orte wie das Innere der Höhle, so allgemein, daß dergleichen Leute das etwas mühsame Hineinbringen des Holzes nicht achten. Die von diesem Feuer übrig gebliebenen Kohlen und Splittern von den aus den Steinen ausgeschlagenen Knochen, beflossen wieder mit Tropfwasser, und verbanden sich durch die daraus abgesetzte Kalkerde zu festen Massen, deren Bruchstücke zu dieser Erscheinung Gelegenheit gaben.

*) Der Herr Viceberghauptmann von Trebra hatte einstens die Güte, mir seine Gedanken über diesen Gegenstand mitzutheilen. Es äusserte Derselbe die Vermuthung, daß diese Kohlen vielleicht gar wirkliche Thierknochen gewesen seyn könnten, da [illegible] „Ich besitze ein Stück übersinterten Mergel „aus der Baumannshöhle, wo Bruchstücke von „schwa-

Ich wende mich nun zu der zweyten merkwürdigen Höhle des Harzischen Kalchgebirgs, nemlich zu der Scharzfelder, so genannten Einhornshöhle. Man steigt in diese Zoolithenhöhle, die vieles mit der in Franken belegenen Gailenreuterhöhle gemein hat, durch eine fast senkrechte Oefnung, auf rohen in den Felsen eingehauenen Stuffen hinab. Der durch einen herabgefallenen beträchtlichen Felsen erweiterte Eingang ist oben viel enger, als unten, und das durch diese Oefnung in das erste grose Felsengewölbe hineinfallende Tageslicht thut eine große feyerliche schauderhafte Wirkung. Hernach erstreckt sich die Höhle nordwärts, und wie man sagt, auf 8000 Fuß tief in den Berg hinein: aber sie hat doch bey weitem nicht das feyerlich Grose und die Wildheit der Baumannshöhle.

Da die Gebirgsart dieser Einhornshöhle, so man im Cabinett unter Nr. 84. antrift, nicht so vielen Kalch in ihrer Mischung hat, als der ganz und gar aus Kalch bestehende Marmorfelsen der Baumannshöhle; so ists auch kein Wunder, daß der Tropfstein hier niemals so lange Zacken wie dort bildet. Nur blos mit einem sehr dünnen Rindenstein sind die Wände überzogen.

schwachen Knochen, etwa wie ein Schwa„nenkiel dick, ganz schwarz, völlig wie zu „Kohle gebrannt, neben dergleichen etwas „größeren Knochen, die ganz weiß sind, ein„gestreut sitzen. Ich habe dergleichen Bruch„stücke von schwarzen Knochen auf Kohlen ge„legt, und habe sie durchs Ausglühen wieder „weiß erhalten."

hin und wieder findet man große Scheiben von Tropfstein auf dem Fußboden, der sonst gemeiniglich mit einer feinen losen kalchartig animalischen, zuweilen kleine Hügel bildenden Erde bedeckt ist. In dieser Erde wird noch Thierknochen gegraben, die der abergläubige gemeine Mann, ehemals zu Arzeneien in mancherley, besonders epileptischen Zufällen gebrauchte, und für Einhornsknochen hielt, daher er denn auch die ganze Höhle, die Einhornshöhle nennt. Von diesen Knochen werde ich im folgenden Abschnitte ausführlicher reden.

Es kommen dieser Höhlen in dem Harzischen Kalchgebirge noch mehrere vor, z. B. das Pillekenloch bey der rothen Hütte u. d. gl. aber ich trage Bedenken, mich bey der nähern Beschreibung derselben aufzuhalten. Auch im Kalchgebirge des Ibergs bey Grund finden sich ebenfalls verschiedene Höhlen, worin Tropfsteln und cristallisirter Kalchspath, auch cristallisirter Kalchsinter vorkömmt: allein die meisten dieser Höhlen sind dadurch entstanden, daß man den nesterweise in diesem Kalchgebirge liegenden Eisenstein, der Kalch- und vorzüglich schönen schweren Spath in mancherley herrlichen Cristallisationen als Gangart bey sich führte, aus ihm herausgeholt hat.

Imgleichen werde ich die nähere Beschreibung der Höhlen, welche im Flözgebirge vorkommen, gänzlich übergehn, weil alles bisher über die Felsenhöhlen gesagte, auch auf diese anwendbar ist. Sie liegen größtentheils im Gyps, und verhalten sich fast eben so, wie die im [illegible] Kalchgebirge;

birge;

berge; außer daß man keinen Stalactit in ihnen findet, sondern hin und wieder nur etwas Gypsspath. Man kömt beym mühsamen Durchkriechen dieser Höhlen, gemeiniglich zuletzt auf Wasser, und man kann die Höhlungen nicht weiter verfolgen. Hat man aber von diesen Höhlen nur eine gesehen, so kennt man sie sämtlich. Die beträchtlichsten derselben sind: die Jettenhöhle bey Düna, das Weingartenloch zwischen Osterhagen und Nixey, die Kelle ohnweit Werna in der Grafschaft Hohnstein, das Ziegenloch bey Sachswerfen, das Försterloch bey Steigerdahl und die Heimkehle im Stollbergischen — und noch mehrere, welche Herr von Rohr und Zückert umständlich beschrieben haben.

Es fehlt in diesen Gegenden nirgends an Fabeln von Gold- und Silbererzen, so aus diesen Höhlen zuweilen noch in unsern Tagen, in Gestalt einer Erde, von unbekannten Fremden heraus geholt werden. Doch ich thue solchen Ungereimtheiten schon zu sehr viel Ehre an, wenn ich sie auch nur mit einem Worte berühre.

Fünf=

Fünfter Abschnitt.

Von den Versteinerungen und Spuren ehemals organisch gewesener Körper, welche sich sowohl in und auf den Harzischen Ganggebirgen, als auch in den einfachen Kalchgebirgen finden.

Ich habe zwar schon bey einer jeden Gebirgart angezeigt, ob und was für Spuren organisch gewesener Körper aus dem Thier- und Pflanzenreiche sich in ihnen finden, allein ich muß solche doch hier neben einander stellen, um über den einen oder den andern Gegenstand noch etwas Ausführlicheres sagen zu können.

Es gehörte lange Zeit in der Gebirgslehre dazu, um zu dem Character der einfachen Thon- oder Ganggebirge, auch die Eigenheit zu finden, daß sich Spuren organisch gewesener Körper darinnen aufhielten, und man gab endlich zu, daß woll auf ihrer Oberfläche, nie aber in beträchtlicher Tiefe, dergleichen sich finden könnten, allein man hat nun auch schon mehrere Erfahrungen vom Gegentheil, und auch beym Harzischen Gebirge,

birge, haben sich unläugbare Beweise ergeben, daß man auch in grosser Tiefe (wiewohl selten,) Spuren davon antreffen könne.

In der Grube tiefer Johannes zu Eibenthal, hat man 200 Lachter unter Tage, deutliche Madreporen in der Grauwacke angetroffen. In der vortreflichen und lehrreichen Sammlung des Herrn Vizeberghauptmanns von Trebra, findet man unter andern merkwürdigen Sachen, auch Bruchstücke von unbekannten grossen Schilfblättern, die auf ihrer Oberfläche ebenfalls ein [illegible] steinkohlenartiges Ansehen haben; imgleichen einen Abdruck von einer Saamenfrucht; [illegible] cannelirten und noch dazu gegliederten Rohrstengel; einen Zweig von der [illegible], der noch deutlich etwas von seiner Wurzel an sich hat, in Grauwacke. Ferner Strombiten und Ammonshörner, die Kies worden sind *) von der Grube Haus Wolfenbüttel bey Zellerfeld.

Sowohl in der Sammlung des Herrn Oberbergmeisters Stelzner, als auch in der nicht minder lehrreichen Sammlung des Herrn Apothekers Ilse:

*) Der Baron Dietrich scheint es in einer Anmerkung zur französischen Uebersetzung des von Trebraischen Werks vom Inneren der Gebirge, zu bezweifeln, daß diese Körper wirklich Kies worden sind; aber ich habe in meiner Sammlung ein zerbrochenes Exemplar davon, so es auf dem Bruche deutlich beweiset, daß das Ammonshorn durchgehends verkieset sey. Allenthalben giebt es mit einem starken Schwefelgeruche am Stahle Feuer.

Ilsemann zu Clausthal, finden sich ebenfalls unleugbare Beweise, daß auch in der Tiefe der Harzischen Ganggebirge, Ueberbleibsel von ehemals organischen Körpern anzutreffen sind, und daß also wahrscheinlich dieses Gebirge aus dem Bodensatze des Meeres entstanden seyn muß. Ich selbst besitze einen versteinerten Nautilum im rothen Jaspis, aus den Eisensteinsgruben bey Elbingerode; und der Corallenzinke, den ich zwischen Wildemann und Lautenthal in der Grauenwacke fand, (siehe dritter Abschnitt, drittes Capitel,) gehört ebenfalls mit zu diesen Beweisen.

Ich wünschte recht sehr, daß ich in jeden der Gebirgarten-Cabinette ein deutlicheres und besseres Stück hätte einlegen können, als das mir unvollständige Exemplar unter Nr. 21.; allein man wird bedenken, daß solche, so eben hererzählte Sachen, außerordentliche Seltenheiten sind, die man nicht wie jede Gebirgart haben kann.

Alle diese Arten kommen sehr einzeln nur im Gebirge vor; alle folgenden aber liegen mehr familienweise beysammen, und setzen mit ihren Schichten und Lagen, verschiedentlich zu Tage aus. So sehen z. B. die beyden fast horizontal liegenden Conchylienlager auf ziemlich hohen Puncten des Rammelsberges, gegen Norden zu Tage aus, incliniren etwas nach Mittag, und scheinen sich sehr weit auszubreiten, da man am Birkenthale, am Mahnberge und oberhalb der Juliushütte, Madreporen im Schiefer findet. Zwischen den Conchylien des Rammelsberges, findet man zuweilen

weilen Schwefel- und Kupferkies, Bleyglanz und Blende eingesprengt, auch wol in feinen Schnüren durch das Gestein durchsetzend.

Die gewöhnlichen Abdrücke so man hier findet, sind von Entrochis, und vorzüglich von mancherley Abänderungen der Hysteroliten, die aber nicht wie die von der Schalk, in so lange spitze, sondern etwas stumpfere und gleichsam ausgeschweifte Schaalen auslaufen, mithin also viel kürzer sind. Hernach Abdrücke von weitgeschweiften, sehr fein gestreiften Kammmuscheln und Chamiten; auch zuweilen breite krumme Muscheln, die dem Solen cukor sehr ähnlich sehen.

Nirgend aber findet man eine Spur von der natürlichen Schaale dieser Muscheln, wie solches im Flötzgebirge nicht ungewöhnlich ist; Alles sind hier nur Steinkerne und Abdrücke, zwischen welchen die ehemalige Schaale zerstört ist, so, daß man zwischen dem Steinkern und dem Abdruck einen leeren Raum findet, der die Dicke der ehemaligen Muschelschaalen genau bestimmt. Da nun eine jede Muschelschaale irgend eines Schaalthiers, auswendig ganz anders beschaffen ist als inwendig, so müssen bey Zerstörung der Muscheln Steinkerne und Abdrücke, oder besser, innere und äußere Abdrücke der jetzt zerstörten Muschel, nothwendig sehr von einander verschieden seyn.

Merkwürdig ists, daß man zuweilen Entrochiten auf den Steinkernen der Hysteroliten aufsitzend findet.

Eben

Eben diese Körper findet man auch an der Schalk, nur mit dem oben bemerkten Unterscheidungszeichen der Hysteroliten, wodurch man sie allezeit von den Hysteroliten des Rammelsberges unterscheiden kann. An beyden Orten findet man zuweilen im verwitterten Gestein sehr deutliche Fungiten oder Corallenschwämme, Madrepora, Turbinata, Fastigata &c. Sie sind in ihrem jetzigen Zustande ebenfalls noch kalchartiger Natur, und brausen, wenn sie nicht zu sehr verwittert sind, lebhaft mit der Salpetersäure auf, welche im unverwitterten Gestein ihr Verräther ist, wenn sie das Auge nicht von dem Muttergestein unterscheiden kann, welches gleiche Farbe mit ihnen hat, und oft mit dem Stahle Funken giebt.

Ich komme jetzt zu einem sehr merkwürdigen Ueberbleibsel eines ehemals organisch gewesenen Körpers, zu den sogenannten Schraubensteinen, die in der Hüttenröder Forst, und zwar auf der Eisensteinsgrube Kuhbach bey Rübeland; auch hernach als große Seltenheiten im Sandstein des Kahlenberges und Krohnsfeldes gefunden werden. Am erstern Orte finden sie sich als Lager, oder vielmehr in quarzigter und jaspisartiger Gangart des Eisensteinsganges, der zwischen dem Schiefer- und Kalchgebirge sein Streichen hat. Die Schrauben selbst sind quarzigter Natur *) aber doch oftmals

*) Man sehe des Hrn. Leibmedicus Brückmann in Braunschweig Abhandlung von den Edelgesteinen, 2te Fortsetzung, S. 5.
Schriften der Gesellschaft naturforschender Freunde in Berlin, 5ter Band. S. 309. 2c.

mals in einem Zustande, worin sie ihrer gänzlichen Zerstörung nahe sind. Man wird an dem Exemplar Nr. 95. des Cabinetts finden, daß diese Körper mit einer Schraube eine große Aehnlichkeit haben; allein bey genauerm Betrachten wird man sehen; daß das Wort Schraube hier nicht im strengsten Sinne des Worts darf genommen werden. Denn die sogenannten schneidenden Schraubengänge, bilden hier keine Schlangenlinie um einen Cylinder, sondern es sind sämtlich paralelle, größtentheils runde, zuweilen aber auch ovale Scheiben, die bald mit der Achse des Cylinders einen rechten Winkel machen, bald auch schief aufgesetzt sind. Jede Scheibe, die äusserst selten über 6 Pariser Linien im Durchmesser hat, bildet auf beyden Flächen eine Glorie, deren Strahlen scharf aus dem Centro auslaufen. Der Cylinder, auf dem diese Scheiben aufsitzen, ist oft kaum ½ Linie dick, zuweilen auch wohl etwas dicker, oft auch aus 5 paralell, dicht neben einander stehenden dünnen Cylindern zusammengesetzt, die in ihren Berührungspuncten ineinander fließen, daß der Cylinder dadurch beym Zerbrechen einen fünfeckigten Stern bildet, um welchen die Scheibe des sogenannten Schraubenganges eine Glorie bildet; zuweilen haben dann die Scheiben selbst eine fünfeckigte Gestalt angenommen.

Oftmals sitzen zwey Scheiben näher zusammen, gleichsam gepaaret, so daß z. B. der Zwischenraum zwischen diesen 2 Scheiben etwas größer ist, als der zwischen den folgenden, und so geht es wechselsweise. Die Länge der sogenannten Schrau-

Schrauben ist sehr verschieden; nie habe ich sie länger als 1½ Zoll gesehen; sie sitzen gemeiniglich in walzenförmigen Höhlen, rund herum ganz frey, und sind nur mit beyden Enden des Cylinders am Gestein befestigt. Bey noch nicht zu sehr zerstörten und verwitterten Schrauben, ist die grösseste Entfernung der Scheiben von der walzenförmigen Höhle oder dem Mantel (wenn ich ihn so nennen darf) die Hälfte ihres Halbmessers; je mehr die Scheiben aber zerstört und gleichsam weggefressen sind, desto grösser wird also der Zwischenraum zwischen dem Mantel und den Scheiben, die oft so weit zerstört sind, daß man an dem Cylinder, oder dem Stiele, oder der Spindel (wie man es nennen will) nur noch schwache, zuweilen gar keine Spuren, dieser Scheiben findet; oft auch ist alles nur ein brauner Eisenmulm, daß man den ganzen Körper mit den Fingern zu Pulver zerreiben kann. Indessen behält doch die Basis, worauf der Cylinder steht oder gestanden hat, noch allezeit den cirkelrunden Abdruck einer Glorie, die beynahe so groß ist, als der innere Durchmesser des Mantels. Dieser Mantel hat inwendig gemeiniglich einen schwachen und stumpfen Abdruck, von den damit correspondirenden Scheiben, daß man hier also deutlich sehen kann, daß zwischen der sogenannten Schraube und dem Muttergestein so den Mantel um sie bildet, etwas muß seyn verlohren gegangen, was auflösbarer in den Säuren war, als das quarzigte Muttergestein, und die damit homogene Schraube [illegible]

[illegible]

Die Anzahl derer auf einem zolllangen Cylinder aufsitzenden Scheiben, ist nicht gleich; Ich habe oft gefunden, daß eine solche Schraube von ½ Zoll im Durchmesser, auf der Länge eines Zolls 15 Scheiben hatte, indem eine andere von 3 Linien Durchmesser deren eben so viel zählte; gemeiniglich aber kann man annehmen, daß die Anzahl der Scheiben auf eines Zolls Länge, sich wie 4 zu 3 verhalten, wenn nemlich das Verhältniß der Scheiben-Durchmesser wie 1 zu 2 ist; das heißt, wenn 2 Schrauben beyde 1 Zoll lang sind. Die Scheiben der ersteren haben 3 Linien im Durchmesser, und die der andern 6, so hat erstere 16, und letztere 12 Scheiben.

Gemeiniglich findet man auf dem Gestein Nr. 82. des Cabinetts sonnen- oder glorienförmige Abdrücke, die man für Abdrücke von Entrochiten halten muß; diese sind aber nichts anders als einzelne Scheiben des sogenannten Schraubensteins: denn ich fand die Schrauben zuweilen besonders im Birkenthale nicht weit von der Ocker, so sehr kurz, daß auch woll nur eine Scheibe auf dem Cylinder aufsaß; ja ich habe sie auch gefunden, daß die glorienförmigen Abdrücke gar keine Scheibe, sondern nur den gewöhnlichen engen Zwischenraum zweyer benachbarter Scheiben mit dem kleinen Cylinder, zwischen sich hatten.

Sind diese Körper Glieder von den Strahlen der Meersterne, wofür einige, sowohl die Entrochiten, als auch die Schraubensteine halten, so

ists doch immer sehr sonderbar, daß sich im Gestein Nr. 99. so nebst einigen Chamiten und Terebratuliten, fast ganz aus Entrochiten besteht, gar keine eigentliche Schraubensteine finden, — eine nahe Verwandschaft unter beyden findet man leicht, und ich habe dadurch, daß mir eine Menge Schraubensteine durch die Hände gegangen sind, manche Vergleichungen mit den Entrochiten anstellen können. Ein bloßes Ohngefehr führte mir ein paar Exemplare des unverwitterten und unzerstörten Gesteins, worin die sogenannten Schrauben zu sitzen pflegen, in die Hände. Ich fand hier zu meiner großen Freude, daß die Höhlungen, die man nach der Verwitterung gewöhnlich in diesem quarzigten Gestein antrift, hier sämtlich mit weißem Kalchspath ausgefüllet waren. Mit Vergnügen bemerkte ich darin eine Anzahl wahrer Entrochiten, und unter diesen einen ziemlich großen, dessen Walze ½ Pariser Zoll im Durchmesser hat. Auf seiner Oberfläche hat er eben die Ringe, die ich kurz vorher an dem sogenannten Mantel der Schraube, stumpfe Abdrücke, der damit correspondirenden Scheiben genannt habe. Ich fieng nun an, meinen Fund mit Salpetersäure zu behandeln, und fand zu meinem größten Erstaunen, daß in jeder Achse dieser kalchspathigen Entrochiten, eine solche quarzigte Schraube steckte, dergleichen ich hier beschrieben habe. Der Entrochit lößt sich also in der Salpetersäure völlig auf, und dessen quarzigte Achse oder die sogenannte Schraube, bleibt unversehrt übrig.

Es ist also nunmehro höchst wahrscheinlich, daß diese Schrauben nichts anders sind, als Steinkerne der Entrochiten: allein es bleibt doch immer ein höchst merkwürdiger und beynahe unerklärbarer Umstand, daß von einem und eben demselben organischen Körper, ein Theil die kalchigte, und ein anderer, die kieseligte Natur annehmen, und beydes wieder in einem kieselartigen Gestein eingeschlossen seyn konnte. Will man den Entrochiten selbst als das Fleisch, und die schraubenförmige Spindel desselben, als den Knochen ansehn, so könnte man vielleicht denken, daß die härtere Substanz vielleicht für das Eindringen flüssiger Kieselerde empfänglicher gewesen wäre als die weichere; allein ich muß gestehen, ich finde darin noch so viel schwankendes, daß ich vorerst lieber die Erscheinung anstaunen, als etwas darüber sagen mögte. Jedermann wird mir hierin beypflichten, daß kalchartige Seekörper mit quarzigten Eingeweiden, gemeinschaftlich in einem quarzigten Gestein eingeschlossen, eine höchst merkwürdige und sonderbare Erscheinung sind.

Uebrigens sind die Versteinerungen des einfachen Kalchgebirges größtentheils Corall[illegible]den und Corallenschwämme, Zoophyta und [illegible]phyten, auch Madreporen und Milleporen; zuweilen auch Retiporen; alle, nur erst nach der Verwitterung des Gesteins, auch woll durch das Anschleifen, sichtbar. Man wird alle im einfachen Gebirge vorkommende Versteinerungen, sehr leicht von denen des Flözgebirges [illegible]scheiden können, in welchem viele derselben [illegible] nicht

nicht gefunden werden. — Ich werde von den Versteinerungen des hiesigen Flötzgebirges, in einem besondern Capitel reden.

Nur muß ich hier noch von den calcinirten Thierknochen und Thierzähnen etwas erwähnen, die man in der Baumannshöhle und in der Scharzfelder Einhornshöhle antrift.

Zuerst muß ich anzeigen, daß ich mit Recensenten der allgemeinen Litteratur-Zeitung 1787. 175 Stück, völlig einerley Meinung bin, und ebenfalls behaupte, daß es keine versteinerte Thierknochen und Thierzähne auf dem Harze gebe, wenn man gleich im Intell. Blatt dieser allgem. Litteratur-Zeitung 1787. Nr. 41. in der Anticritik das Gegentheil nochmals behauptet hat.

Es ist wahr, man kann gar leicht verführt werden, die Zähne, so man in der Einhornshöhle bey Scharzfeld findet, für versteinert zu halten, die es doch in der That nicht sind. Die Glasur oder das Email, so die Zähne, die erst wenig von der Verwitterung gelitten, vollkommen erhalten haben, macht dies auf den ersten Anblick einigermaaßen glaublich; — aber man braucht nur einen solchen Zahn zu zerschlagen, um sich auf dem Bruche deutlich zu überzeugen, daß dies Knochen und nicht Stein sey.

Sämtliche Knochen der gedachten Höhlen, sind (Zähne ausgenommen, die wegen ihrer festeren Substanz, der Zerstörung mehr widerstehen

 könnten)

konnten) meistens zertrümmert und ganz außerordentlich selten findet man ganze, an denen der Osteologe eine bestimmte Gestalt erkennen kann. Der Schädel eines Bären, den Herr Hofrath Blumenbach besitzt, ist ein wahrer Schatz für die Naturgeschichte der Baumannshöhle. *)

Aus der Vergleichung verschiedener Zähne, so in der Scharzfelder Höhle gefunden werden, erhellet also, daß sie von keinen andern als reissenden Thieren, und höchst wahrscheinlich von Bären seyn können. Die ausgeschweiften Vorderzähne, besonders die beyden äußern, die nur an der innern Grundfläche einen Ausschnitt haben, machen dies einigermaaßen glaublich. Hr. Hofrath Blumenbach in Göttingen, hält sie gleichfalls für Ueberbleibsel von Bären und ähn-

lichen

*) Der Herr Vicebergbauptmann von Trebra hatte einst die Güte mir zu schreiben:

„Ich besitze ein Stück eingesinterten Schädelknochens aus der Baumannshöhle, das, „zusammengehalten mit einem ganzen Kopf, „aus einer der Bairenther Höhlen, völlig zu „der Thiergattung gehört, die Herr Camper „zum Bärengeschlecht rechnet, die aber wenigstens um ⅓ des Ganzen größer gewesen „seyn muß, als selbst der Eis- oder weiße „Bär, wie in einer Zeichnung, die ich besitze; „durch genaue Vergleichung der Maaßen eines „solchen Fossilen-Kopfs, mit dem von einem „weißen Bären, vom Hrn. Camper zur Genüge bewiesen ist. Die Maaßen passen genau mit dem Schädel, welchen ich in meiner Sammlung besitze.

lichen Raubthieren. Von einem Thiere aus dem Katzengeschlecht sind sie nicht, weil die Vorderzähne nicht spitzig sind. Verglichen mit dem Gebiß aus der Muckendorfer Höhle im Bayreutischen, sind sie mit diesem völlig einerley, nur haben sich jene besser als diese erhalten, und sind nicht so sehr calciniret. Die animalische Erde bedeckt ebenfalls den Boden der Muckendorfer Höhle, ist aber daselbst viel reiner, und nicht so sehr mit fremden Theilen gemischt als diese.

Die gewöhnliche Frage, wie sind diese Knochen hier her gekommen? — ist wie mich dünkt, sehr leicht zu beantworten, und hat man nicht nöthig, die Sündfluth, wie der große Hause thut, um Hülfe zu rufen, um diese Thierknochen in die Höhlen zu bringen. Freylich müßte man zu großen Revolutionen und Ueberschwemmungen seine Zuflucht nehmen, wenn diese Knochen, die Ueberbleibsel von Thieren warmer Länder, oder gar von ausgestorbenen Thierarten wären, oder, wenn sie gar in der Steinmasse selbst lägen. Allein da nach genauen Untersuchungen, von allen diesen nichts Statt finden kann, und die Knochen nur in der Erde und im Tropfstein, niemals aber im Felsen stecken; so kann man sie wohl für nichts anders, als für Ueberbleibsel von Raubthieren halten, die ehemals, da Deutschland noch waldigter, unbebauter und weniger bevölkert war, hier ihren Wohnsitz hatten; es wird sich also von selbst erklären. Bären und allerley dergleichen Raubthiere,

Thiere, bewohnen gemeiniglich Höhlen, und wer weiß wie viele große Bärenfamilien hier seit den Jahrtausenden, die sie ungestört in diesen Wildnissen lebten, mögen ausgestorben seyn und ihre Grabstätte darin gefunden haben. Wer weiß ob diese Thiere nicht in ziemlicher Anzahl aus den Flözgegenden der weit umliegenden Landschaft, nämlich nach dem Harzgebirge geflüchtet sind, als große Wasserfluthen ankamen, aus welchen der Harz wie eine Insel hervorragte. — Erlebt haben vielleicht die Bewohner der Baumannshöhle jene große Wasserrevolution, welche die Flözgebirge aufschwemmte, zu deren Beschreibung ich jetzt fortgehe, und vielleicht sind die zahlreichen Bewohner der Scharzfelder Höhle, von eben dieser Wasserrevolution darin ersäuft worden.

Sechster Abschnitt.

Von den Flötzgebirgen, welche den Fuß der Harzgebirge ringsum umgeben.

Erstes Capitel.

Flötzgebirge, und dessen verschiedene Lagen, von der Dammerde an, bis zu dem todten Liegenden des Kupferschiefer-Flötzes.

Zu bekannt sind die Erklärungen was Flötzgebirge eigentlich sind, deren Kennzeichen der Herr Bergrath Lehmann *) auch der Herr Geh. Bergrath Gerhard **) genüglich beschrieben haben: überflüssig würde es also seyn, davon noch eine Wiederholung anzustellen. Ich werde daher nur dasjenige vornehmen, was die, das Harzgebirge umgebende Flötzgebirge besonders angeht.

Die

*) Dr. Joh. Gottlob Lehmanns Versuch einer Geschichte von Flötzgebirgen. Berlin 1756.

**) Gerhards Versuch einer Geschichte des Mineralreichs. Berlin 1781.

Die Nord- und Ostsee, liegen dem Harzgebirge nordwärts, und nehmen unter 53° 55′ auch 54° Norderbreite, ihren Anfang. Von diesen Puncten fängt das Flötzgebirge an zu steigen, jedoch so, daß alle Gewässer des Harzes, durch die Elbe und Weser ihren Abfluß nach der Nordsee haben.

Von der Küste der Nordsee, würde man also anfangen müssen, wenn man das Ausgehende der sämtlichen Flötzlagen bis zum Fuße des Harzischen einfachen Gebirges beschreiben wollte: allein dieses würde hier zu weitläuftig seyn. Ich werde also von der Nordsee ab, nur gerade nach dem Harze reisen, und daselbst auf die am Fuße der Harzgebirge ausgehende Flötzlager mein Hauptaugenmerk gerichtet seyn lassen.

Die Nord- und Ostsee bedeckte ohne Zweifel einstmalen das ganze feste Land bis an den Fuß des Carpathischen Gebirges, des Risengebirges, des Sächsischen Erzgebirges, an das Saalfeldische und Thüringische Gebirge, die Bergkette, die durch das Hessische, bis Bonn, durch die Pfalz und so weiter durch Lothringen bis nach den Pyrenäen fortstreicht.

Aus diesem Wasser ragete, eben so wie die Gefilde jenseits dieser so eben beschriebenen Bergkette, auch das Harzgebirge, so weit es nemlich auf der Petrographischen Charte illuminirt ist, als eine Insel hervor, welche sich Jahrtausende vorher, aus einem noch weit höhern Wasserstande muß niedergeschlagen haben.

Auf

Auf dem Wege von der Nordsee nach dem Harze, ist zuerst die ganze Gegend ein größtentheils ebener*) Sandgrund, jedoch nicht ganz ohne Anhöhen, hin und wieder etwas thonigt, stark an einigen Orten mit Torfmohr bedeckt, unter welchem gemeiniglich Thon steht, der zuweilen mit Sand bedeckt ist. Unter 52° 30′ (bey Hannover) hören alle Torfmohre auf, und ein kalchigter Boden, den man in diesem Zwischenlande nur auf einem einzigen Fleck nemlich bey Lüneburg**) gefunden, tritt an seine Stelle. Von Hannover aus, etwas weiter südwärts nemlich näher gegen den Harz hin, finden sich schon mehr beträchtliche Sandsteingebirge, die unter dem Kalchflözgebirge wegstreichen und gleichwol zu den Flözgebirgen gehören, dennoch aber nothwendig ein hohes Alter vor dem auf sie aufgesetzten kalchigten Vorlande voraus haben müssen, weil mächtige Steinkohlenflötze, und zwar noch dazu

meh-

*) Man sehe in des Hrn. Geh. Bergraths Gerhard Geschichte des Mineralreichs, I. B. S. 186 ꝛc. die Beschreibung der verschiedenen Erdlagen einiger ebenen Gegenden.

**) Die Kalchgegend bey Lüneburg, von der ich hier rede, besteht größtentheils aus Gyps, aus welchem sich sehr ergiebige Salzquellen ergießen. In einer Kluft des Gypsfelsen fand man im Jahre 1787. eine mineralogische Neuigkeit, nemlich cubische Sedativspath-Cristallen von Kieselhärte, die durch Abstumpfungen ihrer Ecken und Kanten einen Körper von 26 Seitenflächen bilden. Man sehe Westrumbs phys. chem. Abhandl. 5tes Heft, auch Berl. Schriften der Gesellsch. naturforschender Freunde. 9. Band.

mehrere über einander, auf ihrem Fuße, also zwischen dem Sand- und Kalchgebirge liegen.

Diese Sandsteingebirge ziehen sich auf eine ziemlich beträchtliche Weite fort, umgeben das Harzgebirge bald in größerer bald in geringerer Entfernung, auf allen Seiten, und verliehren sich oft unter dem aufliegenden Kalchgebirge, unter welchem sie oft unvermuthet wieder hervor kommen. Beydes ist südwestwärts des Harzes, 5 bis 6 Meilen davon entfernt,*) durch jetzt erloschene Vulcane durchbrochen.

In der Nachbarschaft des Harzgebirges wird die Abwechselung der Flötze immer häufiger, und die Lagen sind von minderer Mächtigkeit, wie man daselbst bald an Präcipicen, bald an dem natürlichen Ausgehen derselben, so deutlich bemerken kann, daß man sieht, wie sich das Harzische einfache Ganggebirge als ein Kern aus der ihn ringsum umgebenden Schaale von Flötzgebirgen erhebt. Deutlicher findet man die verschiedenen Flötzlagen durch den Bergbau nach Kupferschiefern sich auf einander abschneiden, deren Beschreibung man vorzüglich genau in Gerhards Geschichte des Mineralreichs, auch in mehreren Schriften findet: eine der merkwürdigsten Folgen der Flötzlagen, werde ich weiter unten aus Lehmanns Versuch von den Flötzgebirgen, etwas berichtigt wiederholen.

Die

*) Bey Dransfeld.

Die Abwechslung der Flötzgebirgsarten, habe ich auf der petrographischen Charte, nicht genau durch Farben können bemerklich machen: denn da eine Flötzart sich zuweilen auf eine weite Strecke bald unter einer andern, bald unter der Dammerde verliehret, würde ein undeutliches Bild davon zum Vorschein kommen; und die Vorstellung des Grundgebirges würde nur dadurch verwirrt werden. Ich habe daher alles was Flötzgebirge ist, ganz weiß gelassen, dagegen aber hin und wieder durch erklärte Zeichen, die Hauptgebirgart angegeben, ohne mich genau auf ihre Gränzen einzulassen, und ich glaube das wird hinlänglich seyn.

Das Sandsteinflötz ist also von denen zunächst am Harze ausgehenden Flötzen, das Obere,*) und von ihm werde ich also wol die Beschreibung aller den Harz umgebenden Flötzlagen anfangen müssen; also hier von den jüngern Flötzen zu den ältern übergehen, anstatt daß ich bey den Harzischen Grund- und Ganggebirgen von dem ältesten anfieng und zu den jüngeren, bis zu den Flötzgebirgen übergieng.

Dieser Sandstein ist von verschiedener Härte, Farbe und Mischung, und dienet an einigen Orten, z. B. bey Blankenburg, Langenstein, Hutter ꝛc. zu guten Bausteinen in Quadern. Er bildet,

*) Eigentlich ist das Kalchflötz-Gebirge von Hannover her u. s. w. das obere Flötz, aber zu weit vom Harze entfernt, als daß es ein Gegenstand meiner Beschreibung seyn könnte.

besonders in der Gegend von Blankenburg, ganze Berge, kleine Hügel und isolirte oft schöne groteske Klippen, unter denen sich die Teufelsmauer auf dem Rücken des Heydelberges, vorzüglich schön ausnimmt. Sie besteht aus einer an einander hängenden Reihe zerbrochner großer Sandsteinklippen, die gewiß im Zusammenhange mit der den Berg ausmachenden Sandsteinmasse stehen. Wind, Wetter und Regengüsse, haben sie wahrscheinlich von dem losen sie bedeckenden Sande, in welchem sie gemeinschaftlich den Felsen nach und nach aufgelößt haben, entblößet; daß nur der härtere Theil der Sandsteinmassen ihrer zerstöhrenden Kraft bis jetzt hat widerstehen können. — Dies ist wahrscheinlich die Geschichte aller dieser Sandsteinklippen. Ich könnte viele Beweise dafür anführen, worunter die vom Winde zusammen geweheten Sandhügel am Fuße der Klippen, (in deren Höhlungen zuweilen Menschen wohnen,) hinlänglich seyn könnten.

Am Fuße des Regensteins, einer zerstörten Bergfestung, finden sich in dem losen Sande, eine Menge kleiner kieselartiger Geschiebe, die alle auf dem Harzgebirge einheimisch sind, bis auf ein Quarzgeschiebe nach, dem kleine, größtentheils cristallisirte Eisengranaten eingesprengt sind, dessen Geburtsstätte ich nicht habe entdecken können.

Ein braunrother Eisensandstein, eine Art Rindeneisenstein findet sich in der Gegend nach Halberstadt zu sehr häufig in diesem Sandstein. Auch finden sich am Fuße des Regensteins, auf dem

dem sogenanten Platenberge, Conchylien im Sandstein, so in Calzedon verändert sind, wovon ich weiter unten in einem besonderen Capitel reden werde.

Obgleich der Sandstein den ganzen Harz umziehet, so findet er sich doch nirgend so nahe am Ganggebirge, als in der Gegend von Blankenburg 2c. An der Süd- und Westseite des Harzischen Ganggebirges, hält sich der Sandstein in grösserer Entfernung von ihm, und bleibt an der nächsten Stelle noch immer eine Stunde Weges davon entfernt. Man findet ihn z. B. zuerst am Kiffhäuser Berge, den der Hr. Bergrath Charpentier in seiner min. Geographie der Chur-Sächsischen Lande, nebst dem versteinerten Holze, so sich in diesem Sandstein findet; sehr genau beschreibt. Hernach zieht er sich an der Haynlith durch das Schwarzburgische nach den dem Harze etwas näher liegenden Rodenberge im Amte Herzberg: von da nach Schwigershausen, Dorste, Förste u. s. w. um den ganzen Harz wieder herum.

Unter diesem ungeheuer mächtigen Sandsteinflötze, folgt eine Lage dunkelgrauer Stinkstein*) welcher, wenn er mit einem Hammer geschlagen oder an einem Stück Eisen, oder auch an sich selbst gerieben wird, einen unangenehmen etwas hepatischen hornartigen Geruch von sich giebt. Das

*) Cronstedts Mineral. übers. von Werner, §. 22. 23. Kirwans Mineral. 9te Art des Kalchgeschlechts, S. 54.

Das Exemplar Nr. 107. des Cabinetts, liefert eine Probe davon: sein Gewicht ist; 2, 744. Es finden sich nur selten Versteinerungen darin.

Die Mächtigkeit dieser Flötzlage ist sehr verschieden, daß man also keine Maaße davon angeben kann: bald macht er nur eine dünne Lage von kaum ½ Lachter Mächtigkeit (Dicke) aus, durch welche hin und wieder der Gyps in kleinen Kuppen hervorraget: z. B. zwischen Osterode und Dorste, am sogenannten Lichtenstein, auch an mehreren Orten. Bald aber bildet er unter verschiedenen Abänderungen ganze Hügel, z. B. bey Scharzfeld, wo er mit dem Gestein Nr. 84. des Cabinetts in nahe Verwandschaft tritt. Von dieser Art der Abänderungen des Stinksteins ist das mehr grobkörnige, minder bituminöse Gestein Nr. 108. des Cabinetts vom Fuße der Harzgebirge zwischen Herzberg und Scharzfeld; sein Gewicht ist 2, 666.

Eine weitere Abänderung in den Stinksteinarten, ist auch das Exemplar Nr. 109. des Cabinetts von der sogenannten Sandkule bey Scharzfeld; er ist weißlich, und äußert bey seiner leichten Zerreiblichkeit, einen starken Geruch: sein Gewicht 2, 343. Die Zerreiblichkeit scheint mir von einem gewissen Grade von Verwitterung herzurühren; und es ist mir oft vorgekommen, als ob solche die darin enthaltenen bituminösen Theile in etwas entwickelt habe, daß diese Art etwas stärker riechet als ein an der nemlichen Stelle aus festem Gestein ausgeschlagenes Stück. Alle diese

diese Arten, Nr. 81. 108. 109. 110. geben eine Suite der hier vorkommenden verschiedenen Stinksteinarten.

Aber nicht durchgehends erscheint das den Harz ringsum umgebende Kalchflötz, von dem ich rede, als Stinkstein, sondern es giebt davon noch einige andere merkwürdige Abänderungen.

In der Gegend von Osterhagen findet sich ein cellulöser Kalchstein, der ebenfalls noch in die Suite der Stinksteinarten gehören könnte. Die unregelmäßigen Cellen und Höhlen dieses Gesteins, sind mit einer sogenannten **Bergmilch**, oder **Bergmehl** (Agaricus mineralis; calx farinacea spongiosa mollis) angefüllt. *)

P 2 Sie

*) Der Name Bergmilch ist von verschiedenen Mineralogen sehr verschieden gebraucht worden. Man sehe Wall. Min. Syst. übersetzt von Leske I. Th. S. 22. 23. Linnæi regn. min. p. 207. (Calx gur.) auch Cronstedts Min. übers. von Werner, S. 16. Allein die gegenwärtig vor uns habende ist von ganz anderer Art, als die, so von Cronstedt beschrieben wird. Ich selbst habe die von ihm beschriebene Bergmilch, (Gerhards, nicht aber Wallerii, Mehlkreide,) aus dem Boden des Schwerinischen Sees ausgegraben gefunden, und bin überzeugt, daß es die ist, von der Cronstedt hier redet.

Eine ganz andre Art ist es wiederum, von der Kirwan unter dem Namen Mondmilch redet. Er versetzt sie unter das Thongeschlecht; erstere Art, mit Luftsäure gesätigt, und so entstehn aus Mangel des jedesmal dabey nöthigen Geschlechtsnamens, mehrere Verwechslungen. Linnee

Sie ist weiß, [illegible]

[illegible], [illegible]

von schuppigen Theilen, [illegible]

klebt an der Zunge,

ist in einem hohen Grade zerreiblich. [illegible]

[illegible] füh-

nee benennt sie an einem andern Orte: argillam porcellanam, und Vogel gleichfalls. Die vor uns habende Art habe ich auch wohl in Sammlungen: terram Hoppinianam sive Geranam, auch terram calcaream squamosam benannt gefunden. Gerhard nennt sie: Geraische Talkerde, (die ich von Gera erhalten habe, ist mit der vor uns habenden völlig einerley.) Dieser Name ist aber wahrscheinlich nur von der äußern Gestalt hergenommen: denn obige Beschreibung wird es ergeben, wie leicht das äußerliche Ansehn dazu verleiten kann, sie für Talkerde zu halten. Cronstedt beschreibt S. 218. eine Talkerde, deren äußerliche Kennzeichen ziemlich mit der vor uns habenden zusammentreffen: jedoch scheint es mir, als fände sich in Herrn Werners Zusatze wieder eine Verwechslung der Talkerde mit dem sogenannten Himmelsmehle, farina fossilis, Nr. 115. des Cabinetts meiner Harzischen Gebirgarten; denn nur dieses kann es seyn, was man zum Ueberziehen der Gypspasten gebrauchen kann: — ich glaube nicht, daß wahre Talkerde hiezu tauglich sey.

Man sieht also hieraus, daß der Name Bergmilch verschiedenen Substanzen eigen seyn könne, und man alles das, was man als milchweiße Fuhren aus den Klüften der Berge herausfließen sah, oder auf dem Boden der Landseen in dieser Gestalt fand, manchesmal geradezu ohne Unterschied, mit dem Namen Bergmilch (Lac montis) belegt habe.

Die Bergmilch könnte also in mehreren Classen der Erdarten vorkommen, müßte aber jederzeit den

fühlt sich sehr fett an, so, daß die Haut davon glänzend wird, und unterscheidet sich also schon dadurch sehr merklich von allen übrigen Kalcherden, so die Haut spröde machen, [illegible] zerfließt im Wasser, und [illegible]

den Beynamen ihres Geschlechts zur Unterscheidung bey sich führen. Z. B.

1) Thonigte Bergmilch: sie muß sich an jedem Orte finden, wo weißer feiner Thon steht, der durch zugetretenem Regenwasser ausgewaschen ist, — argilla porcellana Linn.

2) Thonigte Bergmilch mit Luftsäure gesätigt von Halle. Kirwan Min. S. 80.

3) Kalchigte Bergmilch von feinen staubartigen Theilen aus dem Boden der Landseen. Cronstedt S. 16. Gerhards Mehlkreide.

4) Kalchichte, schuppigte, schimmernde Bergmilch, mineralischer Schwamm. Kirwan S. 31. — Die Art, die wir unter Nr. 106. des Cabinetts vor uns haben.

5) Kalchigte, mit Vitriolsäure gesätigte, also gypsartige Bergmilch, Himmelsmehl (farina fossilis.) Nr. 115. des Cab. Cronstedt S. 48. Waller. I. Th. S. 28.

6) Gypsartige, erhärtete Bergmilch, welche mit den vitriolischen Wassern aus einigen Klüften des Rammelsberges quillet.

7) Kalchichte Bergmilch mit Flußspathsäure gesätigt, also flußspathartige Bergmilch, aus der Grafschaft Marmoresch in Oberungarn.

8) Talkartige Bergmilch. Cronstedt S. 218. Vielleicht ist das talkartige phosphorescirende Steinmark vom tiefen Georgstollen eine solche talkartige erhärtete Bergmilch.

9) Silberhaltige Bergmilch, vom alten St. Georg zu St. Andreasberg.

wird von der Salpetersäure unter heftigem Aufbrausen, ganz aufgelößt.

Der Name Mineralischer Schwamm, vid. Kirwan Mineral. P. 31., scheint mir der passendste für diese Abänderung der Bergmilch, oder Bergmehl zu seyn. Nr. 106. des Cabinetts liefert eine Probe davon.

Unter den Kalcharten, welche an der Nordseite des Harzes als Unterlage des Sandsteins den Gyps bedecken, habe ich nirgends Stinkstein gefunden, oder er ist meiner Aufmerksamkeit entgangen: vielmehr ist außer dem grobkörnigen, zuweilen mit kleinen Kieseln gemischten, auf den natürlichen Steinscheiden mit Stalactit oder Rindenstein überzogenen Kalchstein des Sukmerberges; ein grauer gemeiner Kalchstein, der außer einigen Vermiculiten keine Spuren organisch gewesener Körper enthält, die gewöhnlichste Kalchsteinart, die hier auch zum Kalchbrennen gebraucht wird. Sie hat im Bruche ein etwas thonartiges Ansehen, bildet eine Flößlage, so aus über einander liegenden, 1 bis 2 Zoll dicken Tafeln besteht, und macht zusammen ein 3, 4 bis 5 Lachter mächtiges Flöz aus. Zwischen dieser Flößlage finden sich in der Gegend zwischen Heineburg und Benzingerode einzelne kleine Tafeln, so man vielleicht uneigentlich Marmor zu nennen pflegt; sie sind von einfacher, aber doch angenehmer, aus dem goldgelben durch das orangefarbene in das braunrothe abschießender Farbe, oft wie Holzfasern gestreift, zuweilen mit kleinen

schwar-

schwarzen unvollkommenen dendritischen Figuren. Er kömt sehr nahe mit dem Marmor von Hauterive im Canton Bern überein — findet sich aber nicht anders als in kleinen Stücken.

Es ist noch immer ein und das nemliche Kalchflöz, von dem ich rede, und dessen verschiedene Abänderungen ich her erzähle. Unter diesen nimt auch an der Nordseite des Harzes, der Oolichenstein seinen Platz. Er findet sich vorzüglich häufig, in der Gegend von Werningerode, gemeiniglich als unmittelbare Decke über den Gyps, wird aber oft von anderen Kalchlagen, und besonders bey Benzingerode, von einem mit vielen Schieferbrocken vermischten Leimen, der allda die Decke über dem Gyps ausmacht, verdrängt. Er ist nahe unter der Dammerde etwas graulich, in einiger Tiefe aber, größtentheils von einer schmuzzig braunem Farbe, wie das Exemplar Nr. 104. des Cabinetts, welches von der Art, wie er zwischen feinkörnigen und grobkörnigen im Mittel steht und am häufigsten dort vorkömmt, ein Musterstück liefert: sein Gewicht ist 2, 582.*)

*) Nähere Beschreibung findet man in Cronstedts Min. v. Wern. übers. S. 45. ꝛc. auch in Voigts Mineral. Reisen durch das Herz. Weimar und Eisenach, 1ster Theil. S. 137. Ferner in Wall. mineral. Syst. übersetzt von Leske und Hebenstreit, 2ter Theil. S. 392. ꝛc. Doch werden hier die Rogensteine mit den Pisoliten verwechselt, die doch wohl zwey ganz verschiedene Körper sind.

Kir-

Ich habe in den Steinbrüchen, wo dieses Gestein vorkömt, verschiedentlich concave cirkelrunde Schaalen von 1 bis $1\frac{1}{2}$ Fuß im Durchmesser angetroffen, in welche eine eben so große convexe Linse genau passet. Das Gestein hat in mehreren über einander liegenden Lagen diese Gestalt angenommen, daß es das Ansehen hat, als ob man mehrere dergleichen in einander passende Schaalen heraus heben könnte. Es müssen dergleichen Erscheinungen hier oft vorkommen, weil sie unter dem Namen Kessel- oder Schüsselsteine ziemlich bekannt sind. Herr Schröder erwähnet ihrer ebenfalls,*) redet aber auch von einigen selten darin vorkommenden ganzen Fischversteinerungen, wovon ich aber keine Spur gefunden.

Man gebraucht den Rogenstein in dieser Gegend nur zu schlechten Mauersteinen, weil sie an der Luft von keiner großen Dauer sind, denn die kleinen Kügelchen woraus solcher besteht, lösen sich bald, und fallen nach einander aus. Es fehlt hier nicht an bessern Kalchsteinen, darum wird er nicht zum Kalchbrennen benutzet, wie solches an andern Orten woll geschieht.

Zu:

Kirwan nennt ihn (Crells Uebers. S. 33.) Kettonstein, und giebt sein Gewicht zu 2,456. an; man nennt ihn Hammites und es enthalten 100 Theile, 90 Kalcherde, 10 Thonerde, welche beyde so fest mit einem rothen Eisenkalch verbunden sind, daß er im Königswasser sehr schwer auflöslich sey, und doch betrüge das ihn so merklich färbende Eisen, nur 1 Theil. Der Portland-Stoon soll auch von dieser Classe seyn.

*) Beschreibung des Brockens, S. 10.

Zunächst unter dem bisher beschriebenen Kalchflöz folgt der Gyps, der, besonders an der Südseite des Harzgebirges, zuweilen in einzelnen kleinen Hügeln aus dem Kalchgebirge hervorraget, oft aber auch ganze Berge ausmacht, die sich steil gegen das Harzgebirge abschneiden, und solches hier also, wie mit einem Kranze umgeben. Er steht hieselbst in einer nur wenig unterbrochenen Bergkette, bald 4, 6, 10, auch wol 20 bis 30 Lachter hoch, als steile Klippen zu Tage aus. Diese ziehen sich von Osterode, Herzberg, Scharzfeld, Nixey, Sachse, Walkenried, Ellrich, Wofleben, Niedersachswerffen, Neustadt, Buchholz und Hermannsacker, hernach weiter über Rottleberode, Ufstrungen, u. s. w. fort, so daß der Gyps den ganzen Harz ringsum umgiebt. Nur an der Nordseite steht er bey weitem nicht so mächtig als an der Südseite, sondern hängt daselbst mit dem Abfalle der Harzgebirge näher zusammen. Er ist hier selten über 2 Lachter mächtig, wol aber darunter. Bey Dahle, Wiedenrode, Benzingerode, Werningerode, u. s. w. hat man es an verschiedenen Stellen ersinken können, da es nahe am Ausgehenden mit dünnen Lagen von Kalch- und Dammerde bedeckt war. Der Gyps selbst ist hier nicht weiter, als in den Brennöfen brauchbar, denn es fallen, da das Flöz nicht gar mächtig ist, keine große Stücken vor. Der bey Wiedenrode gegrabene, nimt sonst eine ganz gute Politur an, und sieht mit seinen röthlichen Adern und verschieden gefärbten Gypsspathflecken auf einem weißen Grunde, ganz artig aus; er verdient also ebenfalls den Namen Alabaster.

Da aber an der Südseite des Harzes, das Gypsflötz von so großer Mächtigkeit ist, so ist es natürlich, daß man ihn dort in größeren Stücken gewinnen kann, und er wegen seiner größeren Härte den Namen Alabaster schon mehr wie jener verdienen muß. Man verfertigt davon, besonders in der Gegend von Northausen allerley Bildhauer Arbeiten, aber allemal haben die mächtigsten Flötze und die größten Stücke, nicht immer die schönsten Spielarten, so hier gemeiniglich mit sehr viel trivialen Namen unterschieden werden, die der ehemalige Conrector Albertus Ritter zu Ilefeld, bey seinen lucubratiunculis (wie er es nennet) in eine gelehrte und äußerst langweilige Dissertation de Alabastris Hohnsteinensibus zusammen getragen. Dieser Dissertation folgte bald eine ähnliche, de Alabastris Schwartzburgensibus.

Ich werde von den 40 Arten, wovon man bey den Bildhauern gewöhnlich Proben erhält, nur einige wenige, und zwar die merkwürdigsten berühren.

Der gemeinste von allen, und der in großen Blöchern vorkommende, ist der sogenannte Wolkenstein, welcher sich am Himmelsberge ohnweit Nieder-Sachswerfen in der Grafschaft Hohnstein, auch an mehreren Orten dieser Gegend findet. Das Cabinett liefert unter Nr. 110. eine Probe davon, und sein Gewicht ist 2,235. Auf dem Querbruch siehet man in diesem Alabaster einige schwärzlichbraune wellenförmige Streifen, welche, wenn das Gestein auf dem Spiegelbruche angeschliffen wird,

wird, zuweilen ein sehr artiges Gewölk von verschiedenen Schattirungen darstellen, und hat er daher wahrscheinlich den Namen Wolkenstein erhalten.

Die zweyte Art, ist ein schöner weisser Alabaster, so ohnweit Wigersdorf gebrochen wird; schade daß er nicht in grossen Stücken vorfällt. Er ist sehr fein, und eben im Bruche; sein spec. Gewicht ist 2,255. und Nr. 111. des Cabinetts liefert eine Probe davon. Nach seinem Trivialnamen heißt er der schöne Mädgenstein.

Die dritte Art, ist ein rother Alabaster, der seiner geringen Härte wegen, keine Politur annimmt, und den Namen Alabaster eigentlich nicht verdient. Er ist von schuppigen Theilen, schimmernd im Bruch und sein Gewicht ist 2,286. Er kömt in der Gegend von Ustrungen vor, und ist eben daher das Exemplar Nr. 112. des Cabin. genommen, sonst kömt er auch wol einzeln zwischen den übrigen Gypsarten mit vor: auch findet er sich am westlichen Ende der Gypskette in der Gegend von Lasfelde und Badenhausen.

Die vierte Art, ist ein schwarzer, (eigentlich dunkelgrauer) Alabaster mit schwarzen parallelen Streifen, woraus nahe bey Steigerthal in der Grafschaft Hohnstein, ein ganzer Berg besteht. Er bricht gewöhnlich in Tafeln, die immer in horizontaler Lage liegen; selten in Blöcken, wovon seine dunkelgrau mit schwarz abwechselnden Streifen sichtbar sind, die man an dem Exem. Nr. 113. des Cabinets deutlich erkennen kann. Sein Gewicht ist 2,735.

Aus

Aus diesen angeführten Alabaster-Arten, die sämtlich verschiedene Modificationen eines und eben desselben Flötzes sind, entspringen nun manche sehr verschiedene Spielarten, die vielleicht manchem Liebhaber interessant seyn könten, und diesen kann ich keinen beßeren Wegweiser, als den Herrn Albertus Ritter empfehlen. Nur einige wenige Seltenheiten muß ich hier noch bemerklich machen: zuerst verdient ein hellgrauer Alabaster, in welchem sich ganz weiße Alabasterkugeln bis zu 1 Zoll Größe finden, einige Aufmerksamkeit: die hellgraue Matrix dieser Kugeln, bricht ebenfalls etwas taselförmig und die weißen Kugeln sind dem Gestein, ohne Rücksicht auf dessen natürliche Ablösungen eingestreuet. Beym Zerspalten der Tafeln nach ihren natürlichen Ablösungen, trennen sie sich von einer Tafel ab, und sitzen in der andern fest, so daß fast allezeit ein Segment der Kugel über der Tafelfläche hervorsteht. Ich habe unter Nr. 114. des Cabinetts ein Probestück geliefert, so ich jedesmal anschneiden lassen; damit man auch das Innere der weißen Kugeln deutlich sehen könne.

Wie diese Kugeln in dem Alabaster entstanden, oder hinein gekommen sind, mögte wol eine schwer zu beantwortende Frage seyn: denn es scheint mir kaum glaublich, daß sie sich als runde Geschiebe, in die noch weiche Masse des grauen Alabasters solten eingedrückt haben; — eben so wenig, als daß sie in etwannigen Blasenlöchern (die bey der Sättigung der Kalcherde mit der Vitriolsäure durch eine Gährung könnten entstanden seyn) sich nachher solten erzeugt haben. — Doch [illegible]

ich

ich mich allenfalls geneigt finden lassen, die letztere Hypothese so lange anzunehmen, bis mir eine bessere, glaubwürdiger scheint.

Es kömt diese Gesteinart am Johannisberge bey N. Sachswerfen vor, woher das Probestück Nr. 114. des Cabinetts genommen. Er findet sich aber ebenfalls in der Gegend von Steyerthal.

Eine andere, aber noch weit grössere Seltenheit, findet sich in der Gegend von Harzungen unter dem Namen Schlangenstein. Ich besitze ein Exemplar lichtgrauen Alabasters 4½ Zoll lang, auf welchem eine weiße, etwa eine Linie dicke irreguläre Schlangenlinie, eine Länge von 17 Zollen durchläuft. Eine andere dergleichen Schlangenlinie, läuft in Entfernung eines halben Zolles von ihr, völlig mit der ersteren paralell. — Was ist dies? — sind diese Schlangenlinien, Berührungen zweyer auf einander liegenden flötzartigen Alabastertafeln, die eine wellenförmige Oberfläche hatten? — mir scheint es nicht glaublich. — Wenn man auf dem Reibestein eine breyförmige dunkle Farbe mit einer helleren vermischen will, habe ich öfters ähnliche Erscheinungen gesehen, ehe nemlich die Mischung völlig vollbracht ist; — wahrscheinlich schreiben sich also die Schlangenlinien von ähnlichen Wirkungen her, zur Zeit wie die Masse noch breyförmig und flüssig war.

Ich habe vorher schon, als ich von dem Kalchflötze redete, bey den verschiedenen Gühren, der sogenannten Bergmilch; auch des gypsartigen

Him-

Himmelsmehls, farinæ fossilis, erwähnt, und liefre hier im Cabinette unter Nr. 115. eine Probe davon. *) Da Herr Werner es bey seiner neuen Uebersetzung des Cronstedts noch nicht gesehen hatte, so will ichs versuchen seine äußerlichen Kennzeichen zu beschreiben.

Es ist weiß,

in Gestalt eines Mehls, so zwischen den Zähnen im geringsten nicht knirschet,

ohne alle schimmernde Theile,

fühlet sich sehr trocken und mager an,

läßt sich auch im trockenen Zustande, nicht wie etwan Haarpuder zusammen ballen,

ist so leicht, daß es gern etwas auf dem Wasser schwimmet, ehe es sich zu Boden schlägt, wo es zu einem Brey wird,

es brauset nur sehr wenig mit der Salpetersäure auf, die aber jedoch nichts merkliches davon auflöset,

gebrannt erhält es eine vorzügliche Feinheit und blendende Weiße, daß es von den Poußirern gern genommen wird, die Gypspasten zuerst damit auszugießen, ehe man gröberen Gyps dazu nimt. Dergleichen Gypsabgüsse erhalten eine Feinheit und Weiße, die nicht leicht ein andrer gebrannter Gypsstein zu geben im Stande ist.

Es

*) Cronstedts Mineral. §. 14. S. 48. Waller. I. Theil S. 23, 28, 29. Kirwan hat es gar nicht angeführt.

Es kömt einzeln in den Klüften der Gypsgebirge vor; am häufigsten bey Bischofrode in der Grafschaft Hohnstein, wo es zuweilen bey starkem und anhaltendem Regenwetter, als eine Milch hervorquillet, und wahrscheinlich nichts anders als ein aufgelöster Gypsstein ist.

Von den in diesem Gypsgebirge gefundenen Ueberbleibseln organisch gewesener Körper werde ich im dritten Capitel dieses Abschnitts reden.

Bey Ersinkung der edlen Kupferschiefer-Flötze wählet man, so viel wie möglich, solche Stellen, wo das Ausgehende dieser bisher beschriebenen Flötzlagen schon weiter rückwärts ist, damit man das Durchsinken derselben vermeide. Weil nun diese Gebirge dem Harzgebirge entgegen, oft sehr steil und woll über 200 Fuß ansteigen, so werden diese Gebirge von dem Bergmann der Flötzwerke, mit dem eigentlich gar nicht in die Gebirgslehre gehörigen Namen Gegengebirge belegt, oder auch das wilde Gebirge genannt.

Dieses Gegengebirge hat an der Südseite des Harzgebirges, in Ansehung seiner Lage der Flötze, ein mit dem äußeren Abfalle der Harzischen Ganggebirge, mithin auch mit der inneren Structur seiner Gebirgsschichten, ein ziemlich paralelles Fallen, und dieses gilt auch von den nachfolgenden, noch weiter in der Tiefe liegenden Flötzlagen: mir ist wenigstens an der Südseite des Harzes, keine Ausnahme von dieser Regel bekannt. An der Nordseite aber, sind mir mehrere

rere Fälle vorgekommen, wo die Flößlagen der natürlichen äußeren Abdachung der Harzischen Ganggebirge entgegen, oder widersinnig, also mit der innern Structur der Ganggebirgs-Schichten ziemlich paralell, oder rechtfallend mit ihnen, von Mitternacht gegen Mittag abfallen. Dieses ist der Fall bey der schmalen Kette von Hügeln, die an der Nordseite, z. B. am Langenberge, zwischen Ockerhütte und Harzeburg, bey Drübbeck, Darlingerode, Werningerode, Benzingerode und Heinburg, den Harz gleichsam wie mit einem Damme umgeben, durch welchen sich die aus dem Harze kommenden Bäche und Flüsse eingeschnitten und den Zusammenhang desselben getrennt zu haben scheinen.

Allein wenn man sieht, daß die nördliche Abdachung dieses sogenannten Dammes und deren Flößlagen mit der natürlichen Abdachung der Harzgebirge wieder rechtfallend sind; so wird man leicht einsehen, daß auf dem Rücken dieses sogenannten Dammes der Wechsel seyn muß, auf welchem sich das Fallen der Flößlagen ändert: mithin kann man aus dem südlichen Abfalle der Flößlagen dieses Dammes, nicht gerade zu behaupten, daß das ganze Flöß an dieser Seite ein eben so widersinniges Fallen, als die Schichten der Harzischen Ganggebirge in Rücksicht ihrer nördlichen Abdachung haben; sondern aus dem Beyspiel des Langenberges zwischen O[illegible] und Harzeburg, dessen kalchartige Flöß[illegible] ziemlich hoch auf die Abdachung der [illegible] und paralell oder rechtfallend mit ihnen [illegible]

an-

einsehen; daß dieses mit allen Hügeln, deren Abfall der Abdachung der Harzgebirge entgegen fällt, nur auf eine kurze Strecke der Fall seyn müße.

Am Sultmerberge bey Goslar sind die Kalchsteinlagen mit dem Abfalle der Harzgebirge rechtfallend, und verflächen sich von da ab nach dem Lande zu immer weiter in die Tiefe, bis sie wieder unter andere Flötzlagen unterschieben, die in grössere Entfernung vom Harzgebirge ihr Ausgehendes haben. Dieser Sultmerberg hat wahrscheinlich (so wie vielleicht die Gypsberge an der Südseite des Harzes) den Theil, dessen Flötzlagen der Abdachung der Harzgebirge entgegen fielen, durch den unter seiner Précipice vorbey fließenden Goserbach verlohren: denn die unmittelbar auf dem Fuße des Rammelsbergs, Gingelsberg, Eselsstiegs rc. aufliegenden Kalchflötze voller Versteinerungen, sind wiederum rechtfallend.

Von diesem Gegengebirge ist noch als bemerkenswerth anzuführen, daß sich daselbst weit häufiger Spuren von organisch gewesenen Körpern finden, als in den Flötzlagen, so man beym Bergbaue nach Kupferschiefern durchsinket, worin man fast gar nichts davon antrift.

Von den unter dem Gypse vorkommenden Flötzlagen, so das Kupferschieferflötz bedecken, werde ich am Ende des zweyten Capitels, in der daselbst gegebenen Uebersicht sämtlicher Flötzlagen reden: hier also mich nur blos auf die daselbst gebrauchten Nummern von IV bis XIII incl. beziehen.

Indessen muß ich hier doch einen Kalchstein näher beschreiben, der in jener Uebersicht des ganzen mit Nr. V. bezeichnet ist, und Zechstein genannt wird. Das Flötz desselben ist gemeiniglich 2 Lachter mächtig, zuweilen aber steht es noch mächtiger, und bildet an seinem Ausgehenden ganze Hügel; wie z. B. ohnweit der Königshütte bey Lauterberg. Er hat, wenn er gerieben wird, einen etwas stinksteinartigen Geruch, und wird auf der Hütte dem Eisenschmelzen als Fluß, gleichfalls unter dem Namen Kuhriemen zugesetzt. Man findet darin zuweilen kleine Trümmer Bleyglanz, von Gehalt 80 p. C. Bley, aber nur ein Loth Silber im Centner, von ½ bis zu zwey Zoll mächtig, so aber nicht lange ausdauren: verschiedentlich findet man in diesem Gestein einige zuweilen bis zu 4 Zoll mächtige Klüfte mit einem etwas dunklern Kalchstein, gleichsam wie mit einer Gangart ausgefüllt. Was aber diesen Zechstein noch interessanter macht, ist der talkartige Glimmer, den man auf den natürlichen Ablösungen des Gesteins gemeiniglich wie angeflogen, selten Nesterweise findet. Das Exemplar Nr. 105. des Cabinetts liefert eine Probe von diesem Zechstein mit ansitzendem Glimmer: das spec. Gewicht desselben ist 2,708.

Ich übergehe die genauere Beschreibung anderer Flötzlagen, weil sie sich so ziemlich gleich, und in andern Schriften ausführlicher beschrieben sind. Ich wende mich daher lieber gerade zu dem Kupferschieferflötze, welches gemeiniglich auch wohl nur schlecht weg das Flötz genennet wird.

Dieses

Dieses Flötz, welches rings um das ganze Harzgebirge auf dessen Fuße aufliegt *) und im ganzen, (einige wenige durch Umstände veranlaßte Ausnahmen abgerechnet) mit dem Abfalle der Harzgebirge rechtfallend oder mehrentheils paralellfallend ist; zeigt sich im Durchschnitt genommen, auf einer nach Barometrischen Messungen bestimmten Höhe von 705 Pariser Fuß über der Fläche der Ostsee. Es ist höchst selten ohne zu schürfen, am Tage sichtbar, und ist mir nur der Abhang des Espenbergs nach Ilefeld zu, als der einzige Ort bekannt, wo das Flötz im Fahrwege nach Königerode, zu Tage aussetzt. Oefter zeigt es sich an stellen, durch äußere Umstände veranlaßten Präcipicen, zu Tage ausgehend, z. B. von Lauterberg bis Scharzfels fließet die Oder längs dem Fuße der Harzgebirge heraus, und scheint also das eigentliche Ganggebirge zu begränzen. Allein wenn man nun zwischen dem Försterhause

*) Daß das Flötz wirklich den ganzen Harz an seinem Fuße umgebe, davon zeigen die verschiedenen Orte, wo solches entweder bebauet wird, Nachrichten zu Folge ehemals bebauet ist, oder wo es zu Tage aussetzt. Z. B. bey Seesen, Goslar, Ilsenburg, Blankenburg, Dahle, (hier verläßt uns die Charte) Ballenstedt, Opperode, Hettstädt, Leinungen, Rottleberode, Buchholz, (Nun sind wir wieder auf der Charte) Neustadt, Walkenried und Sachse, (wo man sonderlich im 15ten Jahrhunderte, Kupfer= und Silberhaltige Flötze gebauet, in denen sich zuweilen der Bleyglanz Nesterweise gefunden hat) Steina, Scharzfeld, Herzberg, Stadt Osterode, Badenhausen, Gittelde, bis wieder herum nach Seesen.

und der Königshütte nach dem steilen Flözgebirge hinansteigt und die Gebirgart untersucht, so findet man daselbst zuerst das Ganggebirge, auf welchem das todte liegende, dann das (mit Einschluß der tauben Schramen) 14 Zoll mächtige Kupferschieferflötz mit seinen darüber liegenden Flözlagen nach einander aufliegt.

Es scheint also, als ob sich hier die Oder in den sanften Abhang des Harzischen Ganggebirges tief eingeschnitten, und dadurch zugleich die Flötze zerrissen habe, deren natürliches Ausgehende ziemlich hoch auf dem Abhange der Harzgebirge zu finden ist. Eben ein solches Einschneiden, kann man bey Ilefeld von dem Bähre-Flusse mit grosser Wahrscheinlichkeit annehmen: denn da an der langen Wand daselbst, das Flötz an der Precipice deutlich zu Tage aussetzt, so bemerkt man gleich, daß hier von dem Hügel der Theil abgerissen seyn müsse, in welchem das Flötz sein natürliches Ausgehendes gehabt hat. Dieser Theil ist höchst wahrscheinlich durch die starken Fluthen der Bähre, die mit Gewalt aus den Harzgebirgen heraus, und auf die vorliegenden Hügel zustürzten, abgerissen; und muß es wahrscheinlich daher rühren, daß das an der langen Wand ausstehende Flötz, gänzlich von dem am Espenberge natürlich zu Tage aussetzenden Flötze, durch das Thal der Bähre abgeschnitten und getrennt ist: wahrscheinlich müssen sie doch ehemals zusammen gehangen haben.

Herr Weiler hat dieses Flötz oder den Kupferschiefer, welchen die gemeinen Bergleute [illegible]

Stech

Streb nennen, in seiner Uebersetzung von Cronstedts Mineralogie, S. 73. bituminösen Mergelschiefer genannt, weil Kupfer und die metallischen Theile eigentlich die geringsten Bestandtheile dieses Flözes sind. Thonerde und etwas Kalch, beydes innigst durch Bitumen (welches sich beym Reiben und Schlagen schon durch den Geruch verräth, und das Kupfer höchst strengflüssig macht) verbunden, sind die Haupt-Bestandtheile. — Es finden sich zuweilen deutliche Abdrücke von Fischen darin, die sehr oft etwas verkieset sind.

Man findet verschiedentlich die Schiefer in der untersten Lage, stark mit Kieß durchdrungen, ja auch wol ganz daraus bestehend: auch findet man zwischen dem Schiefer zuweilen Schnüre und Knoten von Kupferglas; allein dann werden sie nicht mehr Schiefer, sondern Flözerze genannt. S. Gerhards Gesch. des Min. R. I Th. § 72.

Unter die Flözerze begreift man aber noch eine andre Gattung von Erzen, und zwar die, so auf den sogenannten Rücken oder Wechseln brechen: diese Rücken sind allemal da, wo das Flöz ein verändertes Fallen annimt; und sind gleichsam als Brüche anzusehen, welche das Flöz bey einer großen Revolution der Erde muß erhalten haben. An diesen Brüchen veredelt sich gemeiniglich das Schieferflöz, und man könte sie ebenfalls Gänge der Flözgebirge nennen, auf denen gemeiniglich eine reichere und edlere Erzart, nemlich bald Kupferkies, bald Kupferglas, Bleyglanz, Kobald und Kupfernickel, bald auch nur grüner oder blauer Kupferocher angetroffen wird.

An der langen Wand bey Ilefeld setzten einige Wechsel zu Tage aus, der darauf einbrechende schöne Kupferkies und der zuweilen zwar gut ins Auge fallende, dennoch aber an Güte sehr schlechte Kobalt, der gemeiniglich in ocherartiger Gestalt erschien; verleitete die unkundigen Unternehmer, solche für würkliche, in der Tiefe setzende Gänge von der Art, wie sie in Ganggebirgen vorkommen, zu halten, und man sahe seinen Irrthum da erst ein, als vieles Geld auf den Betrieb der vermeinten Gänge und auf die Erbauung einer Schmelzhütte vergeblich verwandt war. Die Schiefer waren zu arm an Gehalt, und würde die Schmelzung derselben noch viel weniger der Mühe verlohnt haben. Denn nicht allenthalben sind die Schiefer von einem gleich edlen Gehalte, und scheint es mir, daß das Flötz im Ganzen genommen, am westlichen Fuße der Harzgebirge am allerärmsten sey, und die Edelkeit am Gehalte sich immer vermehre, je weiter es sich nach dem östlichen Ende hin erstrecke, denn die edelsten Flötze findet man in der Grafschaft Mansfeld und im Eislebischen. Näher gegen Westen zu, hat man an verschiedenen Orten auf das Flötz abgesunken, aber des armen Gehalts wegen keinen Bau darauf geführt. Dieses war z. B. der Fall bey Herzberg, wo man zwar auf den Wechseln auch etwas Bleyglanz fand, dennoch aber die Kosten eines regelmäßigen Betriebs nicht konnten eingebracht werden. Noch näher nach dem westlichen Ende der Harzgebirge hin, z. B. in der Gegend von Seesen, hat man das Flötz noch weit ärmer gefunden, so daß es

höch-

höchstens nur eine Aehnlichkeit mit schlechten Steinkohlen hat.

In gleichem Verhältniß zeigt auch sich zwischen diesem Flötze an der Südseite, und dem an der Nordseite der Harzgebirge ein merklicher Unterschied in der Edelkeit. An der Südseite sind die Schiefer immer weit edler als an der Nordseite, wo sie ebenfalls höchstens nur eine Aehnlichkeit mit schlechten Steinkohlen haben. Man muß sich aber wohl vorsehen, daß man sie nicht mit dem wirklichen Steinkohlenflötze verwechsle, welches bey Blankenburg, Quedlinburg und an mehreren Orten, jedoch weiter abwärts von den Harzgebirgen und also über dem Kupferschieferflötze wirklich zu Tage aussetzt.

Ich wende mich nun in meiner Beschreibung des Flötzgebirges, immer weiter in die Tiefe, und da ist dann das todte liegende, mit seinen verschiedenen Modificationen; nach welchen es sich bald einer Breccia, bald (so wie in der Gegend von Ilefeld) einem feinen Sandstein oder auch einer Porphyrart nähert; die nächste Gebirgart unter dem Kupferschieferflötze.

Da diese nun weiter vorkommende Gebirgarten älter sind als das Kupferschieferflötz mit seinen aufliegenden Gebirgslagen, so wird es gut seyn, davon in einem besonderen Capitel zu handeln.

Zweytes Capitel.

Von den unterhalb des Kupferschiefer-Flötzes, und also zwischen diesem und dem Fuße der Harzischen Ganggebirge zwischen inne liegenden älteren Flötzlagen.

Hier ist das sogenannte todte liegende der erste Gegenstand meiner Aufmerksamkeit, und kann ich davon keine bessere Beschreibung geben, als die, welche der Herr Bergsecretair Voigt zu Weimar in seinen drey Briefen über die Gebirgslehre S. 16. u. geliefert hat — Hier sind seine eigenen Worte:

„Als die Grundgebirge noch allein existirten und in ein trübes wildes Meer eingehüllt „waren aus denen nur einige Gebirgsrücken „als Inseln hervorblickten, — — — war die „erste Wirkung jenes Meeres, daß es seine „Ufer die Grundgebirge zernagte, dessen zer„rüttete Theile auf den Grund desselben nieder„sanken. Hieraus entstand die unterste Flötz„lage, die wir allemal unmittelbar auf dem „Grundgebirge aufliegend antreffen, welche „das rothe todte liegende genannt wird. Es „ist aus einem unaussprechlich mannigfaltigen „Vorrath abgerundeter Steine, die eine rothe „auch

„auch grauer [illegible] mit einander „verbindet, zusammen gesetzt, und das Ganze „hat einen ziemlichen Grad der Härte erlangt."

Nach dieser Beschreibung wird sich also niemand wundern, wenn er im todten liegenden so mancherley verschiedene Steinarten antrifft; die größtentheils immer Producte von den ihm benachbarten Grundgebirgen, oft auch parasitisch sind und von entfernten Gegenden hergeschwemmt seyn, können. Nicht immer sind sie auch mit einander verbunden, sondern liegen zuweilen ganz lose auf dem Fuße der Grundgebirge auf. So liegt z. B. in der Gegend von Osterode eine ungeheure Menge größtentheils quarzigter, oft parasitischer oder dem Harzgebirge heterogener abgerundeter Geschiebe von allen Grössen, auf dem Fuße des Harzischen Ganggebirges unmittelbar auf, und sind solche nichts anders als das todte liegende, oder die unterste Lage der Flötzgebirge.

Alle die verschiedenen Modificationen dieses todten liegenden zu beschreiben, würde viel zu weitläuftig seyn, und zu wenig interessiren: interessanter wird hingegen die Nachricht seyn, wenn ich erweise, daß dieses rothe liegende ganze Gebirge ausmache, die sich oft außerordentlich steil auf 688 Pariser Fuß, und so weiter flach hinauf bis auf 772 Fuß über Ilefeld erheben: — daß Gänge darin streichen, daß noch verschiedene andere Lagen, ja sogar, daß noch ein Steinkohlenflötz unter ihnen liege, auf dessen Sohle, Schilf- und Kräuterabdrücke sehr deutlich sich finden. — Die

 am

am Ende dieses Capitels folgende Uebersicht des Ganzen, wird ein deutliches Bild davon gewähren.

Ich habe auf der Petrographischen Charte die Gegenden, wo Porphyr vorkömt mit einer dunkelgrünem Farbe angedeutet: und da wird man in der Gegend von Jlefeld einen ziemlich beträchtlichen Theil des Harzgebirges mit dieser Farbe blaß illuminirt finden. Es komt daselbst eine sehr sonderbare Gesteinart vor, welche ich unter keine andere Classe, als unter die Porphyriten bringen kann.

Gegen das Gestein Nr. 74. des Cabinetts wird wahrscheinlich niemand etwas einzuwenden haben, solches unter die Classe der Porphyriten aufzunehmen: es ist dieses ein braunrothes etwas hornartiges thonigtes Gestein mit etwas Feldspath und einzelnen grünen Serpentinartigen Einmischungen; selten finden sich kleine Eisengranaten darin, so auch an dem Exemplar Nr. 74. des Cabinetts zu finden seyn werden. Es ist dieses vom Sandlinz bey Jlefeld genommen, da wo es zunächst an die Mandelsteinarten gränzt, und auf ihnen aufliegt. Sein Gewicht ist 2,641.

Je näher nach dem flachen Lande zu, desto mehr verändert sich das Gestein, und desto weniger sieher es einem Porphyrit ähnlich; dennoch verlichret sich eins so sehr in das andere, daß man oft zweifelhaft wird, wofür man es halten soll. So wie Nr. 74. das eine Extrem nahe am Mandelstein ist, so ist Nr. 75. das Extrem von der

Nähe

Nähe des flachen Landes. Dieses wird man auf den ersten Anblick gewiß nicht für Porphyrit halten, und doch ist es mit vorbeschriebenem Gestein so nahe verwandt, daß man es nicht gar füglich anders benennen kann. Es ist braunroth von Farbe, rauh und etwas sandig im Bruche und hin und wieder mit kleinen weißen Puncten eingesprengt, die wahrscheinlich Feldspath sind.

Herr Westrumb hat dieses sonderbare Gestein zerlegt. Ich liefre hier das Resultat von vier seiner verschiedenen Prüfungen: — also so richtig wie nur irgend eine Analyse seyn kann, und wie man sie von der Genauigkeit eines so großen Scheidekünstlers erwarten kann: ich liefre hier einen Auszug seines eignen Briefes vom 20ten Jun, 1787.

„Es besteht aus Kiesel, Alaunerde, Kalch-„erde, fast metallischem Eisen und Schwerspath-„erde. Daß das Eisen als beynahe vollkom-„menes Metall darin sey, folgre ich aus der „dunkelgrünen Farbe, die das Foßil nach dem „Glühen mit Laugensalzen, den Säuren er-„theilt. Ob die Schwererde als Spath, das „ist mit Vitriolsäure verbunden, einen Be-„standtheil des Minerals ausmache, das wage „ich nicht zu bestimmen, kann auch nie bestimmt „werden, wenn man ein Mineral vor seiner „Zerlegung mit Laugensalzen zu glühen gezwun-„gen ist. So viel ist gewiß, daß die Erden „die es enthält, lustleer sind; es braußt a) nicht „mit Säuren, verliehrt b) wenig wenn es ge-„glühet wird, und liefert c) im Feuer, wenn

„es

„ es in der Luftgeräthschaft geglühet wird, höch-
„ stens ein wenig Wasser; und endlich betra-
„ gen die durch die Zerlegung ausgeschiedene
„ Theile, ein großes mehr, als das zur Arbeit
„ genommene Mineral; ja sie betragen auch
„ dann noch mehr, wenn man sie lange und
„ heftig glüht, und sie dadurch ihrer ersten Be-
„ schaffenheit näher bringt.

„ Das specifische Gewicht ist 2,052, und das
„ Verhältniß der Bestandtheile aber in 100 Th.

„ an Kieselerde	—	—	71
„ — Alaunerde	—	—	19
„ — Luftleerer Kalcherde		—	7
„ — Eisenkalch	—	—	9,50
„ — Schwerspatherde		—	—,75
überhaupt			107,25

„ Wundern Sie sich nicht darüber, daß
„ 7,25 mehr erhalten sind, als erhalten werden
„ mußten. Einmal können die Erden trotz des
„ Glühens, auch etwas Luft und Wasser zurück
„ gehalten haben, und dann so war das Eisen
„ als Metall, und nicht als Kalch in der Mi-
„ schung des Minerals; bedenkt man dies, und
„ weiß daß 100 Gran Eisenmetall, 225 Gran
„ Kalch geben, so vermindert dies die Menge
„ des Eisenbestandtheils, und eben so die Menge
„ des ganzen Ueberschusses um 5,277. der ganze
„ Ueberschuß beträgt dann nur noch 1,973.)
„ und dieser kann, so wie das was während
„ der Zerlegung verlohren gieng (ich bin nicht

„ so

„so kühn zu glauben, es verspille sich bey meinen Analysen nichts, durch Luft und Wasser „bewirkt werden.

„Die Beschreibung der Versuche selbst, übersende ich Ihnen nicht; ich werde sie aber im „4ten Hefte meiner kleinen Schriften bekannt „machen.*) Sie wird manchem Scheidekünstler „die Fehler seiner nur einmal, oft nur flüchtig „angestellten und schnell als Ohnfehlbarkeiten in „die Presse gegebenen Zerlegungen zeigen, und „ihn für die Zukunft sorgsamer machen.“

Diese beyde Gesteinarten bilden in der Gegend von Ilefeld, besonders am Herzberge, dem Gänseschnabel, und hernach bey der Steinmühle, sehr schöne groteske Felsenklippen, dergleichen man ausser den Granitgebirgen, auch allenfalls im einfachen Kalchgebirge des Harzes, sonst nirgends antrift. Sonderbar und äusserst merkwürdig ists, daß sich diese beyde Gebirgarten, gerade eben so wie das Ganggebirge verhalten; ja daß sogar auch wirkliche Gänge darin streichen. Es hat fast noch saigerer stehende Schichten, als das einfache thonigte Ganggebirge, und es würde so leicht niemanden einfallen, es für Flötzgebirge zu halten, wenn nicht das darunter liegende, am Rabenstein bey Ilfeld, und am Vaterstein bey Neustadt unterm Hohnstein sich zeigende Steinkohlenflötz, es deutlich bewiese, daß solches Flötzgebirge sey. Wäre dieses nicht, so würde man sie, so wie den

unter

*) Dieses 4te Heft ist bereits erschienen.

unter ihm liegenden Mandelstein und Trapp, gewiß unter die ältern Ganggebirgsarten rechnen: so sehr leicht kann man sich in der Bestimmung des Alters der Gebirgsarten und ihrer Classification irren. Wer würde auch in einer so beträchtlichen Tiefe unter dem an der langen Wand bey Ilefeld zu Tage aussetzenden Kupferschieferflötze, noch ein Kohlenflötz suchen? Das Ausgehende dieser beyden Flötze ist unter gleichen Fallen 4300 Schritt von einander; ersteres an der langen Wand bey Ilefeld, und letzteres an der nördlichen Gränze des mit der grünen Farbe illuminirten Gebirges oberhalb Ilefeld, an dem sogenannten Brandes Bach.

Die senkrechten, oft isolirt stehenden Schichten haben ein den übrigen Harzgebirgen ganz entgegengesetztes Streichen, und hier die neunte zur Hauptstunde, so wie es bey den übrigen Harzischen Schiefergebirgen, die dritte ist; an dem Theile des Herzberges, welcher der Gänseschnabel heißt: (seine Benennung, die er wegen einer daselbst befindlichen spitzen kegelförmigen Klippe erhalten hat, auf welcher ein großes Felsenstück im gehörigen Gleichgewichte queer aufliegt; so, daß das Ganze einige Aehnlichkeit mit dem Kopfe und dem Halse einer Gans hat,) ist dieses Streichen sehr deutlich zu bemerken. Die Felsenketten, so man hier als noch unverwitterte Kerne ungeheurer Felsenmassen ansehen kann, ziehen sich in besagter Stunde von unten an den Berg hinauf, und haben Schichten von Erde zwischen sich, die wahrscheinlich aus diesem Gestein durch Verwitterung entstanden sind.

Von

Von großen nach der neunten Stunde streichenden Hauptklüften scheint die Verwitterung ausgegangen zu seyn, die mit ihrer zerstörenden Kraft bis jetzt noch nicht bis zu diesen Felsenkernen hat durchdringen können. Durch dergleichen Zerstörungen hat wahrscheinlich eine freystehende Klippe nahe vor der Netzbrücke alle innere Haltbarkeit verlohren, daß man jetzt an deren Stelle einen Schutthaufen großer Felsenstücke findet, durch die man sich einen neuen Weg hat bahnen müssen.

Unter die Abänderungen und verschiedenen Modificationen dieser beyden Gebirgarten gehört auch das Exemplar Nr. 78. des Cab. Es ist dieses eine blaß pfirsichblüthfarbene sehr harte Thonmasse, in welcher sehr feine Feldspäthflitzgen eingesprengt sind, die aber, weil sie genau die Farbe des Gesteins haben, auch dem bewafneten Auge kaum sichtbar sind. Allein, durch die Verwitterung wird der Feldspath zerstört, und statt seiner bleiben die Höhlungen im Gestein zurück, die er eingenommen hatte. Dieses Gestein hat einige Aehnlichkeit mit der Porphyrart, welche Hr. Bergsecretair Voigt zu Weimar in seinen Gebirgarten-Cabinetten Nr. 7. geliefert hat. Man hat das vor uns habende Gestein wahrscheinlich wegen der einzelnen runden Flecke, die gemeiniglich roth sind, und eine gelbliche Einfassung haben, auch wol zuweilen ganz gelb sind, mit dem Trivialnamen Cottonstein belegt. Seine Lage und Verhalten ist sehr schwer zu bestimmen, so viel aber ist gewiß, daß es in sehr naher Nachbarschaft mit dem Mandelgestein Nr. 58. des Cab. vorkömt.

Man

Man findet es am Ochsenplaße an der Westseite des Neßberges in einer kleinen Ebene, ringsum mit Gebirgen von der Art wie Nr. 74. und 75. umgeben, und scheint also auf der Gränze mit den Mandelsteinen und dem Trapp eine veränderte Modification der Gebirgart Nr. 74. zu seyn; sein Gewicht ist 2,298.

Die Erzgänge, so in den beyden Gebirgarten Nr. 74. und 75. gefunden werden, führen größtentheils Eisen, welches sich wegen des beträchtlichen Eisengehalts, den die Gebirgart Nr. 75. ohnehin schon hat, gar woll vermuthen läßt. Es bricht Stahlerz, (nach Kirwan S. 303.) schöner rother Glaskopf, cristallisirter Eisenglanz, (Eisenmann) und Eisenglimmer oder Eisenrahm darin; — das Eisen ist oft sehr reich an Braunstein. Die Gangart ist Quarz und schwerer Spath, und das Nebengestein der Gänge des Neßberges, ein rother Jaspis, von der Art des Exemplars Nr. 32. des Cab. Die Gänge setzen edel durch das porphyrartige Gebirge Nr. 74. und 75, taub durch die Mandelsteinslagen bis in den Trapp nieder, wo sie wider edel werden.

Weiter von Jlefeld aus, gegen Abend zu, finden sich an der Harzeburg und am Mönchebergе, Braunsteinsgänge, so größtentheils schweren Spath zur Gangart haben, und wovon in dem Abschnitte von den Gängen ein Mehreres vorkommen wird.

Unter

Unter den Gebirgen von dem porphyrartigen Gestein Nr. 74. des Cab. findet sich der Mandelstein*) unter sehr verschiedenen Abänderungen, zuerst in schwachen Spuren, die aber weiter in die Tiefe hinein, immer deutlicher werden. Die obere Lage desselben, besteht aus einer thonigten Gesteinart, mit kleinen, oft kaum merkbaren Blasenlöchern, die gemeiniglich inwendig mit grüner serpentinartiger Erde, bald ausgefüllet, bald auch nur angeflogen sind. Am Tage ist es sehr stark verwittert, wie das Exemplar Nr. 59. des Cab. zeigt:

*) Herr Kirwan nennt dasjenige Mandelstein, wo in einem Hornstein- oder Jaspisgrunde, Bruchstücke von Kalchspath und Serpentin, in eyförmiger Gestalt enthalten sind. So richtig übrigens diese Definition gegeben ist, so verdient sie doch noch eine weitere Ausführung. Denn erstlich giebt es unter den Jaspis- und Hornsteinarten verschiedene Abstuffungen bis zu den ihnen oft so nahe verwandten Trapp- und Schieferarten, über welche sich die vorbenannten fremdartigen Einmischungen weit häufiger erstrecken, als über die Jaspisarten, die niemals ganze Gebirge ausmachen, sondern immer nur sehr einzeln darin vorkommen. Soll hier also von Gebirgarten die Rede seyn, und der Mandelstein als eine solche betrachtet werden, so muß der Umfang der Definition auch dahin ausgedehnet werden. Vors andere redet Herr Kirwan nur bloß vom Kalchspath und Serpentin, ohne auch den Quarz, Calzedon, Achat und übrige Einmischungen zu berühren, die, wie ich gleich zeigen werde, ebenfalls häufig in den Mandelsteinen vorkommen. Nach Hr. Kirwans Definition könnte der Name Mandelstein, nur für die Exemplare Nr. 50. und 51. unserer Harzischen Gebirgarten

zeigt: oftmals sehr eisenschüssig und mit Adern von Eisenspath durchsetzt. Dieses und die wenige Grünung hat Gelegenheit gegeben, zu Oberstein im Churfürstenthum Trier, wo es sich ebenfalls findet, einige Schmelzversuche damit vorzunehmen; man hat aber nur ein sehr unreines und gemischtes Metall, so größtentheils Eisen ist, daraus erhalten. Das Exemplar Nr. 58. liefert eine unverwitterte Probe dieses Gesteins, es ist vom Ochsenplatze an der Westseite des Netzberges genommen, und sein Gewicht ist 2,598. hier sind

arten brauchbar seyn, die ich dort unter dem Namen der Perl- oder Blattersteine aufgeführt habe. Ich habe dort schon gesagt, daß ich nichts dagegen zu sagen hätte, wenn man sie, ohnerachtet ihnen die eyförmige Gestalt fehlt, auch Mandelsteine nennen wolle, nur müsse man sie nicht mit den Mandelsteinen jüngeren Ursprungs verwechseln.

Auch Cronstedt giebt §. 268. nur diese beyden Einmischungen an, benennet aber die Gebirgart richtiger einen eisenschüssigen erhärteten Thon, (das Eisenschüssige ist auch nicht absolut, sondern zufällig.) Man könnte also diese Definition richtiger abfassen, wenn man den **Mandelstein** eine **Gebirgart** nennte, die ein **thonigtes Gestein** ist, **welchem entweder Kalchspath, Serpentin, Quarz, Calzedon** oder **Achat,** (zuweilen mit einigen metallischen Einmischungen) **bald in unbestimten, bald in bestimten Mandel-** oder **eyformigen Gestalten eingemengt** sind. Auch den Zeolith könnte man mit zu den Einmischungen der Mandelsteine zählen, wenn mir nicht die Ziolith bei sich führenden Mandelsteinsarten etwas zweydeutig vorkämen,

sind die Blasenlöcher schon deutlicher zu erkennen. Je weiter in die Tiefe, desto größer werden diese Blasenlöcher, in denen sich nun zuweilen kleine mit Serpentin überzogene Kalchspathnieren, auch schon einige kleine Calcedonkügelchen (die Wallerius Schwalbensteine nennt) finden. Das Exemplar Nr. 57. liefert eine Probe davon: es ist aus dem Netzberge ohnweit Ilefeld und sein Gewicht ist 2,632. Wenn die Luft die kleinen Kalchspathnieren zerstört hat, bekömt dieses Gestein mit einer löcherichen Lava, eine verführerische Aehnlichkeit.

Noch

kämen, und oft zu den vulkanischen Gebirgarten müssen gezählet werden. Zwar sehen wir auf dem Harzgebirge, daß der Zeolith sich auch außerhalb Vulcanen erzeugen könne, also kann man deswegen die Mandelsteinsarten, so außer obigen Einmischungen auch Zeolith bey sich führen, nicht absolut zu den vulcanischen Producten zählen. Man muß deswegen bey ihrer Classification in der Gebirgslehre große Behutsamkeit anwenden, und bey ihrer Einordnung in eine Sammlung, nur bloß auf ihre Lagerstätte und auf die Umstände sehen, unter welchen sie gefunden werden.

Da wo der Mandelstein in der Pfalz und im Herzogthum Zweybrücken ganze Gebirge ausmacht, gehört er eben so wenig, wie der Harzische, unter die vulcanischen Producte, sondern eben so wie dieser und der Mandelstein von Derbishire, unter die auf ältere Ganggebirge aufgesetzten Flötze. Gleichwol habe ich in jenen Gegenden der Pfaltz, den Mandelstein verschiedentlich von Vulcanen durchbrochen gefunden, wo man ähnliche Mandelsteinarten unter den Laven findet. Man sieht also, daß es hier bloß auf Umstände ankömt.

Noch tiefer in den Berg hinein, werden die Blasenlöcher immer größer, und zeigt sich darin schon mehrerer Calzedon und Achat; aber noch in ziemlich unbestimten Gestalten, auch woll in länglichten, abgerundeten und platt gedruckten kleinen Kuchen, wie das Exemplar Nr. 56. des Cab. zeigen wird.

Darauf folgt ein brauner leberfarbiger Trapp, welcher wegen der darin vorkommenden regelmäßigen Achat- ꝛc. Kugeln, ebenfalls unter die Mandelsteine gehört. Er macht im Netzberge eine ohngefähr ½ Lachter mächtige Lage im Gebirge aus, die unter voriger liegt. Im Cab. liefert das Exemplar Nr. 54. eine Probe davon, mit einer einsitzenden Achat- ꝛc. Kugel.

Weiter nach unten zu und in die Tiefe hinein, verliehrt sich dieses Gestein allmählich in einem schwarzen oder schwarzgrauen Trapp, ebenfalls Mandelstein, Nr. 52. des Cab., welcher zuweilen in einzelnen Blöchen zu einer graulichgrünen Farbe ausartet, wie Nr. 53. zeigt. In ihnen sind die mandelförmigen Einmischungen schon etwas seltener als in Nr. 54., auch die Achate selten so schön gezeichnet, sondern bestehen gemeiniglich nur aus Calzedon, der zuweilen auch mit dem Kalchspathe gemeinschaftlich darin enthalten ist. Sehr selten zeigt sich in unregelmäßigen Nestern ein glasartiger, zuweilen gefärbter fetter Quarz. In größerer Tiefe verliehren sich aber alle Einmischungen allmählich ganz daraus, der Name Mandelstein hört auf für diese Gebirgart

passend

passend zu seyn, und sie wird zuletzt ganz reiner Trapp, der am Rabenstein, am Netzberge nahe über dem Bette der Bähre, und in der Fischbach zu Tage aussteht. Eisengänge, deren Eisenstein gemeiniglich auch Braunstein führt, finden sich verschiedentlich in diesem Trapp, sie werden jetzt aber nicht mehr betrieben.

Ich wende mich zu der nähern Beschreibung der Achatkugeln selbst, die man unter Nr. 55. im Cab. isolirt antrift, und wage es, einige Gedanken über ihre Entstehung hinzuwerfen.

Zuerst ist die Form der Kugeln äußerst merkwürdig; der Name Kugel ist eigentlich ein unpaßlicher Ausdruck, aber ich habe ihn bis daher so beybehalten, weil er der gewöhnlichste ist. Wenn man das im Cabinett unter Nr. 55. befindliche Exemplar einer solchen Kugel betrachtet, so wird man bald finden, daß sie sich mehr der Gestalt einer Mandel nähern, daher denn wol der Name Mandelstein entstanden seyn mag. Allein in etwas weichen diese Körper doch von der mandelförmigen Gestalt ab; denn eine Mandel ist allezeit an einem Ende zugespitzt; die Achate aber sind keilförmig zugeschärft gleichsam wie eine Scheermesserklinge.*) Der zugeschärfte Ende

 einer

*) Ob ich gleich weit entfernt bin, hier eine Vergleichung anzustellen, viel weniger beydes in eine Classe zu setzen; so kann ich doch nicht umhin, hier einer Stelle zu erwähnen, die mir in den vermischten Beyträgen zur physicalischen Erdbeschreibung Brandenburg bey Halle 1774. 1ster

einer solchen Achatmandel, ist in seiner Lagerstätte allezeit mehr oder weniger nach unten zugekehret. Jemehr die längste Durchschnittslinie einer solchen Achatmandel, sich von der Verticallinie entfernet, desto platter scheinen sie von dem aufliegenden Gebirge gedruckt zu seyn, so daß sie diese Gestallt fast ganz verlieren, wenn sie sich, wie in dem Exemplar Nr. 56. der horizontalen Lage nähern oder wirklich horizontal liegen. Einige wenige findet man; die sich nach ihrer längsten Durchschnittslinie in einer völlig senkrechten Lage befinden: allein diese haben eine völlig birnförmige Gestalt, deren Spitze nach unten zu gekehret ist.

Nehme ich hier nun an; daß Wärme mit Feuchtigkeit, und daher entstehende Gährungen, einige Luftarten aus der noch weichen Masse des Gesteins entwickelten, diese sich in Luftblasen zusammenzogen, die wegen Schwerflüssigkeit der Masse nicht nach der kürzesten Widerstandslinie in die Höhe steigen und an der äußern Luft zerplatzen konnten, so ist nichts natürlicher, als daß diese Luftblasen nach unten zu, spitz oder zugeschärft;

1ster Band, 3tes Cap. S. 86. sehr auffallend war: es heißt daselbst

„In einiger Entfernung von Currure in „Ostindien, liegt die Diamantgrube von Lattewar, in welcher man in einer röthlichen Erde „die Diamanten findet, die hieselbst oft einer „Scheermesserklinge gleichen, denn sie sind auf „der einen Seite dick, auf der andern aber ganz „dünne.“

schärft; und nach oben zu, rund oder gewölbt werden mußten. Denn die Neigung der Luft in einer schwereren Materie nach der kürzesten Widerstandslinie in die Höhe zu steigen, machte sich nach dieser Richtung, in dem zur Zeit des Niederschlags aus dem Wasser, noch breyförmigen Theile der Gebirgsmasse eine Art von Gewölbe, was bey nachheriger Erhärtung der Gebirgsmasse stehen blieb, und die Form behielt. Weil nun die kürzeste Widerstandslinie in einem Berge, äusserst selten mit der senkrechten Linie zusammenfällt, so mußte nothwendig, bey inclinirender kürzesten Widerstandslinie, der senkrechte Druck des oberen Gebirges, die Luftblase an einer Seite platt drücken, und beym Zusammenfallen der kürzesten Widerstandslinie, mit der Horizontallinie die Luftblase ganz platt gedrückt werden. Der erstere Fall ist an der Achatkugel Nr. 55. zu sehen: die längste Durchschnittslinie, vom zugeschärften Ende, bis zu dem kugelförmigen ist verlängert, zugleich die kürzeste Widerstandslinie; jedoch so, daß die Zuschärfung horizontal laufe. Der zweyte Fall ist am Exemplar Nr. 56. zu erkennen, worin die kürzeste Widerstandslinie mit der Horizontallinie zusammenfällt, daß also die darin befindlichen Achate ꝛc. wie kleine längliche Kuchen völlig platt gedrückt sind.

Hatte nun die Luft sich diese Blasenlöcher gebildet, so mußten sich natürlicherweise die im Gebirge jederzeit vorhandenen Feuchtigkeiten in den Höhlungen derselben sammlen: diese wurden mit Säuren und fremden Luftarten angeschwängert, und bekamen dadurch das Vermögen, die feineren erdigten Theile aus dem benachbarten Gestein aufzulösen.

Nach der Folge der Leichtigkeit oder Schwierigkeit womit diese Erdarten sich auflöseten, mußten sie hernach auch wiederum erhärten und zum Theil cristallisiren. So ist z. B. die Kalcherde diejenige, welche sich am ehesten und leichtesten von allen Erdarten auflöset, folglich wird sie auch die letzte seyn, welche aus der Auflösung mehrerer Erdarten wieder erhärtet, anschießet oder wenn Raum dazu vorhanden, cristallisiret. Darum finden wir zuweilen inwendig in den hohlen Achatkugeln schöne Kalchspath-Cristallen auf dem Quarz aufliegend. — Aber nicht immer bloß Kalchspath-Cristallen, sondern auch Schwer- und Flußspath-Cristallen habe ich, wiewol äußerst selten darin bemerkt. Nur die unreine, noch zu nahe mit den erdigten Theilen der Gebirgart verwandte und zusammenhängende, zuweilen eisenschüssige Kalcherde, setzte sich verschiedentlich an den Wänden der blasenförmigen Höhle fest, daß dadurch die Achate zuweilen mit einer kalchartigen Kruste überzogen sind, und also auf der Oberfläche mit Säuren brausen. Zuweilen findet man auch Kugeln, die ganz aus Kalch bestehen, welcher, wenn er in hinlänglicher Menge aufgelößt war, die ganze Höhlung ausfüllete.

War die Kalcherde aufgelößt, so kam endlich mit der Zeit auch die Reihe an die Auflösung der reinen Kieselerde. Weil sich diese schwerer auflößt, als

als die Kalcherde, so muß sie also auch ehender als die Kalcherde wiederum erhärten oder cristallisiren. Darum findet man in hohlen Achatkugeln den Quarz allemal zwischen den eigentlichen Achate und dem Kalchspath, oder wenn der Kalch gänzlich fehlt, allemal inwendig. Zuweilen findet man auch Kugeln, die blos aus Quarz bestehen, welcher, wenn er in hinlänglicher Menge aufgelößt war, die gauze Höhlung ausfüllet: in geringerer Menge ließ er die Kugel hohl, und kleidete blos die Höhlungen mit Quarzcristallen aus; die, je nachdem die Kieselerde mehr oder weniger mit Eisen- oder Braunstein angeschwängert war, verschiedentlich braun, roth oder violett gefärbt sind.

Das Wasser, aus welchem die Kieselerde und Kalcherde sich durch Cristallisation geschieden hatte, mußte also in der hohlen Kugel zurück bleiben, welches wir denn noch jetzt beym Zerschlagen dieser Kugeln (wenn sie nemlich noch unverwittert und unbeschädigt sind) in ihnen antreffen.*)

Ob nun gleich von der Auflösbarkeit der Thonerde in Säuren, hier nicht die Rede seyn kann, so kann doch die feine Thonerde sich leicht mit jeder wässerigen Flüssigkeit vereinigen, und durch ihre Beimischung der Auflösbarkeit der ihr so nahe verwandten Kieselerde hinderlich werden, und also umgekehrt die frühere Erhärtung der Kie-

*) Auf diese Art ließen sich auch die Calzedone mit Wassertropfen aus den vincentinischen Aschenhügeln erklären.

selerde befördern. Dieses zeigt sich deutlich an den vor uns habenden Kugeln: ihre äußere Rinde ist gemeiniglich Calzedonartig, oder eigentlicher, eine innigst mit Thon gemischte erhärtete Kieselerde, die sich noch dazu wegen naher Verwandschaft mit dem thonartigen Wesen des Trapps, nach ihm von allen Seiten gleichförmig anzog, und so in concentrischen Schaalen verhärtete. War nun keine Thonerde mehr in der Auflösung vorhanden, die den Quarz zu Calzedon verändern und die frühere Erhärtung der Kieselerde bewirken konnte, und hatte diese sich rund herum festgesetzt, so blieb die rein von Thon geschiedene aufgelöste Kiesel- und Kalcharde übrig: sie blieb so lange im flüssigen Zustande, bis der Zeitpunct kam, daß sie für sich allein erhärten und cristallisiren konnte. Während dieser Zwischenzeit war die mit Thon auch wol etwas Kalch vermischte Kieselerde oder der jetzige Calzedon, in einem mehr schleimigen und gallertartigen Zustande als die reinere Auflösung der Kieselerde. Die gallertartige Calzedonmasse, so in der Höhlung rund herum, entweder gleichförmig vertheilt war, oder von oben aus dem Gebirge Zuflüsse hatte; senkte sich zuweilen von oben in Stalactiten herunter, und finden wir daher zuweilen in den Kugeln getropften Calzedon, entweder isolirt, oder auch mit Quarz wiederum umflossen, daß man sie nur durch das mit der Richtung der Stalactiten parallele Anschleifen in den Achatkugeln entdecken kann. Da wo die schleimige Calzedonmasse nicht in hinlänglicher Menge vorhanden war, damit sie vermöge ihrer eigenen Schwere herabtröpfeln, und an den Seiten herunterfließen konnte, blieb sie in halbgebildeten Tropfen an dem Gewölbe der Kugel rund herum hängen, daß dadurch die nierenförmige Bildung des Calzedons entstand. vielleicht war auch eine gewisse größere Fettigkeit (wenn ich mich dieses Worts gleichnißweise bedienen darf) Schuld daran; vermöge welcher die schleimige Calzedonmasse sich nicht mit der mehr wässerigen Feuchtigkeit vermischen konnte, die annoch in der Auflösung vorhanden war, und hier auf eben die Art ein Widerstreben gegen die Vereinigung Statt fand, wie man solches beym Eintröpfeln einiger abgesonderter Oehltropfen in ein Glas Wasser wahrnimt. Man wird daher, den hernachmals auf den nierenförmigen Calzedon aufgesetzten Quarz, nie so innig damit verbunden finden, daß man ihn (besonders nach einiger Verwitterung) beym Zerschlagen nicht davon sollte ablösen können.

Solchemnach wäre die Stuffenfolge der Auflösung: 1) Kalch, 2) Quarz, 3) Calzedon, und die Stuffenfolge der Erhärtung und Cristallisation derselben; 1) Calzedon, 2) Quarz, 3) Kalch.

Serpentin: oder Bittersalzerde, wenn sie nur in sehr geringer Menge in der Mischung vorhanden ist, färbt nur bloß die äußere Rinde der Kugel, und die Höhlung worin sie gesessen, etwas grün; hält sich aber gemeiniglich am liebsten bey den Kugeln auf, die ganz aus Calzedon bestehen, und worin des Kalchs am wenigsten eingemischt ist,

ist, — selten findet sie sich stärker aufgetragen, wie man gewöhnlich eine Farbe aufträgt; nie fand ich sie hier in so grosser Menge, daß sie eine Höhlung ganz allein ausgefüllet hätte.

Zuweilen sind auch die Höhlungen gänzlich, zuweilen nur zum Theil mit grober erhärteter Thonerde, völlig von der Art wie das Trappgebirge Nr. 54. in welchem sie befindlich sind, ausgefüllt; und so sind immer die Arten der Ausfüllung äußerst verschieden; je nachdem die Feuchtigkeiten in der Blasenhöhle, eine oder die andere einfache Erde, in mehrerer oder minderer Menge aufgelößt und wieder abgesetzt hatten. So findet man z. B. auch Kugeln, worin man durch und durch nichts als Calzedon findet; der, wenn er durch metallische Substanzen gefärbt ist, den Namen Achat erhält, imgleichen auch Kugeln, worin der Kalch die Oberhand hat, und worin der Calzedon sehr unregelmäßig, und gleichsam nur nesterweise vorkomt.

Steckten nun in der Gebirgart auch metallische Theile, so mußten diese ebenfalls mit aufgelößt werden, als das Wasser, so sich in den Höhlungen der Gebirgart (welche jezt die Achatkugeln eingenommen) sammlete, die feineren einfachen Erden aus der Gebirgart auflösete und gleichsam auslaugte.

Nach Maaßgabe des mehr oder minder phlogistisirten oder dephlogistisirten Zustandes, und der daher folgenden mehreren oder minderen Auf-

lös-

lösbarkeit der metallischen Theile, (die hier nur Eisen- und Braunstein sind) mußte auch ihre Verhärtung oder Cristallisation in der gehörigen Reihe mit erfolgen; und daher die Scheidung der metallischen Theile von den Erdarten eben so vor sich gehen, wie sich bey kurz vorher angeführter Erklärung über die Entstehung der Achate, Kalcherde und Kieselerde nach Maaßgabe ihrer verschiedenen Auflösbarkeit schieden.

Z. B. es waren die metallischen Theile minder geneigt sich aufzulösen als der Kalch, und auflösbarer als der Quarz, so müssen wir jetzt beym Zerschlagen der Achatkugeln, die metallischen Aggregate nothwendig zwischen dem Kalche und Quarze erhärtet antreffen; und so wird man fast in jeder zerschlagenen Achatkugel die Stufenleiter der verschiedenen Auflösbarkeit der Körper beobachten können.

Man findet in den Ilefelder Achatkugeln die metallischen Einmischungen nur nester- oder klumpen- und nierenweise, zuweilen auch cristallisiret, niemals aber in so regelmäßigen und concentrischen Schaalen wie den Achat selbst. Ich traf das Eisen hier in verschiedenen Gestalten an: bald als Eisenspath, bald als Eisenrahm, bald als Stahlerz, bald als Eisenmann oder cristallisirten Eisenglanz; auch habe ich wirklichen strahligen Haemathit oder Glaskopf darin entdeckt, der sich gemeiniglich nur an der Oberfläche der Achatkugeln zeiget, zuweilen nur als Spur davon: es zeigen sich alsdann kleine runde braunrothe

Puncte

Puncte, von etwa Linsen= bis zur Erbsengröße, so gemeiniglich aus concentrischen Ringen bestehen. Beym Zerschlagen des Gesteins, springen diese rothen Puncte oft aus den Achatkugeln heraus, wo man denn deutlich sehen kann, daß sie nichts anders als eingedrückte Halbkugeln eines rothen Glaskopfs sind.

Zuweilen finden sich in dem Trappgebirge einige kleine Klüfte, von 1 bis 2 Linien mächtig, welche mit Calzedonmasse ausgefüllt sind, und Onixstreifen haben. Ich sahe eine solche Kluft mitten durch eine Achatkugel durchsetzen. Es schien hier der Calzedon die Achatkugel wieder zusammen geleimt zu haben, die vielleicht bey einer Spaltung des Felsen zugleich mit ihm zerrissen war. Von verschiedenen Zerrüttungen des Felsen, zeugten mir mehrere im Gebirge noch festsitzende, durch Felsenklüfte getrennte Achatkugeln; deren eine Hälfte aber nie genau gegen der andern übersaß, sondern die eine Hälfte war immer etwas gegen die andere Hälfte gesunken und verschoben.

In dem unverwitterten Trapp sitzen die Achatkugeln sehr fest: sobald aber die Verwitterung nur etwas auf das Gestein hat wirken können, sind sie mit leichter Mühe auszulösen. Besonders ist der eisenschüssige Trapp Nr. 54. sehr zur Verwitterung geneigt, und das Gestein wird auf seinen kleinen oft kaum sichtbaren Klüften gar leicht von corrosiven Feuchtigkeiten durchdrungen. Von diesen werden denn auch die im Gestein steckenden Achatkugeln mit angegriffen, und wenn

solche

solche blos aus Kalchspath bestehen, gar bald davon zerstöret, so daß man beym Zerschlagen des etwas verwitterten Trappfelsen, gar oft völlig leere Höhlungen antrift, in welchen man nur selten etwas weniges ocherartige Erden findet. Die Kugeln, die neben dem Kalchspathe auch Calzedonnester enthalten, können also durch die Verwitterung nur den sie begleitenden Kalchspath verliehren, und der ihr stärker widerstehende Calzedon, muß nothwendig vors erste unzerstört zurück bleiben. Daher findet man in diesen Höhlen oft nur Fragmente von Calzedonkugeln, denen man die kugelichte Gestalt zwar deutlich ansehen kann, denen aber an ihrer Vollkommenheit noch etwas fehlet.

Ein solches Flötz, wie das bisher beschriebene Mandelsteinsflotz ist, muß sich nothwendig an mehreren Orten als zu Tage aussetzend zeigen: aber dieses ist nur ein Zufall, wenn man es in einem unaufgeschlossenen Gebirge, so an vielen Orten mit Dammerde bedeckt ist, antrift. Kein Wunder ist es auch, wenn sich dieses Flötz an ziemlich entfernten Orten, unter mancherley Abänderungen und Modificationen zeiget: man kann aber dennoch immer mit einiger Wahrscheinlichkeit den Schluß machen, daß man das nemliche Flötz wiedergefunden habe, wenn man noch immer in dem nemlichen Gebirge, unter ähnlichen Umständen ein ähnliches Flötz findet, wenn es gleich an sich etwas verschieden modificiret ist, — dieses ist der Fall bey dem Achatflötze, so zwischen Walkenried und Weida unter dem Langenberge nahe

ober-

oberhalb dem Ufer des Weideflusses zu Tage aussetzt.

Der Langenberg ist ein flacher Hügel, so aus einem braunen Sandstein besteht, welches am Ende dieses Capitels, in der Uebersicht der sämtlichen Flötzlagen die XVIIte Flötzlage ausmacht: oben auf wird der Sandstein mehr thonigt, so, daß er mit der XVIten Flötzlage correspondiret: — von der XVIIIten Flötzlage, oder dem Gestein Nr. 74. und 75. des Cabinetts findet man hier keine Spur. — Unter dem braunen Sandstein, findet sich also das Achatflötz; aber gar nicht so wie jener Mandelstein des Netzberges, sondern als ein weißer, etwa ½ lachter mächtiger Thon, wovon Nr. 46. des Cabinetts eine Probe liefert. Solte dieser Thon wol nicht ein zerstörter Mandelstein von der Art seyn, wie ihn das Exemplar Nr. 59. des Cabinetts zeigt? — Mich dünkt es fehlet diesem Mandelstein kein beträchtlich höherer Grad von Zerstöhrung mehr, um eben der weiße Thon Nr. 46. zu werden. — In diesem weißen Thone kommen die großen Walkenrieder Achatkugeln, oder vielmehr Achatnester vor.

Diese großen Nester bestehen aus einem Gemisch von Quarz, Calzedon und Achat, durch welche zuweilen braune und rothe Jaspisadern durchsetzen. Die undurchsichtige, etwa 1 bis 2 Zoll dicke äußere Rinde dieser großen Klumpen, ist gemeiniglich Pfirsichblüthfarbig, die aber beym genauen Betrachten, aus feinen rothen und weissen, mit einander abwechselnden Fasern bestehen, die sich sämtlich nach dem Centro des Klumpens hin-

hinziehen. Inwendig findet man Quarz mit einer Calzedonrinde umgeben, und beydes ist mit rothen Achat- und Jaspisadern durchzogen, welche die Klüfte desselben scheinen ausgefüllt zu haben. — Wunderbare Veränderungen muß die Natur mit diesen Klumpen vorgenommen haben; denn überall findet man Spuren von Auflösung und Regeneration, die man unmöglich in den davon ausgeschlagenen Handsteinen Nr. 45. des Cabinetts bemerken kann.

Eine Tradition sagt: daß man hier mit einem ehemals getriebenen Versuchstollen dessen Ueberbleibsel jetzt noch sichtbar sind, ein Steinkohlenflötz unter dem weißen Thone angetroffen: — mir ist das aus der Lage des Steinkohlenflötzes bey Ilefeld unter dem Mandelstein, sehr glaublich. Denn eben so wie dort ein Steinkohlenflötz unter den Mandelsteinen liegt, ist es hier ebenfalls zu vermuthen.

Ich muß hier einer sehr seltenen Cristallisation erwähnen, die in diesen großen Achatnestern nur ein einziges mal vorgekommen, und wovon sich eine sehr schöne Druse im Herzoglich-Braunschweigischen Naturalien-Cabinette befindet. Es ist diese eine Gruppe von vierseitig prismatischen Cristallen, die größtentheils alle inwendig eben so vierseitige röhrenförmige Höhlungen haben. Die Cristallen sind nur etwas weniges durchscheinend, und matt im Bruche; ich würde sie zu den cristallisirten Hornsteinen zählen. Ihre Länge ist verschieden, und nur selten einen Zoll lang; ihre Stärke bis zu 2 Linien. Auf den vier Seitenflächen finden sich zuweilen sehr dünne tafelförmige

Erhöhungen, die schmäler sind als die Seitenflächen des Cristalls, aber allezeit mit der Figur einer Seitenfläche paralell, so daß es zuweilen den Anschein hat, als ob die Natur hätte Kreuzcristallen bilden wollen. Die Cristallen haben sämtlich mit beyden Enden in der Drusenhöhle festgesessen, darum kann man die Art ihrer Endflächen oder Zuspitzungen nicht bestimmen.

Unter die verschiedenen Modificationen dieses Achatflötzes, gehört aller Wahrscheinlichkeit nach auch die Gebirgart, so wir unter Nr. 92. des Cabinetts vor uns haben. Hier ist größtentheils Kalcherde die Matrix, worin die Kieselerde gemeiniglich als Calzedon, in unregelmäßigen Streifen erscheint. Zuweilen ist sie so sehr mit eisenschüssiger Thonerde verbunden, daß sie als wahrer rother Jaspis in dergleichen Streifen durch die kalchartige Matrix durchsetzt.

Diese kalchartige Matrix erscheint unter mancherley Gestalten: bald als wirklicher Marmor, bald als ein gelblicher, etwas splittriger Kalchstein, bald auch Kalchspathartig, und es macht dies beym Anschleifen und Poliren, oftmals eine artig ins Auge fallende Verschiedenheit der Farbenmischung. Diese Art könnte also wol vielleicht zu jenen Marmorarten Schwedens und Sibiriens gehören, die mit dem Stahl Feuer schlagen, und welche Herr Kirwan in seiner Mineralogie unter den zusammengesetzten Kalchsteinen, fünfte Art; Zusammensetzungen der Kalch- und Kieselerde; Erste Abänderung, 2) Kalchstein mit Quarzadern, Saxum Sahlbergense nennet.

Gleich

Gleich oberhalb dem Dorfe Sülzhayn in der Grafschaft Hohnstein, schiebt unter der hier noch fortdaurenden Gebirgart Nr. 75., ein etwa 6 bis 10 Zoll mächtiges Flötz von dieser Gebirgart zu Tage aus. Man gewinnet dort nahe unter der Dammerde sehr große Tafeln, von 10 und mehreren Füßen, und gebraucht sie zu Thürschwellen, zu Pflasterplatten auf den Bauerhöfen, und zu schlechter Mauerarbeit. Die Lage dieses Flötzes ist beynahe völlig horizontal, und nach dieser wagerechten Linie laufen auch die Calzedonlagen, die nur auf dem Querbruche sichtbar werden.

Vom Steinkohlenflötze, habe ich hier nichts können ausfindig machen: und doch müßte aller Wahrscheinlichkeit nach, wol wenigstens eine Spur davon vorhanden seyn: aber die Gegend ist zu sehr mit Dammerde bedeckt, und zu wenig aufgeschlossen.

Noch muß ich von den achatartigen Geschieben etwas sagen, so sich auf dem Flötzgebirge am südlichen Fuße der Harzgebirge finden: darunter ist vorzüglich der Espenberg zwischen Ilefeld und Königerode merkwürdig. Auf ihm findet sich an einer Stelle des dortigen Ackerlandes verschiedentlich Quarz, Hornstein, Jaspis, Achat, sogenannter Corallenachat, getropfter Calzedon und Achat ziemlich häufig. Bey Walkenried und Sachse finden sie sich ebenfalls: auch am letztern Orte eine Art Leseeisenstein, welchen man ehemals von den Feldern gesammlet und (nach Zückert) auf dem Zerrennheerde mit verschmolzen hat.

Diese Geschiebe werden gemeiniglich mit dem Pfluge aus der Erde gebracht: es stehet hier also ebenfalls zu vermuthen, daß solche zu dem Ausgehenden des oben erwähnten Achatflötzes gehören. Unter dem Kupferschieferflötze liegen sie allerdings; dieses beweiset vorzüglich der Espenberg, an welchem es wie oben erwähnt, natürlich zu Tage aussetzt.

Dies wäre also alles, was ich von dem Mandelstein- und Achatflötze sagen könnte: — und daß es sich in der Tiefe immer mehr und mehr einem reinen Trapp nähere, auf welchem hernach ein Schieferflötz folget, so das $\frac{1}{4}$ Lachter mächtige Dach der Steinkohlen ausmacht.

Das Steinkohlenflötz ist an der Netzwiese unter dem Rabenstein, wo es ehemals durch den Birnbaums-Schacht und einem Stollen an der Brandesbach bearbeitet wurde, $\frac{1}{4}$ Lachter mächtig: am Vaterstein bey Neustadt unterm Hohnstein, wo es jetzt noch bebauet wird, steigt die Mächtigkeit wol bis auf 30 Zoll. Es verhält sich hier auf die bey Flötzwerken gewöhnliche Art; fällt gegen Stunde 9 und 10 Mittagswärts; hat ebenfalls seine Rücken und Wechsel, noch dazu sehr häufig neben einander, so daß ich zwischen zweyen, etwa 40 Lachter von einander entfernten Schächten, dem Wilhelms- und Albertinen-Schachte vier Wechsel befahren habe. Auf den Wechseln selbst, bricht größtentheils ebenfalls Steinkohle, zuweilen mürbes und faules Gestein, zuweilen auch ein erhärteter Letten — auf allen ist zuweilen Kupferkies angeflogen.

Die Art dieser Steinkohlen ist außer einigen wenigen dünnen Schieferstreifen ziemlich gleichförmig, und gehört eigentlich in die Classe der Pechkohlen, denn sie brennet ohne Gebläse; ein reines Erdpech schwitzet dabey häufig heraus, und giebt beym Verbrennen einen gar nicht unangenehmen bituminösen Geruch. Es findet sich diese Kohle im Cabinett unter Nr. 119., ihr Gewicht ist 1,580.

Unter den Kohlen ist wiederum ein schwarzer Schiefer mit Schilf- und Kräuter-Abdrücken $\frac{1}{4}$ Lachter mächtig: wird hernach wieder schwarzer Trapp wie oben, und macht hier das wirkliche todte liegende der sämtlichen Flötzlagen aus. Darauf folgt dann das Harzische Ganggebirge, so hier aus Schiefer und Grauerwacke besteht.

Nun folgt, der bequemeren Uebersicht wegen, die vollständige Ordnung sämtlicher, von Nordhausen bis Ilefeld, und weiter nordwärts über Ilefeld hinaus nach einander ausgehenden Flötzlagen.

Lehmann hat diese Ordnung in seinem Versuch über die Geschichte der Flötzgebirge nicht allein ziemlich genau beschrieben, sondern auch im Durchschnitt deutlich abgebildet, welche Abbildung, die etwanigen Dunkelheiten, so diese meine Beschreibung etwa haben mögte, hinlänglich erläutern, und den Mißverständnissen, die etwa aus meinem Ausdrucke unter dem Kupferschieferflötze entstehen könnten, genugsam begegnen kann. Daß man also nicht glauben wird, daß das Steinkohlenflötz in einem und eben demselben Berge unter dem Kupferschieferflötze liege: Nein son-

sondern beider Ausgehendes ist 4500 Schritt auseinander, und verschiedene Berge und Hügel liegen dazwischen. Ich kann also Lehmanns Nachricht von diesen Flötzlagen, die auch in Gerhards Geschichte des Mineralreichs befindlich, beynahe mit seinen eigenen Worten, jedoch etwas berichtigt, hier anführen.

I. Oben auf ist Dammerde von verschiedener Mächtigkeit: man muß sie auf den höchsten Anhöhen der Flötzgebirge z. B. auf dem Kohnstein und Sachswerferberge suchen, denn an andern Orten, wo diese Dammerde, von der ich jetzt rede, schon weiter rückwärts ist, befindet sich ebenfalls Dammerde. (Der Sandstein ist hier schon viel weiter rückwärts.)

II. Stinkstein, von der Art, wie ich dessen verschiedene Modificationen im vorigen Capitel beschrieben habe, — im Durchschnitt etwa 6 Lachter mächtig.

III. Alabaster von sehr verschiedener Mächtigkeit, 4, 6, 10, 20 auch wol 30 Lachter, wie er z. B. an den Praecipicen des Kohnsteins ꝛc. zu Tage aussetzt.

IV. Rauhwacke, aus Sand, Thon und Kalcherde bestehend, 12 bis 20 Lachter mächtig.

V. Kalchstein, Zechstein genannt; gemeiniglich 2 Lachter mächtig.

VI. Sogenannte Obersäule, ist Thonerde mit etwas Kalch und Sand gemischt; $\frac{1}{2}$ Lachter mächtig.

VII. Der sogenannte Ueberschuß, ein dünnes, etwa 1 Zoll mächtiges Lettenflötz.

VIII.

VIII. Die zarte Fäule, aus Thonerde bestehend, so mit etwas Kalch gemischt ist, ¾ Lachter mächtig.

IX. Das Dach, ein grauer kalchartiger Thonschiefer, zuweilen mit schwarzen Dendriten 16 Zoll mächtig.

X. Ein sehr armer Kupferschiefer, Mittelberge genannt, 6 Zoll mächtig: ist größtentheils Thonerde, siehet aber eben so schwarz aus, als der gute Kupferschiefer.

XI. Kaminschaale, ein schwarzer, sehr wenig Kupfer haltender Schiefer, 1 Zoll mächtig.

XII. Wiederum eine Art Mittelschiefer wie X., 4 Zoll mächtig.

XIII. Der beste ordentliche Kupferschiefer, nur 1 Zoll mächtig.

XIV. Das sogenannte liegende oder Sanderz; die mit Bitumen und metallischen, größtentheils ocherartigen Theilen durchdrungene Oberfläche des todten liegenden; gemeiniglich nur auf 1 Zoll Mächtigkeit schmelzwürdig. Sonst ist dieses Flötz des

XV. liegenden, wol ½ Lachter mächtig.

Diese Flötze zeigen sich nach geringer Abräumung der losen Erde, fast sämtlich an der langen Wand bey Ilefeld zu Tage aussetzend.

XVI. Blauer Thon, 2, 4, bis 8 Zoll mächtig.

XVII. Das zarte todte, eigentlich ein rother Sandstein, ein Lachter mächtig.

XVIII. Das rothe Liegende, ein festes rothes Gestein, unter Nr. 75. im Cab. befindlich. Dieses bildet ganze Gebirge, der Herzberg und Kaulberg bey Ilefeld bestehen daraus. Es streichen, so wie im folgenden, Eisen- und Braunsteinsgänge darin. Die Charte wird die Gegend zeigen, wie weit sich diese Gebirgart erstreckt,*) da diese Gebirgart sich über eine halbe Stunde Weges in die Breite erstreckt, so wird also die ungeheure Mächtigkeit dieses Flözzes schwer zu bestimmen seyn.

Nach der Analogie mit andern Gebirgen, sollte man dies für das wahre rothe todte Liegende, also für die unterste Flötzlage halten; allein folgende Umstände beweisen, daß noch andere Lagen, ja sogar noch ein Steinkohlenflötz darunter liege.

XIX. Eine Porphyritart, in einiger Aehnlichkeit mit Vorhergehenden, aber mehr hornartig und mit einzelnen kleinen Eisengranaten und im Cab. unter Nr. 74. befindlich. — Es scheidet sich vom Vorhergehenden niemals scharf ab.

XX. Mandelstein, Nr. 58. des Cab. imgleichen Nr. 57.

XXI. Ebenfalls Mandelstein, mit etwas deutlichern Achatkügelchen, im Cab. unter Nr. 56. befindlich.

XXII.

*) Ich habe sie in der Charte nicht von der Gebirgart Nr. 74. unterscheiden können, sondern auch diese mit unter die Farbe, die ich den Porphyren gegeben, angedeutet.

XXII. Braunrother leberfarbener Trapp mit Achatkugeln, unter Nr. 54. im Cab. befindlich.

XXIII. Graugrünlicher Trapp, mit einzelnen Achatkugeln, Nr. 53. des Cab. wechselt mit dem folgenden schwarzen Trapp.

XXIV. Schwarzer Trapp, so in der Nachbarschaft voriger beyden Gesteinarten, einige kleine unbedeutende, in mehrerer Tiefe sich gänzlich verliehrende Achatkügelchen hat; unter Nr. 52. im Cab. befindlich.

Die von Nr. 20. bis 24. benannten Gesteinarten, gränzen so an- und ineinander, daß man ihre eigentlichen Gränzen und Mächtigkeiten nicht angeben kann. Die Mächtigkeit der letztern kann man an einigen Orten woll auf 10 Lachter annehmen, und die Vorhergehenden mögen zusammen etwa 1 bis 2 Lachter mächtig seyn.

In Conformität mit diesen 4 oder 5 Flötzlagen, kommen wahrscheinlich jene Achatflötze vor, von denen sich am Espenberge, bey Walkenried und Sachse, die Achatgeschiebe; zwischen Walkenried und Weida die großen Achatnester des Langenbergs; und bey Sülzhayn der Marmor mit Calzedonstreifen Nr. 92. des Cab. zeiget.

XXV. Das Dach der Kohlen; ein blauer Thonschiefer ½ Lachter mächtig.

XXVI. Die Stein- oder Pechkohle ¼ Lachter mächtig.

XXVII. Schwarzer Schiefer mit Schilf und Kräuterabdrücken, ¼ Lachter mächtig.

XXVIII. Schwarzer Trapp, das eigentliche liegende des Kohlenflötzes und sämtlicher Flötzlagen.

XXIX. Das Harzische Ganggebirge, so hier aus Grauerwacke besteht.

Hieraus erhellet nun also wol deutlich, daß das Kupferschieferflötz und das Kohlenflötz eine sehr verschiedene Entstehungszeit haben müssen: letzteres ist gewiß weit älter als ersteres; also sind auch gewiß die zwischen beyden Flötzen inneliegenden Gebirgarten weit älter als diejenigen, so das Kupferschieferflotz bedecken.

Ich glaube nun mehrerer Beschreibungen der am Fuße der Harzgebirge durchsunkenen Flötze überhoben zu seyn, da sie doch von I. bis XIV. im Wesentlichen nicht unterschieden sind, und nur die Benennungen derselben von einander abweichen; auch manchesmal durch Umstände einige der oberen Flötze fehlen, die man, weil sie auf höheren Puncten liegen oder ihr Ausgehendes schon weiter rückwarts ist, nicht durchsunken hat.

Mehrere kleine Verschiedenheiten, die in diesen Flötzgebirgen einzeln vorkommen, muß ich übergehen, weil sie unmöglich in einen Zusammenhang mit dem Ganzen können gebracht werden: als z. B. die fette, zu Tobackspfeifen brauchbare Thonerde, am Fuße des alten Schloßes Rheinstein. — Der Ziegelthon, so am Fuße des Langenberges zwischen Harzeburg und Ockerhütte nach der Landseite zu gegraben wird. Imgleichen das

Flötz

Flötz, so sich bey der Wäsche am Fuße des Rammelsberges anlegt und aus einer Breccia von Schieferbrocken, Kieseln, Tannzapfen, Tannen, Nadeln und Eichenlaubblättern besteht, — die von den vitriolischen und eisenhaltigen Ausflüssen des Rammelsberges zusammen gebacken, und zu einer Art Eisenstein geworden sind.

Drittes Capitel.

Versteinerungen und Spuren ehemals organisch gewesener Körper; — aus den Flötzgebirgen.

So wenig ich im Stande bin, in dein großen und weitläuftigen Gebiete der Flötzgebirge, die sämtlichen Ueberbleibsel von ehemals organisch gewesenen Körpern in einer Lithologischen Ordnung neben einander zu stellen; so wenig mögte dieses auch für einen großen Theil der Leser interessant seyn. — Denn alle Versteinerungen und Ueberbleibsel der Art, beweisen gerade alle, eine und eben dieselbe Sache. Sie sind sämtlich Zeugen von der großen See, welche ehemals einen großen Theil von Teutschland bedeckte, und es wird uns wol nicht leicht ein Foßil dieser Art den Schleyer ganz aufheben, hinter welchem das Geheimniß verborgen liegt, ob die Sündfluth sie her-

bey-

beygeführet, oder ob Nord- und Ostsee die Gegenden nach und nach angeschwemmt und aufgesetzet haben, in welchen wir die Flötzgebirge mit ihren mannigfaltigen Spuren organisch gewesener Körper antreffen. So viel scheint aber doch aus der großen Menge der Seekörper die wir hier finden, zu erhellen: daß sie hier hauseten, und nicht blos von einer vorübergehenden Wasserfluth angeschwemmt wurden.

Es ist der Hauptcharacter der Versteinerungen aus den **Flötzgebirgen**, daß sie sämtlich ein frischeres und unzerstörteres Ansehen haben, als die aus den **Ganggebirgen**, und daß man ihnen die Jugend leicht ansehen kann, die sie in Betracht jener Körper aus den Ganggebirgen haben. Ich werde mich hier nur blos auf einige wenige Merkwürdigkeiten einschränken, welche sich am Fuße der Harzgebirge in den Flötzen gefunden, und da werden denn die in Calzedon veränderte Conchylien des Platenbergs, am Fuße des Regensteins, bey Blankenburg, Nr. 83. des Cabinetts, die erste Aufmerksamkeit verdienen.

Der Platenberg ist ein sehr flacher Hügel am Fuße des Regensteins oder Rheinsteins. Der Sandstein, woraus dieser Hügel besteht, setzet hier nirgend als Felsen zu Tage aus, sondern es werden die berühmten calzedonartigen Conchylien nur in Sandsteingeschieben auf dem Felde gefunden, so wie sie nach und nach ausgepflügt sind. Wäre hier nicht durchgehends bebauetes Land, so könnte man die Lage dieses Gesteins genauer untersuchen – so aber kann man davon nichts genaueres bestimmen.

men. Indessen kömt die Hauptsache hier nur auf die so vielfältig behauptete und eben so oft bezweifelte Verwandlung der Kalcherde in Kieselerde an, und gewiß, man kömt von der Erklärung dieser sonderbaren Erscheinung, wo die von Natur kalchartigen Muscheln jetzt kieselartig sind, am leichtesten von; wenn man annimt, daß Kalcherde sich in Kieselerde verwandeln könne.

Im V Bande der Schriften, der Berliner Gesellschaft naturforschender Freunde S. 321 rc. ist über diese Materie eine ausführliche Nachricht, vom Herrn J. C. Fuchs enthalten, worin auch Herrn Walchs Beschreibung derselben im 4ten Bande des Naturforschers S. 210 angeführt wird. Allein ich wage es doch, dieser so merkwürdigen und seltenen Erscheinung eine andere Erklärung zu geben, die aus der Natur des Gesteins hergenommen ist, so diese Conchylien einschließt.

Das Gestein selbst, ist ein grobkörniger Sandstein, dessen Verbindungsmittel aus einer hornähnlichen Calzedonmasse besteht, die sich im Gesteine oft in ziemlich regelmäßigen Streifen zeiget und zuweilen kleine darin vorhandene Klüfte ausfüllt, auch oft im Gesteine die Oberhand hat. Waren nun durch Conchylien und deren Abdrücke Höhlungen entstanden, kein Wunder, daß auch diese, eben so wie die Klüfte, von der flüssigen Calzedonmasse ausgefüllt wurden. — Dieses ist die Erklärung, die wir der Entstehung aller Petrefacten geben können. Bey einer jeden wahren Versteinerung der Conchylien, muß allezeit

zeit die kalchigte Schaale der Muschel bereits zerstört seyn, und jedes Stück dieser Art, so noch etwas von der unveränderten Schaale enthält, verdient nicht den eigentlichen Namen einer Versteinerung. Wenn wir nun bey den gewöhnlichen Versteinerungen in den Kalchgebirgen, eine Ausfüllung des Raums der ehemaligen Thierschaale durch Kalcherde annehmen; warum solten wir denn Bedenken tragen in einem Kieselartigen Gebirge, den von der Muschel ehemals eingenommenen Raum, uns durch eine ähnliche Ausfüllung mit Kieselerde nicht nur möglich, sondern auch wirklich zu denken? Alle die zu Feuerstein veränderten Echiniten und andere Schaalthiere die ich verschiedentlich in den Sandgegenden des Fürstenthums Lüneburg gefunden, sind höchst wahrscheinlich auf diese Art entstanden.

Ja, fände sichs, daß in einem kalchartigen Gebirge, die Conchylien in Calzedon verwandelt wären, so würde die Verwandlung der kalchartigen Schaale in Kieselerde, vielleicht mit mehrerer Gewißheit können behauptet werden. Allein dazu fehlen uns noch hinlängliche Beobachtungen: denn bisher sahe man gemeiniglich mehr auf die Körper selbst, als auf ihre Lagerstätte. *) Bis dahin

*) Zu Courtaignon und Champagne sollen ebenfalls calzedonartige Turbiniten gefunden werden: ich weis aber nicht, und bin neugierig darauf, ob solche, so wie hier im Sande und Sandsteine, oder ob sie in einer andern Gebirgart gefunden werden. Bey Bourdeaux finden sie sich ebenfalls, allein ihre Lagerstätte ist nicht genau genug beschrie-

dahin also kann ich jener Theorie unmöglich beystimmen; denn meine Beobachtungen an den Exemplaren, so ich vor mir habe, beweisen mir zu deutlich meine Meinung, daß hier keine Verwandlung Statt habe.

Wenn

schrieben, ob sie wirklich im Kalchsteine stecken oder nicht.

Die Calzedon= und Feuersteinsartigen Conchylien, welche sich zuweilen in den Feuersteinen aus den Französischen und Englischen Kreidegebirgen, und auf ihnen abgedruckt finden, geben ebenfalls noch keinen entscheidenden Beweis ab; denn man ist sich über die Entstehung dieser Feuersteine noch nicht recht einig. Einige wollen sogleich eine Verwandelung der Kalcherde in Kieselerde daraus herleiten; andere wieder umgekehrt behaupten, daß die Kieselerde der Feuersteine sich nach und nach in Kalcherde verwandeln könne. Ich würde mich geneigter finden lassen, anzunehmen, wenn man behaupten wollte, daß in der Masse, worin jene Kreideberge ehemals aufgelößt und flüssig waren, auch Kieselerde im flüssigen Zustande könne seyn enthalten gewesen; (da doch in der Natur sich so sehr selten eine einfache Grunderde ganz rein und ungemischt findet) daß als es nun endlich zum Niederschlage gekommen, sowohl die Kalch= als Kieselerde sich einigermaassen von einander geschieden, und jede für sich geronnen oder coaguliret sey; und weil von letzterer am wenigsten in der Masse enthalten war, konnte solche nur nesterweise in den Kreidebergen zu liegen kommen. — Ganz rein und ohne etwas Kalcherde in sich aufzunehmen, konnte sich die Kieselerde unmöglich ausscheiden; daher haben denn die Feuersteine einen ziemlichen Theil Kalcherde in sich, die sich nicht allein bey der künstlichen

Wenn wir jetzt im Sande, den das Wasser bespület, Conchylien finden in denen kein Thier mehr wohnet, so finden wir gemeiniglich, wenn gleich nicht immer, die inwendigen Kammern mit Sand ausgefüllt. Gewöhnlich sind solche schon in

lichen Zerlegung derselben in unsern Laboratoriis zeiget, sondern auch durch die langsame und natürliche Zerlegung der Natur, sichtbar wird. Denn bekanntlich werden die Feuersteine, wenn sie lange an der Luft gelegen, mit einer kreidenartigen Rinde überzogen, die mit Säuren aufbrauset. — Dieses aber kann keinesweges eine Verwandlung der Kieselerde in Kalcherde genannt werden.

Kalcherde war gleich in der Kieselerde des Feuersteins eingemischt, aber in ihren feinen Theilen dergestalt mit Kieselerde umwickelt, daß man sie ohne Zerlegung nicht entdecken konnte. An der Luft, welche bey der Zerstörung der ihr ausgesetzten Steine stets thätig ist, wurde die Kieselerde des Feuersteins also ebenfalls von ihren corrosiven Mitteln angegriffen; die in der Kieselerde zugleich mit enthaltene Kalcherde, würde also durch die Verwitterung wieder entbunden, und die Luftsäure derselben ward dadurch wieder lebendig, und rächte sich gleichsam nunmehro an der Kieselerde, die ihre ätzenden Kräfte so lange Zeit umwickelt und in Unthätigkeit gesetzt hatte. Die Kieselerde, die also nun von zweyen Seiten angegriffen wurde, nemlich von der äußeren Luft und von ihrem innerlich bey sich führenden Gifte, (ich meyne die Luftsäure der Kalcherde,) mußte also nothwendig unterliegen, dahingegen die Kalcherde der ätzenden Kraft der Luft mehr homogeen war, und also nicht so sehr als die Kieselerde davon leiden konnte.

in einem hohen Grade calziniret, und in diesem Zustande wurden auch wahrscheinlich unsere Conchylien vom Platenberge, im Sande verschüttet und begraben. Die flüssige Sandmasse ward durch aufgelößte feine Kieselerde, oder wenn man will, durch flüssige Calzedonmasse durchdrungen, und nach der Erhärtung derselben der Sand dadurch verbunden, welches die Streifen in dem Gestein deutlich beweisen. Die calzinirte Muschelschaale, ward also von derselben Masse durchdrungen, und alle Kammern der Turbiniten damit ausgefüllt. — Dadurch war nun die Veränderung bewirkt, und die kalchartige Muschelschaale wurde nun kieselartig, mit noch etwas Kalcherde der Muschelschaale verbunden.

Die Einmischung der Kalcherde zeigt sich deutlich dadurch, daß die nunmehr kieselartige Muschelschaale wegen ihrer höheren Weiße und mehrerer Undurchsichtigkeit, sich sehr merklich von der übrigen mehr durchsichtigen Calzedonmasse unterscheidet, die man nahe bey ihnen, oder auch in den Kammern antrift. War die Muschel mit Sand ausgefüllt, so konnte die sich etwan durchsaugende Calzedonmasse weiter nichts thun, als den Sand durchdringen, und in Stein zusammen backen. War aber die Muschel inwendig noch nicht voll Sand, sondern hohl, so mußte, wenn die calzinirte Muschelschaale Oefnung genug hatte, und bey hinlänglichem Vorrathe von flüssiger Calzedonmasse, diese sich durchsaugen; oder konnte durch kleine Oefnungen oder Löcher, die man in calzinirten Muschelschaalen nicht selten antrift;

hinein fließen und die Concameration der Schnecke ausfüllen.

Daß Feuchtigkeit sich in calzinirte Muschelschaalen hinein saugen könne, und solche zu durchdringen vermöge, davon zeugt schon das starke Ankleben calzinirter Muschelschaalen an der Zunge, welches eine sehr leichte Annäherung an alle Feuchtigkeiten verräth. Sollten also Feuchtigkeiten, wenn Kieselerde in ihnen aufgelößt ist, weniger im Stande seyn, sich in eine von der Verwitterung locker gemachte Muschelschaale hineinzusaugen? Mir scheint dieses kaum glaublich: vielmehr glaube ich, daß sie im Stande sind, sich in die innern Kammern der Muschelschaale hinein filtriren zu können, wenn gleich die Muschelschaale kein Loch hat: denn ich habe ein Musterstück vor mir, in welchem sich ein kleiner stalactitischer Calzedonkegel gebildet, auch ein dergleichen Exemplar eines versteinerten Turbiniten, in dessen innerer Höhlung, sich der Calzedon in dem ihn gewöhnlichen Nieren angesetzt hat, welches mir den völligen Mangel einer Oefnung in der Muschelschaale und ein schwaches Durchseigern oder Durchschwizzen der Calzedonmasse durch die feinen Poros der calzinirten Muschelschaale verräth. Bey einem anderen vor mir habenden Exemplare, ist die innere Höhlung eines Turbiniten, mit sehr feinen und zarten Quarzcristallen überzogen, und hat hier also nur die ganz reine Kieselerde sich durchsaugen oder durchfiltriren können, die sich hier cristallisiret hat.

Auch

Auch habe ich ein Exemplar vor mir, in welchem die Hälfte der Turbinitenschaale noch nicht verändert ist, sondern sich noch so völlig in seinem calzinirten Zustande befindet, daß sie mit Säuren brauset. Hier war aller Wahrscheinlichkeit nach die Muschel noch nicht calziniret, als sie von dem mit flüssiger Kieselerde und etwas weniges Thon, oder eigentlicher zu reden, mit flüssiger Calzedonmasse durchgezogenen Sande, eingewickelt wurde. Mithin konnte also die flüssige Kieselerde, nicht in die noch harte und unverwitterte Muschelschaale eindringen, sondern die Calzination der Muschelschaale, mußte erst nach geschehener Verhärtung der Calzedonmasse, und wahrscheinlich in der Zeit geschehen seyn, als der Stein von dem ich rede, der Luft und der Witterung ausgesetzt war. Eben daher, daß zur Zeit der Erhärtung der Calzedonmasse, einige Muscheln weder calziniret noch auch mit Sande ausgefüllt waren, rühren wahrscheinlich auch die hohlen Turbiniten-Abdrücke her, die man zuweilen an einigen Exemplaren findet, in welchen nicht allein die Calzination sondern auch die gänzliche Zerstörung erst in der Zeit muß vorgegangen seyn, in der diese Steine an der Witterung bloß gelegen.

Um Entschuldigung muß ich bey denen bitten, die Cabinette von mir erhalten haben, daß ich nicht so wie ich gewünschet, die unter Nr. 83. eingeordneten Stücke so liefern können, wie ich sie so eben beschrieben habe. Es war mir, da das Terrain nicht gehörig aufgeschlossen war, schlechterdings unmöglich, und ich mußte sehr zufrieden

 seyn,

seyn, daß ich nur die zu meiner Belehrung und zur Beurtheilung dieser Materie nöthigen Stücke hier fand. Indessen hoffe ich, daß jene wirklich gelieferte Cabinettstücke hinlänglich seyn werden, das darüber gesagte zu erläutern.

Soll ich in dem Capitel von den merkwürdigen Versteinerungen in denen den Fuß der Harzgebirge umgebende Sandsteinflötzen, auch des versteinerten Holzes, so sich im Kiffhäuserberge findet erwähnen, so geschiehet es nur, um den Leser auf des Herrn Bergrath Charpentier mineralogische Geographie der Chursächsischen Lande zu verweisen, in welcher eine ausführliche Beschreibung dieser merkwürdigen Versteinerung enthalten ist, denn ich würde mich bey dessen Beschreibung zu weit von dem Fuße der Harzgebirge entfernen.

Wol aber muß ich bey den Versteinerungen des Sandsteinflötzes, der Blätterabdrücke erwähnen, die im Sandsteinbruche des Heydelberges bey Blankenburg zuweilen vorkommen. Es sollten solche nach der Meinung einiger Mineralogen nicht unter die Ueberbleibsel organischer Körper aus der Vorwelt gehören: denn man glaubt bemerkt zu haben, daß der mit Thon gemischte, etwas eisenschüssige Sandstein, an der Luft in Sand zerfiele, die abgefallenen Blätter von den danebenstehenden Haßelstauden, dazwischen verschüttet wurden, und so in einiger Absonderung von der freyen Luft, wieder als Sandstein zusammen backte und erhärtete. — Ich gebe anheim in wie fern diese Meinung ihren Grund haben mag, und in wie fern sie sich auf Erfahrung und

Beob=

Beobachtungen gründe. — Allein da auch Conchae marinae und Echiniten hier vorkommen sollen, so könnte man dafür und dawider verschiedenes anführen.

Ich übergehe die vielen und mannigfaltigen Versteinerungen, die im Kalchgebirge vorkommen, muß aber doch, da ich der Flözgebirge, von der Nord- und Ostsee her, erwähnt habe; derer 4 Meilen vom Harze, nordwärts, als große Seltenheiten sich findenden Encriniten oder Liliensteine, zum Theil mit 8 bis 10 Zoll langen Stielen, nur blos dem Namen nach anführen.

Die Fischversteinerungen im Oolithensteine, von denen Herr Schröder S. 10. seines Buchs vom Brocken redet, habe ich nicht gesehen.

Im Gypsgebirge, hat man noch keine eigentliche Versteinerungen angetroffen: aber doch einige nicht minder merkwürdige calzinirte Ueberbleibsel aus der Vorwelt. — So hat man z. B. bey Düna, Bruchstücke von unbekannten ungeheuer großen Thierknochen gefunden, deren der Herr Hofrath Michaelis zu Marburg, im Göttingischen Magazin erwähnet: — auch andere, welche unsere Ostheologen für Bruchstücke von zwey alten und einem jungen Rinoceros halten, die doch jezt unserem Clima nicht eigen sind. Man sehe davon S. C. Hollmanns Abbildung und Beschreibung, in dem Göttingischen Commentarien der Societät der Wissenschaften für das Jahr 1752. II. Band. Gött. 1753.

Das ansehnliche Mineralien-Cabinett Sr. Erlauchten des Herrn Grafen von Stollberg-Werninningerode; besitzet ein Hirschgeweihe, welches ohnweit Werningerode in einem Gypsbruche gefunden, und im 4ten Bande der Schriften der Gesellschaft naturforschender Freunde in Berlin, S. 307 beschrieben ist.

Der Fischabdrücke im Kupferschieferflötze muß ich noch mit wenigem erwähnen. Sie kommen gemeiniglich beym Zerspalten der Kupferschiefer, oft verkieset, oder vielmehr mit Kieß angeflogen zum Vorschein, wo man sie denn auf beyden Hälften abgedruckt findet. Nur selten findet man auf der einen Hälfte noch etwas Erhöhung des Fisches, die dem in der andern Hälfte eine Vertiefung verursachet: zuweilen noch etwas Schuppen, Schwanz und Floßfedern sind oft sehr deutlich abgedruckt und erhalten: sie liegen sämtlich auf der Seite und etwas gekrümmet, als wenn sie aus dem Schlamm worin sie versunken, sich hätten in die Höhe richten, und nach Wasser schnappen wollen. Die Köpfe sind fast immer durch das Plattdrücken sehr verunstaltet, daher sie denn auch das Maul offen haben.

Die Fische selbst sind fast sämtlich von einerley, und zwar von der nemlichen Art, wie die durch Zinober vererzten Fischabdrücke von Münsterappel in der Rheingrafschaft Greweiler, welche Herr Collini beschreibt: — sie scheinen nach Lehmanns Meinung sämtlich unter die süßen Wasserfische zu gehören. — Von ohnstreitigen Seefischen, die man wol in andern Flötzgebirgen gefunden, habe ich unter den Schiefern vom Fuße der Harzgebirge kein einziges Exemplar gesehen.

Das

Das tief unter dem Kupferschieferflöße liegende Steinkohlenflöß; ist nicht frey von Spuren organisch gewesener Körper, sondern sowol das Dach, als vorzüglich die Sohle, sind oftmals voller Abdrücke von Kräutern, Schilf und Grasarten: besonders fand man, als das Steinkohlenflöß unterm Rabenstein an der Brandesbach bey Ilefeld noch im Betrieb war, auf den Schiefern, die unter den Steinkohlen liegen, die schönsten Abdrücke von Kräutern und Blumen: jetzt aber ist ihnen nicht mehr beyzukommen. Lehmann gedenkt a. a. O. der floribus, asteris praecocis, pyrenaici folio, salicis flore luteo, die so deutlich solten gewesen seyn, daß man auf dem inwendigen Disco den Abdruck von den Staminibus und Apicibus noch sehr deutlich habe wahrnehmen können.

Soll ich hier der zu Eisenstein gewordenen Blätter und Tannennadeln vom Fuße des Rammelsbergs noch etwas erwähnen, so geschehe es blos der Uebersicht wegen: sonst gehören diese eigentlich nicht hieher, da ich hier blos von Körpern der Vorwelt rede: — eben so wenig als das mit Eisen durchdrungene und in Eisenstein verwandelte Holz aus dem Alten-Mann des inwendigen Rammelsbergs — auch das mit Cementkupfer gleichsam übersinterte Holz, wovon ich wol in Sammlungen etwas gesehen.

Ende des ersten Theils.

N. S.

Ich weiß wohl, daß es jetzt noch zu früh ist, Gebirgarten nach ihrem verschiedenen Alter zu ordnen. Nachstehende Tabelle wird also nur blos als ein Versuch anzusehen seyn, der vielleicht in der Folge durch mehrere Beobachtungen bey einem weiter aufgeschlossenen Gebirge, in manchem Stücke kann berichtiget werden.